Am sogenannten Altonaer Blutsonntag, dem 17. Juli 1932, kam es bei einem großen Aufmarsch der SA durch das traditionell rote Altona bei Hamburg zu gewalttätigen Auseinandersetzungen mit 18 Toten.
Klara Schindler, Reporterin und kämpferische Kommunistin, deckt mithilfe eines verkrachten Kabarettisten, eines Straßenmädchens und eines ehrenhaften Gauners die Vertuschungen der Polizei auf und entschließt sich zur Rache.

Robert Brack, Jahrgang 1959, lebt in Hamburg. Er wurde mit dem »Marlowe« der Raymond-Chandler-Gesellschaft für *Das Mädchen mit der Taschenlampe* und mit dem »Deutschen Krimi-Preis« für *Das Gangsterbüro* ausgezeichnet (beide Edition Nautilus). Zuletzt erschienen in der Edition Nautilus die Lenina-Rabe-Trilogie (*Lenina kämpft; Haie zu Fischstäbchen; Schneewittchens Sarg*) sowie *Und das Meer gab seine Toten wieder*.
www.gangsterbuero.de

Robert Brack

BLUTSONNTAG

Roman

Edition Nautilus

Edition Nautilus
Verlag Lutz Schulenburg
Schützenstraße 49 a
D-22761 Hamburg
www.edition-nautilus.de
Alle Rechte vorbehalten
© Edition Nautilus 2010
Originalveröffentlichung
Erstausgabe Juni 2010
Umschlaggestaltung:
Maja Bechert, Hamburg
www.majabechert.de
Autorenfoto Seite 2:
Charlotte Gutberlet
Druck und Bindung:
Fuldaer Verlagsanstalt
1. Auflage
ISBN 978-3-89401-728-6

»Wessen Straße ist die Straße,
wessen Welt ist die Welt?«
(Solidaritätslied, aus dem Film
»Kuhle Wampe«)

Mein Name ist Klara Schindler. Ich werde einen Menschen töten. Vorsätzlich, aber nicht aus niederen Beweggründen, es ist meine Pflicht ... Geht das so? ... Wenn ich jetzt zurückspule, kann ich mich dann hören?
Mein Name ist Klara Schindler. Ich werde einen Menschen töten...
Tatsächlich ... aber es klingt eigenartig. Ist das wirklich meine Stimme?
Tatsächlich ... aber es klingt eigenartig. Ist das wirklich meine Stimme?
Stopp! Ich fange noch mal von vorne an.
Mein Name ist Klara Schindler, ich werde einen Menschen töten, vorsätzlich, aber nicht aus niederen Beweggründen. Ich habe sehr genau darüber nachgedacht. Ich weiß, dass ich es nicht tun darf ... ich weiß, dass ich es tun muss. Es herrscht Krieg in unserem Land, der Krieg der Klassen. Oder, anders ausgedrückt: Bürgerkrieg. Ich nehme teil an diesem Krieg. Wir alle nehmen teil, wir sind gezwungen, wir gehören dazu, es ist unser Kampf...
Was rede ich da? Stimmt das denn? Es ist doch ... mein Kampf, und ich stehe allein. Im Krieg gibt es eine Armee, Kommandanten, Soldaten bekommen Befehle und führen sie aus. Ich habe keinen Befehl bekommen für das, was ich tun werde.
Es ist falsch, jemanden eigenmächtig zu töten. Aber noch falscher ist es, einen Verbrecher ziehen zu lassen. Wie viele wird er noch umbringen? Seine Opfer sind die, die zu mir gehören. Ich darf sie nicht ungesühnt lassen.
Was ich mir anmaße? Ich bin keine Richterin, ich bin nur Mensch ... ist das nicht genug?
Er hat keine Richter, im Gegenteil. Die ihn anklagen und ver-

urteilen sollten, stehen auf seiner Seite. Haben sie ihn nicht ei-
gentlich sogar geschickt...

»Nicht eigentlich sogar«? Was sprichst du für ein schauder-
haftes Deutsch, Klara? Das muss weggelöscht werden ... egal,
es wird ohnehin alles abgeschrieben, oder?

Ich spiele mich nicht als Richterin auf, sondern urteile als Mensch.
Es geht darum, Schlimmeres zu verhüten. Jeden Tag kann er aufs
Neue losgehen und ungestraft Unschuldige erschießen ... ein Blut-
hund, auf Frauen, Männer und Kinder gehetzt von den Kräften
der Reaktion...

Nein, so wollte ich nicht reden, ich wollte eigene Worte finden ... aber »Bluthund« passt ... Wie soll ich ihn sonst nennen: »den Leutnant«? ... Das ist das Gleiche, sieh sie dir doch
an, die Leutnants und Hauptmänner und Feldwebel ... in
ihren Gesichtern kannst du den abgerichteten Hund erkennen ... Klara, du schweifst ab, du wirst das alles weglöschen
und noch einmal von vorn beginnen!

Klarheit und Wahrheit, das war einmal deine Devise ... was ist
davon geblieben?

Weglöschen.

Nur dies noch, eine Erklärung: Ich stehe ein für meine Tat. Im Ge-
gensatz zu vielen von euch werde ich keine Ausflüchte suchen und
keine Schuld abwälzen, die Schuld niemandem aufladen, es ist al-
lein meine Entscheidung. Ich werde noch darüber reden müssen,
wie sie zustande kam, aber ja, es...

Was nun? Ich werde es erst einmal nicht löschen, auch wenn
es als Erklärung wenig taugt. Später ... vielleicht ... einst-
weilen ... ein Durcheinander ... Es ist nur ein Anfang ... Ehrlich gesagt, Klara, sind es nur Worte. Und Worte taugen
nichts mehr in dieser Welt, haben eigentlich nie etwas ge-
taugt.

Am Anfang war die Tat, sonst wäre gar nichts...

Rote Flecken, schwarze Schlieren, ein Durchschlag, der leider wirklich durchgeschlagen war und Löcher in den dünnen Blättern hinterließ. Miserables Papier, das die Partei aus der Sowjetunion importiert hatte.

Was waren sie stolz gewesen, als sie eine Brigade in den Hafen zum russischen Frachter »Iskra« schicken konnten, um die Papierballen für die Rotationsmaschinen der »Graphischen Industrie« zu entladen. Freiwillige Sonntagsarbeit. Leider bestand die Hälfte des Papiers aus schlecht gelagerten Schreibmaschinenbögen, die, wenn man den vergilbten Zetteln auf den Kisten Glauben schenken durfte, noch zur Zeit des Zaren aus Schweden nach Petrograd geliefert worden waren. Von dort hatten sie den Weg in den Laderaum der »Iskra« und in die Druckerei am Valentinskamp gefunden, wo man mit den vielen, nicht angekündigten Packen Schreibmaschinenbögen nichts anfangen konnte. Also wurden sie in die Redaktion der *Hamburger Volkszeitung* geschafft und stapelten sich nun in einem Kabuff am Ende des Flurs bis unter die Decke.

Das Papier war leicht vergilbt und brüchig. Klara hatte sich darüber beschwert. Das war nicht gut angekommen. Ihr Redakteur verbot ihr, die Qualität des Produkts aus dem Arbeiterstaat anzuzweifeln. Sie sei selbst schuld, witzelte er, ohne auch nur im Entferntesten zu lächeln: Eine Schreibmaschine mit dem Namen »Torpedo« sei nun mal eine durchschlagende Waffe.

Die anderen hatten gelacht. Dieselben Männer, die sich jetzt erhoben wie auf ein Kommando, was erstaunlich war, denn niemand hatte ein Wort gesprochen. Oder hatte sie es nur nicht mitbekommen? Klara schaute von ihren mit schwarzer und roter Tinte verschmierten Händen auf. Das Farbband klemmte. Redakteure und Volontäre griffen nach den Jacken. Der eine oder andere zog ein Eisenrohr aus einer Schublade und steckte es sich in den Ärmel.

»Was ist los?«

Sie waren schon auf dem Weg zur Tür. Klara hielt Alfred, den schlaksigen Redaktionsnovizen, am Ärmel fest: »Wo wollt ihr denn hin?«

»Weißt du's nicht?«, fragte er verlegen und schaute den anderen hinterher, die aus der Tür drängten. »Wir sollen mit den Druckern und den Auslieferern zur ›Kugel‹.«

»Wird was gefeiert?«

»Nazi-Versammlung.«

»In der ›Kugel‹? Das ist doch unser Lokal.«

»Eben. Fietje ist raus, heißt es, und der neue Besitzer ist Nazi. Deshalb.« Alfred riss sich los. »Kaufmann spricht dort in der Diele.«

»Aha.« Die Diele war der Festsaal des Bierlokals »Zur Kugel«. Über tausend Personen passten hinein. Wenn der NS-Gauleiter auftrat, würden viele kommen. Das Lokal lag bei Kugels Ort an der Wexstraße und damit strategisch günstig für Ausfälle ins Gängeviertel. Wenn sich die Nazis dort festsetzten, war das eine Provokation, denn in dieser Gegend hatte die Kommune das Sagen, und das sollte auch so bleiben.

Klara ließ das Farbband fallen und sprang auf. »Ich komm mit«, sagte sie, mehr zu sich selbst, denn die anderen trampelten schon durchs Treppenhaus. Sie schlüpfte in ihr Jackett, setzte die Schiebermütze auf die wirren dunklen Locken und rannte hinterher.

Die kämpferisch gesinnten Männer, die sich im Innenhof des Verlagshauses versammelten, wirkten orientierungslos. Viele hatten Jacken an, obwohl es ein warmer Sommerabend war. Wegen der Eisenrohre und mit Sand gefüllten Lederbeutel, die man ja irgendwo unsichtbar verstauen musste, trug man im August 1932 in Hamburg mitunter Kleidungsstücke, die in der Hitze wenig angebracht schienen.

Klara stellte sich dazu. Einige Frauen in Kitteln, mit Eimern, Schrubbern und Besen in den Händen, standen neugierig am Rand. Der Redakteur schaute den Lithografen an, der dem Schriftsetzer einen fragenden Blick zuwarf. Wer sollte führen?

Die Frage beantwortete sich von selbst, als ein Fahrer durch die Toreinfahrt kam, Zigarette im Mundwinkel, und noch während er sich die Hemdsärmel hochkrempelte, rief: »Was steht ihr da wie die Ölgötzen, es geht los!«

Auf einen wie ihn schienen alle gewartet zu haben. Von ihm wusste man, er hatte gelobt, »stets und immer ein Soldat der Revolution zu bleiben«, er musste führen.

War da die Andeutung eines verächtlichen Grinsens in seinem Gesicht, als er die Kampfkraft seiner Intelligenzler-Truppe abschätzte? Vor Klara blieb er abrupt stehen und zupfte an ihrem Jackett.

»Was soll das hier?« Die Zigarette klebte an seiner trockenen Unterlippe.

»Ich komme mit«, sagte Klara.

»Unsinn«, sagte er. »Keine Frauen.« Mit seinen breiten Händen schob er ihre Revers zur Seite. Die oberen Knöpfe ihres Hemds waren geöffnet. »Oder was das sein soll.« Damit schloss er grinsend ihre Jacke. Sein Blick glitt nach unten: »Hosenträgerin.« Dann ging er weiter. Die Männer feixten.

»Ich komme trotzdem mit«, sagte Klara.

»Das wird kein Kaffeekränzchen!«, rief der Rotfrontkämpfer in die Runde und gab mit der Faust das Zeichen, ihm zu folgen.

Klara setzte sich mit dem Trupp in Bewegung. Ein grobschlächtiger Drucker ließ lässig das Eisenrohr aus dem Ärmel gleiten und hielt es ihr hin: »Hier, um deine Jungfräulichkeit zu schützen.«

»Danke«, sagte Klara knapp und nahm das Rohr entgegen. Um sie herum männliches Gelächter.

Alfred tauchte neben ihr auf. Schweigend gingen sie im Gleichschritt durch Gassen mit roten Transparenten. Kurz vor der Wexstraße fragte Klara: »Was soll's denn werden? Hat jemand einen Plan?«

»Besprechung war gestern«, sagte Alfred, offensichtlich froh, ihr etwas mitteilen zu können. »Zuerst Gegenrede, dann Sprengen, dann Polizei und der Spuk ist beendet.«

»Na, neu ist das nicht«, sagte Klara. »Auf diese Weise treten wir schon lange auf der Stelle ... und nächste Woche das gleiche Spiel von vorn.«

Alfred schaute sie verständnislos an. »Das werden sie nicht wagen.«

Klara zündete sich eine Zigarette an und warf das brennende Streichholz weg. »Du rauchst nicht, oder?«

»Nein.«

»Dachte ich mir.«

Klara stieß genüsslich den Rauch aus der Nase und deutete über die Straße, an der sie jetzt angelangt waren, auf die Gaststätte »Zur Kugel«, über deren Eingang die Hakenkreuzfahne hing. Weiter rechts, neben dem Tor zum Festsaal, standen Posten in braunen Hemden.

»Da, die Pest breitet sich aus.«

Der Rotfrontkämpfer hatte unterwegs Instruktionen erteilt. Die Kommunisten würden in kleinen Gruppen nach und nach den Festsaal betreten und sich unauffällig verteilen.

Wer würde die Gegenrede halten? Alfred wusste, wie es geplant war: Der Rotfrontkämpfer war Stratege und als solcher genug beschäftigt, außerdem ohnehin kein Mann großer Worte. Also hatte man den Redakteur bestimmt. Er würde sich nach der Rede von Gauleiter Kaufmann auf die obligatorische Frage der Nazis, ob jemand aus dem gegnerischen politischen Lager etwas dazu vorzubringen hätte, melden und aufs Podium steigen. Dort oben würde er den Ober-Nazi als dümmlichen Schergen der Bourgeoisie entlarven, als Lügner, der die Arbeiter betrügt, weil er im Sold des Großkapitals steht, und schließlich mit dem Aufruf an die versammelten Proleten enden, sich den Kommunisten als einzig wahrhaftiger Kampfpartei für eine gerechte Zukunft anzuschließen. Dann würden die Nazis stänkern, die Kommunisten im Publikum dagegenbrüllen, eine Rangelei sich ergeben, und noch bevor eine Saalschlacht entstehen konnte, würden alle Kommunisten auf Kommando des Rotfrontkämpfers durch bekannte Notausgänge – man hatte hier schon oft eigene Versammlungen durchgeführt – verschwinden und das Feld der alarmierten Polizei überlassen, die die Nazis dann bitte aus der »Kugel«, am liebsten von der Erdkugel, prügeln sollte ...

Soweit der Plan. Nur kam es anders. Der Rotfrontkämpfer brüllte um Gehör, als es soweit war, und deutete auf den Redakteur. Der aber zitterte wie Espenlaub und war, umringt von Braunhemden und angesichts der schwarz Uniformierten seitlich der Bühne, kaum mehr fähig, sich zu bewegen. Er hatte seine Leibwächter verloren, die wie in alten Zeiten kurz zum Tresen gegangen waren, um sich mit Bier zu versorgen. Bleich und gelähmt stand der angekündigte Redner inmitten der höhnisch grinsenden Nazihorde – bis ihm einer einen Krug Bier über den Kopf goss und alle um ihn herum in brüllendes Gelächter ausbrachen.

Jetzt hätte man losschlagen müssen, aber der Rotfrontkämpfer, der von einigen SA-Männern identifiziert worden war, lag schon bewusstlos unter einem Tisch. Ihm hatte man kein Bier, sondern den Krug selbst über den Schädel gegeben.

Ohne nachzudenken, sprang Klara auf das Podium und fing an zu reden. Es gab eine Mikrofonanlage, man konnte sie sehr gut verstehen. Man konnte auch sehen, dass sie eine Frau war, denn sie hatte ihr Jackett um die Hüften gebunden.

Sie hielt eine flammende Rede gegen die Unmenschlichkeit, die Dummheit und die Verlogenheit des Nationalsozialismus, appellierte an den gesunden Menschenverstand all jener, die sich noch als Menschen verstünden und nicht als Tiere, die unter der Knute von braun und schwarz uniformierten Maschinenmenschen in einem zum Volkszuchthaus umfunktionierten Staat gehalten und bis zum letzten Blutstropfen zum Segen der Großbourgeoisie vergewaltigt werden sollten.

Es war eine großartige Rede, frei gesprochen, wütend, selbstbewusst und tausendmal aufwühlender als alle fahlen Protokolle aus der Feder von Teddi Thälmann, aber bis auf Alfred hörte niemand zu. Er stand in einer Ecke neben der Bühne und blickte fasziniert zu ihr hoch, während um ihn herum die Saalschlacht tobte.

Ein SA-Mann nahm ihr schließlich das Mikrofon weg. Sie redete weiter. Einer von Kaufmanns SS-Leibgarde packte sie, legte ihr seine Pranke über den Mund und zerrte sie nach hinten ins Dunkel der Bühne.

Den schmächtigen Alfred hatte bisher niemand ernst genommen. Unbehelligt stieg er die Stufen zur Bühne hoch und ging direkt an dem hochnäsig dreinblickenden Kaufmann und seinen Beschützern vorbei. Er entdeckte Klara in einer Ecke, noch immer in der Umklammerung des SS-Schergen, der offenbar Spaß daran fand, ihr Ohrfeigen zu verpassen.

Nur wenige haben die Gabe, ohne nachzudenken zu handeln, sich selbstlos auf den Gegner zu werfen, den Überraschungseffekt zu nutzen und zu siegen. Alfred gehörte nicht zu ihnen, er zögerte. Klara warf ihm einen bittenden Blick zu, merkte aber gleich, dass sie auf den bleichen Angsthasen nicht zählen konnte. Das Eisenrohr glitt aus ihrem Hemdsärmel, sie riss sich los, hob die Hand und schmetterte das Rohr gegen die Schläfe ihres Gegners, auf seinen glatt rasierten Schädel und zum letzten Mal direkt über dem Na-

senbein ins Gesicht. Verblüfft schaute sie zu, wie der massige Kerl zusammenbrach.
Dann lächelte sie Alfred zu und sagte: »Komm!«
Vor Jahren hatte sie hier mal Theater gespielt, sie kannte den Weg zum Bühneneingang. Noch bevor das Überfallkommando der Polizei anrückte, waren sie draußen und hatten die schützenden Gassen mit den roten Transparenten erreicht.
Vor einer Toreinfahrt zwischen schäbigen Mauern, auf denen mit abgeblätterten Buchstaben die Worte »Druckwerkstatt« und »Schuhmacher« standen, blieb Klara stehen und sagte unvermittelt: »Hier wohne ich. Danke fürs Nachhausebringen. Tschüß.« Sie hielt ihm das Eisenrohr hin, das sie noch immer bei sich trug.
Unwillkürlich nahm er es. Es war blutverschmiert. Nazi-Blut. SS-Blut, er blickte es angeekelt an. Klara ließ ihn stehen und ging mit weit ausholenden Schritten in den Hinterhof. Erst als sie die schmale Treppe zu ihrer Wohnung hochstieg, merkte sie, dass ihr Herz raste.

Mein Name ist Klara Schindler, wohnhaft Breiter Gang 12a, Hinterhof, in Hamburg-Neustadt, ich will Zeugnis ablegen ... Nein, das ist so nicht richtig ... Es geht darum, Zeugnisse zu sammeln, Beweise zu finden, Zeugenaussagen...
Es geht um Mord. Es ist wichtig, Beweise zu erbringen, die Mörder zu überführen, die Mörder, die...
Es geht ... um ... die Ereignisse am 17. Juli...
Es geht um die Ereignisse am 17. Juli 1932 in Altona, als die faschistische Mordbande sich erdreistet hat, die Hochburg des Proletariats zu stürmen ... Nein, so will ich das nicht sagen, das klingt nach hohler Propaganda ... so nicht, sondern ... Es geht um...

Es geht um die Wahrheit. Um eine möglichst genaue Darlegung des Geschehens, um das, was passiert ist, von Anfang bis Ende. Meine Meinung ist nicht wichtig, alle sollen zu Wort kommen, die zur Aufklärung beitragen können...
Es muss eine lückenlose Beweisaufnahme geben. Ich werde Zeugen befragen und ihre Aussagen auf diesem Tonaufnahmegerät festhalten. Nicht nur Worte werden aufgeschrieben, sondern die Stimmen der Zeugen werden zu hören sein. Das ist ein Schritt hin zu größerer Wahrhaftigkeit.
Am 17. Juli 1932 fielen SA und SS in die Straßen der Altonaer Arbeiter ein. Es war nicht nur ein Propagandamarsch, sondern der Versuch einer gewaltsamen Eroberung des proletarischen Viertels. Sie wurden zurückgeschlagen, aber sechzehn unschuldige Menschen kamen ums Leben. Wer hat sie umgebracht? Es geht darum, die Mörder zu finden, sie ihrer Taten zu überführen und anzuklagen, die Wahrheit hinauszuschreien in die Welt, damit alle es wissen. Wir müssen Beweise liefern. Ich will dabei helfen.

»Das bringt nichts.«
Die Manuskriptzettel klatschten auf den Schreibtisch. Klara zuckte zusammen, nahm einen Zug von ihrer Zigarette, tippte den Satz zu Ende und schaute auf.
»Was?«
»Es ist ja schön, wenn wir den gemeinsamen Kampf beschwören, aber mit Gedichten werden wir den Klassenfeind nicht besiegen«, sagte der Stellvertreter des Redakteurs, der sich nach den Ereignissen in der »Kugel« krankgemeldet hatte. Der Stellvertreter, ein untersetzter Mann mit Buchhalterbrille und klebrigen Haaren, war der Meinung, dass Politik und Kultur das Gleiche seien und man deshalb auf Kultur im Kulturteil verzichten könne. »Umgekehrt wird ein Schuh

draus«, hatte Klara ihm in einer Diskussion darauf geantwortet. Seitdem polemisierte er, so oft er konnte, gegen ihr
»kleinbürgerliches Kunstverständnis«.

Sie stieß eine Rauchwolke in die Luft und fragte: »Mit Lie-
dern?«

»Wenn man dazu marschieren kann, sind Lieder sehr nütz-
lich.«

»Es soll auch Musik zum Tanzen aufgespielt werden«, erklärte
sie.

»Dieser Einheitsausschuss sollte sich mal lieber dringenderen
Fragen zuwenden.«

»Es geht darum, die gemeinsame Front der Antifaschistischen Aktion zu stärken.«

»Indem man Bierseidel schwenkt und auf dem Heiligen-
geistfeld Karussell fährt?«

»Es soll ein Fest zur Hebung der Moral werden.«

»Beim Walzertanz?«

Klara tippte auf das Manuskript, das er ihr hingeworfen
hatte: »Von Walzer steht hier nichts, Genosse. Hier steht,
dass es nötig ist, das Trennende zu überwinden, damit die
kommunistischen, sozialdemokratischen und sonstigen fortschrittlichen Kräfte einander mehr vertrauen. Weil das wichtig ist, wenn man gemeinsam gegen die Faschisten auftritt.
Und Vertrauen, Genosse, vermittelt man den Männern
durch Singen und den Frauen beim Tanzen.«

»Vertrauen ist gut...«

Klara nahm ein Blatt und las ab: »Es gibt auch agitatorisches
Theater, Satiren gegen die Hitlerbande und einen Trickfilm,
in dem das Panzerschiff ›Deutschland‹ in den Panzerkreuzer
›Potemkin‹ umgewandelt wird. Außerdem Gedichte von Arbeitern gegen Krieg, Ausbeutung, Faschismus und zum Lob
der Sowjetunion...«, sie hob die Stimme, »...vorgetragen
von proletarischen Pionieren, die ein Jahr lang beim Aufbau
der russischen Schwerindustrie mitgeholfen haben.«

»Meinetwegen. Aber nicht in der Ausgabe von morgen. Es

kommt in den *Roten Stern*.« Damit war der Artikel in die illustrierte Beilage abgeschoben.

»Und wir machen eine Montage im Stil von John Heartfield?«, fragte sie ironisch. »Wo soll denn der ganze Text hin?«

»Kürzen«, sagte der Redakteur. Dann warf er ein zweites Manuskript auf den Tisch, diesmal mit deutlich angewidertem Gesichtsausdruck: »Und das hier fliegt ganz raus! Einen größeren Unsinn habe ich noch nie gelesen!«

Klara warf einen Blick auf die von ihrer Torpedo-Schreibmaschine arg gelöcherten, angegilbten Seiten. Es war ihr Artikel mit dem Titel »Im Traum wird geschossen! Die Revolution findet auch im Unterbewusstsein statt«. Er bezog sich auf eine Ausstellung von Bildern und Texten französischer Surrealisten, die in zwei Wochen eröffnet werden sollte, und war nicht für die *Volkszeitung* geschrieben worden, sondern für den Ausstellungskatalog.

Sie verzog keine Miene. Jemand hatte das Manuskript aus ihrer Schublade genommen. Sie drückte die Zigarette im Aschenbecher aus und zündete sich eine neue an. Warum tat der Stellvertreter so, als würde er ernsthaft glauben, sie hätte ihn für die Zeitung verfasst?

»Das hier bringen wir am Wochenende.« Er hielt ihr fleckige Blätter hin.

»Hat da jemand sein Wurstbrot drauf gegessen?«, fragte Klara.

»Kaffee.« Er wedelte mit den Zetteln, als könnte man auf diese Weise die Flecken abschütteln. »Das ist die Antwort der Arbeiterschriftsteller auf den bourgeoisen Individualismus der bürgerlichen Autoren im Bund Proletarisch-Revolutionärer Schriftsteller, die keine Ahnung vom wirklichen Leben der Proletarier haben…«

»So wie wir«, warf Klara mehrdeutig ein.

»Genau.« Der Stellvertreter nahm seine Buchhalterbrille ab und deutete damit auf die Zettel, an deren Rändern sehr viele Korrekturen gekritzelt waren. »Das kommt morgen rein. Ich hab Ergänzungen eingefügt und Teile gekürzt. Muss noch mal gesetzt werden. Du kümmerst dich darum. Ich hab jetzt keine Zeit mehr, die russische Delegation...« Er fuhr herum und starrte zur Tür.

Alfred, der Volontär, trat ein, gefolgt von zwei Männern in eigenartig geschnittenen grauen Anzügen. Der eine trug eine Kiste mit Henkel, die sich bei näherem Hinsehen als elektrisches Gerät entpuppte.

Der stellvertretende Redakteur eilte ihnen entgegen, stotterte allerlei Floskeln, und zu Klaras großem Erstaunen begann der schlaksige Alfred, dem man bestenfalls Souveränität in der Teeküche zugetraut hätte, seine Worte ins Russische zu übersetzen, und zwar so, dass die Genossen aus der Sowjetunion sich auch noch herzlich amüsierten.

Der Stellvertreter rückte irritiert seine Brille zurecht. Der Russe mit dem Gerät begann mit einer weitschweifigen Erklärung und hob es immer wieder an, als würde er sich darauf beziehen.

»Wir sind weniger eine politische als eine technische Delegation...«, begann Alfred seine Übersetzung und kam dann auf die Geschichte eines bekannten innovativen Technik-Betriebs in Moskau zu sprechen, wo man sich der Entwicklung neuartiger elektrischer Geräte widmete und dank vorbildlicher Arbeitskräfte längst dabei sei, den Erfindungsgeist der kapitalistischen Forscher zu überbieten. Alfred geriet nach einiger Zeit ins Schwitzen, als das wortreiche Eigenlob nicht enden wollte. Der Stellvertreter trat ungeduldig von einem Bein aufs andere.

Klara nutzte die Gelegenheit, um ihr Katalog-Manuskript in der Schublade verschwinden zu lassen.

Endlich deutete der Russe auf einen freien Tisch, die beiden Sowjet-Techniker setzten sich in Bewegung und schoben Redakteur und Volontär vor sich her. Dann wurde das Gerät mit einer kraftvollen Geste auf die Tischplatte gehievt.

»Damit haben wir den Kapitalismus im Bereich elektrischer Innovation an vorderster Front überflügelt«, übersetzte Alfred die stolze Bemerkung des Russen.

Klara schob ihren Drehstuhl zurück, stand auf und ging neugierig zu ihnen. Der Russe, der die ganze Zeit geredet hatte, starrte auf ihre rote Krawatte, ihr nachlässig zugeknöpftes Hemd, ihre Hosen und lachte dann vor sich hin.

Sie bot ihm eine Zigarette an und gab ihm Feuer. Sein Lachen wurde herzlicher. Der andere lehnte die Zigarette ab und hielt seine Hände mit gespreizten Fingern über das Gerät auf dem ramponierten Tisch, als wollte er geheime Kräfte beschwören.

Er sagte etwas, der andere ergänzte das Gesagte, und Alfred übersetzte: »Dieses Gerät wird die Arbeit der Journalisten und Reporter, vor allem bei den Rundfunksendern, entscheidend erleichtern und voranbringen.«

»Na ja, Radioapparate ... wer hat schon so was ... wir machen Zeitungen«, murmelte der Redakteur.

Klara entdeckte einen Schriftzug oben auf dem Kasten: »Магнитофон-1«. Sie verstand kein Russisch, und kyrillische Buchstaben waren ihr ein Rätsel. Sie deutete darauf: »Was heißt das?«

»Magnetofon-1«, übersetzte Alfred, sichtlich stolz, dass er ihr etwas erklären konnte.

»Und was ist das?«

Alfred gab die Frage an die Russen weiter.

»Das ist ein Gerät zur Tonaufnahme.«

»Bah«, machte der Redakteur. »Was sind schon Töne.«

»Man kann alle Arten von Geräuschen aufnehmen«, erklärte Alfred, eifrig weiter übersetzend. »Naturgeräusche, technische Geräusche, die Stadt, die Menschen, Musik, Stimmen...«

Der schweigsame Russe nahm die oberste Klappe des Geräts ab. Zwei runde Spulen, auf die ein braunes Band gewickelt war, kamen zum Vorschein, einige Schalter, Tasten und Knöpfe, eine unklare Anhäufung von offenbar zusammengehörenden technischen Details, durch die das braune Band gefädelt war. Der Russe betätigte einen Schalter. Es knackte laut und das braune Band setzte sich in Bewegung, lief von einer Spule auf die andere, durch das komplizierte Gefädel hindurch. Vorne am Gerät, hinter einem quadratischen Gitter, rauschte und knisterte es, ein leises Kratzen war auch zu hören.

»Na, und?«, fragte der Redakteur ungeduldig.

»Sch-sch«, machte der Russe und hob die Hand. Er zischelte Alfred etwas zu und lachte leise.

»Das sind die Wolken am Himmel von Moskau«, flüsterte Alfred ungläubig.

»Unsinn.« Der Redakteur hob die Schultern.

Das Geräusch eines Lastwagenmotors, der aufheulte und ein schweres Gefährt in Bewegung setzte ... er rollte davon ... eine Fabriksirene ... ein quietschendes Stahltor wurde geöffnet ... Füße von Menschen ... Stimmen ... ein Menschenauflauf ... das dumpfe rhythmische Stampfen von Maschinen ... gleichmäßig hackendes Klackern und Rascheln ... ein unklares flirrendes Dröhnen wie von einem gigantischen Ventilator ... Schritte, Türenschlagen, Fußgetrappel in einem hallenden Korridor ... Klopfen an eine Tür, ein russischer Ruf, die Tür geht auf, jemand tritt in einen Raum und sagt etwas ...

Der schweigsame Russe stellte das Gerät ab, der Wortführer wandte sich an Alfred und fragte in gebrochenem Deutsch: »Hat er ... was ... gesagt?«

»Zuletzt?«, fragte Alfred. »Äh ... der zweijährige Produktionsplan ist übererfüllt, Genosse Fabrikdirektor ... so ungefähr.«

Der Russe lachte und klopfte ihm auf die Schulter. Dann fügte er etwas auf Russisch hinzu.

»Das war«, erklärte Alfred, »die Eisenwarenfabrik ›Morgenrot‹ in Moskau.«

Der Redakteur schien unschlüssig, was er darauf antworten sollte.

»Und jetzt«, übersetzte Alfred, »besuchen wir den Genossen Stalin.«

Der Techniker schaltete das Magnetofon wieder ein. Nichts war zu hören, außer Rauschen.

Der Russe sagte etwas und lachte, sein Landsmann grinste.

»Das ist wohl erst mal der Genosse Lenin, sprachlos vor Glück in seinem neuen Heim«, übersetzte Alfred tapfer und wurde rot, als er verunsichert aufschaute und direkt in Klaras neugieriges Gesicht blickte. »Er meint wohl das neue Mausoleum«, fügte er nach nervösem Räuspern hinzu.

Jetzt ertönte die kräftige Stimme des Genossen Stalin, dann schmetterte ein Trompetenchor eine Fanfare und anschließend stimmte ein Männerchor die Internationale an. Der Techniker stellte das Gerät wieder ab.

»Was hat er gesagt, der Genosse Stalin?«, fragte der Redakteur.

»In der Sowjetunion gibt es nur zwei Klassen, die Arbeiter und die Bauern, deren Interessen einander nicht nur nicht feindlich gegenüberstehen, sondern im Gegenteil miteinander harmonieren. Folglich gibt es in der Sowjetunion keinen Boden für die Existenz mehrerer Parteien und somit auch keinen Boden für die Freiheit dieser Parteien. In der Sowjetunion kann es nur eine Partei geben, die Partei der Kommunisten...«

»Wahr gesprochen«, sagte der Redakteur. »Warum hat er das für uns da draufgesprochen?«

»Ich glaube«, merkte Alfred an, »das ist nur ein Tonbeispiel.«

Klara hatte schon wieder eine neue Zigarette im Mund und blies den Rauch über den Tisch. Die Packung warf sie dem Russen hin, der sich dankend bediente.

Alfred stellte dem Russen eine Frage und übersetzte die Antwort: »Das Gerät soll auf der Internationalen Funkausstellung in Berlin präsentiert werden. Aber es gibt Probleme. Eine große Firma in Berlin arbeitet an der Entwicklung eines ähnlichen Modells. Sie haben einen unserer Ingenieure bestochen, der ihnen Betriebsgeheimnisse übergeben hat. Der Mann sitzt jetzt im Gefängnis. Aber die große Firma in Berlin hat Einfluss auf die Funkausstellung. Es ist uns verboten teilzunehmen. Nun sind wir auf die Presse angewiesen. Alle sollen wissen, dass es unsere Erfindung ist, wir sind die Pioniere des Magnetofons. Es muss im ganzen Deutschen Reich und dann auf der ganzen Welt bekannt gegeben werden.«

»Und ich dachte schon, wir sollten es benutzen«, brummte der Redakteur.

»Welche große Firma in Berlin?«, fragte Klara.

»All-gemei-ne-Elektricität-Ge-sell-schaft«, radebrechte der Russe.

»Mit denen wollt ihr euch anlegen?«

»Schwierig«, sagte der Russe. »Deshalb ... sind wir ... gekommen hier.«

»Wir können doch keinen Generalstreik anzetteln, wegen so einem Ding«, sagte der Redakteur desinteressiert.

Der Russe redete auf Alfred ein, der dann erklärte: »Es geht um Überzeugung durch Technik, gute Technik, und Gerechtigkeit für die Erfinder, die Ingenieure, die russischen Arbeiter.«

»Ich bin nur der Stellvertreter, ich weiß nicht, ob das in unser Ressort passt. Das muss der Redakteur entscheiden. Ist das nicht eher was für die AIZ in Berlin?«

»Die machen was«, übersetzte Alfred.

»Na dann ... was sollen wir dann noch...«

Klara, die mit verschränkten Armen dagestanden hatte, fragte: »Darf ich das Ding ausprobieren?«

»Mach erst mal den Artikel fertig«, sagte der Stellvertreter. »Danach.«

»Von mir aus ... Ja, mach das ... ich lass euch dann ... Ich komm später noch mal rein. Wegen des Artikels, Klara!«

Damit ging der Stellvertreter, und Alfred beeilte sich, die Russen wortreich davon zu überzeugen, dass diese kettenrauchende Frau in Männerkleidern sich für ihre technische Errungenschaft brennend interessierte.

Der russische Techniker zog die Jacke aus und krempelte die Ärmel hoch. Sein Kollege setzte sich auf einen Stuhl, zog einen zweiten für die Füße heran, machte es sich bequem und schloss die Augen.

Alfred versuchte, die technischen Einzelheiten auf Deutsch zu erklären: »Es gibt zwei Motoren, einen für das Vorspulen, einen für das Zurückspulen. Der für das Vorspulen hat zwei Geschwindigkeiten, die langsame ist für Aufnahme und Wiedergabe gedacht, dann muss der Tonkopf an das Band gelegt werden ... Das hier sind die Hebel für vor und zurück, hiermit drückst du den Tonkopf ran ... hier für die Wiedergabe ... Vorsicht, wenn beide Motoren zugleich eingeschaltet sind, reißt das Band ... Das Magnetband ist fünf Millimeter breit und sehr dünn, es läuft mit einer Geschwindigkeit von achtzig Zentimetern pro Sekunde. Bei einer Bandlänge von 140 000 Zentimetern bedeutet das, eine Spule reicht für ungefähr 29 Minuten ... wir haben mehrere Ersatzspulen dabei ...«

»Und hier noch ...«, beendete der Russe seine Ausführungen, »... das Besondere für dich, Genossin Reporterin ... du willst das Gerät doch nach draußen tragen ...«

»Warum?«, fragte Klara.

»Weil du Reporterin bist ... da drin sitzt ein Akkumulator ... den kannst du rausnehmen und mit einer Steckdose verbinden, um ihn zu laden ... damit hast du immer und überall Strom ... ein Ersatzteil haben wir auch noch dabei ... und schon kannst du losgehen und Aufnahmen für den Rundfunk machen.«

»Wir sind hier aber bei einer Zeitung«, sagte Klara.

Der Techniker zuckte mit den Schultern.

»Aber wie kommt der Ton denn auf das Band drauf?«

Der Russe, der es sich auf den beiden Stühlen bequem gemacht hatte, sagte etwas, und der Techniker sprang auf.
»Er sagt, er hat das Mikrofon vergessen«, erklärte Alfred.
Der Techniker verließ den Raum und kam kurz darauf mit einer großen Ledertasche zurück. Daraus kramte er ein Ding hervor, das wie ein halber Telefonhörer aussah.
»Es funktioniert auch wie beim Telefon«, sagte Alfred, nachdem der Techniker ein Kabel in eine Buchse des Geräts gesteckt hatte. Dann hielt der Russe Klara das Mikrofon vors Gesicht und forderte sie auf: »Sag was!«
Sie nahm ihm das Gerät ab, schaute es kurz unschlüssig an und deklamierte: »›Ordnung herrscht in Berlin!‹ Ihr stumpfen Schergen! Eure ›Ordnung‹ ist auf Sand gebaut. Die Revolution wird sich morgen schon ›rasselnd wieder in die Höh' richten‹ und zu eurem Schrecken mit Posaunenklang verkünden: Ich war, ich bin, ich werde sein!«
Alfred blickte sie erstaunt an.
»Zu laut«, kommentierte der vor sich hin dösende Russe.
Der Techniker spulte zurück und ließ das Band laufen. Klaras verzerrte Stimme klang schrill und mechanisch.

(Altona, Bahnhofshalle)
Was soll das sein? Aha. Und das? Zum Reinsprechen? Nein, ich fasse es nicht an, schon gut. Und was nun?
Aber ich habe doch schon was gesagt ... Noch mal? Also schön. Ich stehe hier jeden Werktag mit meinem Besen. Manchmal auch am Wochenende, dann habe ich unter der Woche frei. Kommt also auch mal sonntags vor. Dreck fällt immer an in einem Bahnhof, und am Wochenende schmeißen die Leute noch mal so viel weg. Das ist hier nicht anders als sonstwo in der Welt.
Lohnt sich übrigens nicht, die ganze Plackerei. Für mich, meine

ich. Bin ja vom FAD abgestellt worden. FAD, wissen Sie? Freiwilliger Arbeitsdienst, wobei freiwillig ... na ja ...

Ich sag das nur, weil Sie einen Anzug tragen und vielleicht nicht Bescheid wissen ... andererseits auch wieder komisch, der Anzug, meine ich, aber das geht mich ja nichts an.

Ja, an diesem Sonntag war ich auch hier. Siebzehnter Juli. Wir waren als Sonderschicht eingesetzt. Die wussten ja Bescheid, es war seit Tagen bekannt, dass was los sein würde. Ich hatte die ganze Woche schon Staub aufgewirbelt, aber dann hieß es Werbemarsch, Kundschaft von außerhalb, Sonderzüge ... wir sagen übrigens immer Kundschaft zu den Leuten, die hier durchkommen, obwohl es gar nicht richtig passt. Andererseits sind wir ja für diese Leute tätig, auch wenn die uns gar nicht wahrnehmen ...

Entschuldigung, ich wollte nicht ins Schnacken kommen, das passiert mir halt so. Sie wollen es lieber kurz und knapp haben, ich verstehe schon. Also, die Teilnehmer von diesem Werbemarsch kamen teilweise mit den regulären Zügen, teilweise mit Sonderzügen. Gegen Mittag kamen die an. Da hat die Reichsbahn gut dran verdient, wenn Sie mich fragen, und das nicht zum ersten Mal. Das wussten die in der Bahnhofsgaststätte auch, die haben in doppelter Besetzung hinterm Tresen gestanden, Sonderschicht genau wie bei uns. Wir haben sozusagen zusammengearbeitet. Die haben die Bierflaschen ausgeteilt, wir haben die Scherben aufgefegt.

Getrunken wird ja immer viel bei diesen Werbeaufzügen. Marschieren macht durstig, und wenn man dabei singt, kriegt man erst recht einen Brand. Kenn ich noch von meiner Soldatenzeit. Ich war in Flandern dabei. Bin verwundet worden, deswegen hinke ich noch ein bisschen ... Aber das wollen Sie gar nicht wissen ...

Also die sind dann rausmarschiert Richtung Rathaus, Platz der Republik. Da waren Sammelpunkte eingerichtet, auf der Palmaille auch. Waren ganze Horden, die hier durchkamen, die meisten in braunen Uniformen. Nur die Mädels trugen fesche

Sommerkleider. Die Damen waren fröhlich und tranken Brause, die Herren stemmten das Bier und sangen ihre Lieder. Aber lange haben sie sich hier nicht aufgehalten, dafür hat die Polizei gesorgt. Die sollten raus. Umzug unter freiem Himmel, auch wenn es geregnet hat ab und zu. Und immer wieder kam ein neuer Schwung rein.
Welche Züge? Sie meinen, woher die kamen? Von überall: Itzehoe, Bramstedt, Rendsburg, Neumünster, Heide, überhaupt ziemlich viele aus Dithmarschen. Eine Menge Bauern, so wie die aussahen.
Wie viele das waren? Das ging in die Hunderte. Tausende wohl eher. Eine Zeit lang dachte ich, das hört gar nicht auf. An Fegen war nicht zu denken. Nachher dann natürlich umso mehr.
Wo wir gerade vom Fegen sprechen ... ich müsste dann mal weitermachen ...
Bitte, gern geschehen.
Haben Sie jetzt meine Stimme da drin? Und wie holen Sie die wieder raus?
Wie ein Radio? Ach so. Können mich dann alle hören? Nein? Na, ist wohl auch besser so.

Die Miete war längst fällig. Auch für die schlimmste Bruchbude musste gezahlt werden, und wenn es nur ein mickriges Fachwerkhaus im Hinterhof zwischen den Gängen war. Vermieter sind unerbittlich, eine Schande, dass es kein Volkseigentum beim Grundbesitz gibt. Auch das muss sich bald ändern. Immerhin, wenn man eine Anstellung hatte, und sei es auch nur eine schlecht bezahlte als gerade noch geduldeter Querkopf bei der *Volkszeitung*, konnte man sich eine eigene Wohnung leisten. Ein Zimmer für sich allein, sogar mit Küche, und bislang war noch nicht die Notwendigkeit aufgetreten, einen Schlafgänger mit reinzunehmen. Eine Schlafgängerin natürlich.

Klara nahm die Kippe aus dem Mund und schnippte sie auf die Straße.

Warum so verkniffen, dachte sie, du machst einen Spaziergang. Gehst mal eben kurz zum Ende des Regenbogens und holst dir deinen Topf mit Gold ab. Haha. Woher kenne ich dieses dumme Märchen eigentlich? Kein Regenbogen, kein Topf, kein Gold, mit Glück ein paar knittrige Scheine, die du dem Plünnenhöker im Nebenhaus hinblättern musst, der genauso schäbig ist wie das Zeug, mit dem er handelt. Und warum macht er das überhaupt, wo er doch mit seinem geerbten Hinterhaus den Leuten das Geld aus den Taschen zieht?

Sie warf dem neben ihr aufragenden Kirchturm einen abfälligen Blick zu. Sankt Michaelis hockt da und nimmt Platz weg. Steht genau zwischen dir und der Bezirksstelle der Hamburger Sparcasse am Schaarmarkt. Da musst du hin. Geld holen.

Also rum um den Michel! Hier unten war es schöner zu wohnen gewesen als jetzt drüben im Breiten Gang. Am Venusberg, damals tatsächlich mit einer Venus, der blonden Helene, der gar nicht frommen. Zwei kunstseidene Mädchen, geflüchtet aus der stickigen Provinz, Kleinstadt im Nirgendwo, von dem wir nichts mehr wissen wollten. Hier ins Leben eingetaucht und gescheitert an Eitelkeiten und Helenes dummer Idee, sie könnte einer Frau und einem Mann gleichermaßen Frau und Mann sein. Jetzt ist sie am Theater, die Charge meiner frühen Jugend, Femme fatale, Intrigantin, und die Komikerin war ich. Seitdem keine Kunstseidenstrümpfe mehr, keine peinlichen Auftritte auf Amateurbühnen in Hinterzimmern, keine scheinheiligen poetischen Ergüsse, sondern die geballte Faust und harte klare Worte! Nur dass man sich schon manchmal danach sehnt, die Faust zu öffnen und eine seidenweiche Haut zu streicheln.

Herrgott, dass der Michel sich aber auch so breitmachen muss! Wo doch nichts weiter drin ist als der heilige Schein der Pfeffersäcke. Und der heilige Schrein mit den Goldbarren gegen die Inflationsgefahr steht in den Banken ... Ha, über diese Assoziation würde Kurt sich freuen, der noch immer nicht genug davon hat, sich als Kabarettist vor satten Bäuchen zum Narren zu machen.

Klara zog die Mütze ins Gesicht und steckte die Hände tief in die Hosentaschen. Es war ein warmer Augusttag. Also kein Jackett, aber selbstverständlich trägt die Dame von heute eine Krawatte zu den aufgekrempelten Ärmeln. Nur ehrlich gesagt, die Mütze auf dem Lockenkopf, das ist zu warm ... Jacobstraße, Venusberg, gesenkten Blicks, ohne auf das Straßenbild zu achten ... Wieso bin ich denn heute so empfindlich, dachte Klara. Das ist doch alles ewig her, und keiner kennt mich mehr hier. Niemand wird dir den Kopf abreißen, keiner auf dich schießen, kein eifersüchtiger Liebhaber, der seine Sentimentale von der Insel Lesbos zurückholen will ...

Jetzt aber doch. Schüsse am Schaarmarkt! Unter den Markisen, die bunt im Sonnenlicht hängen und von der Elbbrise sanft gebauscht werden, wird geschossen. Ein Automobil hupt zornig, als aufgeschreckte Passanten quer über den Platz laufen, um in einem Hauseingang Schutz zu suchen. Auf dem Gehsteig sprengen sie eilig auseinander und huschen in Mauernischen und hinter Ladentüren. Dort vorn, da willst du doch hin. Jetzt splittert das Schaufenster der Sparcassen-Filiale. Die Tür wird so heftig aufgestoßen, dass es kracht, und zwei Kerle springen heraus, bleiben stehen, schauen nach rechts und links. Na los doch, weg! Die Bahn ist frei, was gibt es da zu zögern!

Klara kam neugierig etwas näher.

Das sind doch ... Zwei weitere Leute kommen rückwärts aus der Bank, der eine hält drohend etwas in der Hand. Ein Revolver. Ein einziges solches Ding genügt, um aus einem braven Junggardisten in Kniebundhosen und sauberem grauen Hemd einen proletarischen Kämpfer zu machen. Enteignet die Enteigner! Unter der blauen Schirmmütze mit Sturmriemen verdeckt ein Tuch das halbe Gesicht. Es sind vier junge Kerle. Drei davon in schäbigen Lumpen. Nur der Anführer hat sauber gewichste Stiefel an, die anderen tragen zertretene Schnürschuhe, einer ausgelatschte Sandalen. Idioten! Am helllichten Tag eine Sparcasse zu überfallen, hier am Platz! In der Seitenstraße liegt die Polizeiwache. Und jetzt laufen sie auch noch genau in diese Richtung. Sie sollten besser…

Hinter einem Ständer für Ansichtskarten vor einem Papierwarengeschäft blieb Klara stehen. Eine Alarmglocke ertönte, ein Mann stürzte aus der Filiale und schrie.

Die vier Räuber biegen zielsicher um die falsche Ecke. Zwei Passanten setzen zur Verfolgung an, bleiben dann aber unschlüssig stehen. Der Bankangestellte eilt weiter, mit erhobener Hand, als wollte er den Kriminellen Einhalt gebieten. Und jetzt kommen sie wieder zurück, der Anführer schießt, die Kugel jault, als sie gegen das Metall eines Papiereimers prallt. Der löst sich aus der Halterung am Straßenrand und poltert auf den Gehsteig. Der Bursche sollte besser nicht so freigiebig mit seiner Munition sein.

Alle gehen in Deckung, sogar der Bankangestellte springt zur Seite, verbirgt sich hinter der Litfaßsäule. Die jungen Kerle preschen voran. Hinter ihnen biegen zwei Uniformierte um die Ecke, im Laufschritt, an ihren Halftern nestelnd, um die Pistolen freizubekommen. Und von drüben aus der Dietmar-Koel-Straße heult die Sirene des Streifenwagens heran. Jetzt sind die Räuber in der Zange. Sie versuchen es quer über den Marktplatz, aber der Einsatzwagen schneidet ihnen den Weg ab. Drei wenden sich nach links, einer nach rechts. Direkt auf Klara zu. Wieder ein Schuss, drüben auf der andern Seite, immerhin haben sie es bis dorthin geschafft. Aber den kleinen Schmächtigen, der auf das Papiergeschäft zurennt, den werden sie kriegen, der hat keine Waffe, und ihm folgen die beiden Beamten jetzt mit gezückten Pistolen.

Kein Ausweg? Vielleicht doch. Links neben dem Hallenbad vorbei, dann über den Venusberg auf die andere Seite, durch die Nische zwischen den Häusern in den Hinterhof und dort über die Mauer.

»Räuberleiter, na los – Jetzt zieh mich hoch! – Und rüber – Da geht's weiter – Vorsicht, Brombeergestrüpp! – Hinter den Schuppen, und keiner sieht uns mehr – Jetzt hock dich hin!«

Der schmächtige Junge sah Klara aus großen blauen Augen an: »Wieso hast du mich gerettet, wieso bist du mitgekommen?«

»Zieh dein Tuch ab!«

Der Junge schüttelte den Kopf.

»Ich hab mal hier gewohnt«, sagte Klara. »Seid ihr Kommunisten?«

»Äh ... ja.«

»Habt ihr was erbeutet?«

»Ein bisschen, aber das hat ... He!«

Mit einer schnellen Handbewegung riss Klara dem Jungen das Tuch herunter. Sommersprossen, blasse Haut, breite Wangenknochen, ein voller Mund. Aber kein Junge.

»Ich heiße Klara und du?« Sie hielt dem Mädchen die Hand hin. Es versuchte, das Tuch wieder hochzuziehen, und ignorierte die Hand.

»Du trägst Hosen, wie ich«, stellte Klara fest.

Schmutzige nackte Füße in Sandalen.

»Und so eine Mütze, genau wie ich.«

Auch dreckig und zu groß.

Das Mädchen nahm die Mütze ab. Hellblondes verfilztes Haar fiel auf ihre Schultern.

»Sag mir deinen Namen.«

Widerspenstiger Blick. »Warum sollte ich?«

»Weil wir Genossinnen sind.«

Das Mädchen kniff die Augen zusammen und musterte Klara unverhohlen. Ein Raubtierblick, vielleicht der einer Wölfin.
»Elly.«
Klara stand auf. »Gut, wenn du eine Weile hierbleibst, kannst du in der Dunkelheit nach Hause gehen. Also dann, viel Glück, Elly.«
»Nach Hause? Kann ich nicht ... wenn sie die anderen gekriegt haben.«
»Haben sie denn?«
»Weiß ich nicht.«
»Dann geh woanders hin.«
Klara ging die Mauer entlang und fand das Tor, das schief in den Angeln klemmte. Ein Tritt mit dem Fuß und es schwang auf, so wie früher. In der Schlachterstraße spürte sie etwas. Nachdem sie den Großneumarkt überquert hatte, hörte sie Schritte. Im Trampgang drehte sie sich um.
»Dann komm halt!«
Aber wehe, wenn du mir Läuse mit ins Haus bringst.

(Kaltenkirchen, Bahnsteig)
Ich wüsste nicht, warum ich Ihnen Auskünfte geben sollte. Unsere Bahngesellschaft transportiert alle Personen, wenn sie eine Fahrkarte haben. Neumünster – Kaltenkirchen – Altona. Weiter haben wir nichts zu bemerken, es sei denn, die Ordnung des Ablaufs wird gestört. Das konnte man in diesem Fall ja nun wirklich nicht sagen. Ordnung wurde eingehalten, es ging auf Kommando in die Waggons. Sowieso war der ganze Zug bestellt, da konnte gar kein Durcheinander entstehen, denn alle hörten auf die Befehle ihrer Sturmbannführer. Das sind Landleute mit sauberer Gesinnung gewesen. Die wissen, wie man sich benimmt.

Wenn es immer so reibungslos ginge! Meiner Meinung nach darf die AKN stolz darauf sein, diese Truppe transportiert zu haben. Übrigens kamen sie auch geordnet wieder zurück. Leicht angeheitert nach dem Ausflug in die Großstadt, stolz darauf, sich bewährt zu haben, und vor allem diszipliniert ... Was ist das da eigentlich für ein Kasten? Und was halten Sie da in der Hand? ... Gehen Sie mal weiter, ich wüsste wirklich nicht, warum ich so einer Person Auskünfte geben sollte ... wie Sie aussehen. Kommen Sie aus Altona? Gehen Sie mal weiter, da fährt ein Zug ein!

Die Maschine läuft auf Hochtouren. Schreibmaschinen klappern, Türen stoßen auf und schlagen zu, Bleistiftspitzen hasten über Stenografieblöcke, Stahlfedern kratzen auf Manuskriptseiten. »Entschuldigung, kann mal jemand dieses Gerät wegnehmen?«
Stühle rollen über Linoleum, das Ächzen der Lehne, als ein breiter Rücken sich dagegenstemmt, jemand stöhnt vor sich hin, Schritte herein, heraus, draußen im Korridor klappern die Absätze, fernes Rufen, wer ist wohl gemeint?
Rhythmisches Klackern von Schreibmaschinen, träges Surren, eine Walze wird justiert, knisterndes Papier, das Schaben eines Radiergummis, scharfes Reißen von Papier, es klingelt zum Zeilenende, Ratsch!, neue Zeile, geflüsterte Flüche, ein verhaltener Zuruf, hat jemand einen Scherz gemacht?
Das aufgeregte Rattern eines Lieferwagens, das Klimpern leerer Bierkästen auf einem Karren, nörgelnder Motorenlärm draußen auf dem Valentinskamp, die Schreie der Kolporteure, die mit ihren Handwagen und Bauchläden auf die Straße treten. Artikel werden formuliert, in die Setzerei gebracht, Korrekturfahnen kommen zurück, »Beeilung bitte, kann jemand mal diese Kolumne hier kontrollieren?«

Quietschende Bremsen, das Klingeln der Straßenbahnen, Geruch nach Gummi und Dieselabgasen in der schwülen Sommerluft, vermischt mit Schweißgeruch und Tintenduft. Mach doch mal einer das Fenster zu, nein, lass es auf, es ist zu heiß. Sehnsucht nach Gewitter, ach was, sei froh, dass wenigstens Sommer ist, Eiszeit herrscht in der Gesellschaft, dann soll wenigstens die Sonne uns wärmen, aber sind die Gemüter nicht genügend erhitzt?

Text kürzen, der muss in den Kasten auf Seite drei, nein, ist zu lang, stopp, der Schriftleiter sagt, der ganze Block muss verschoben werden. Schreib noch ein paar Parolen dazu, dann passt es wieder. Wer hat denn meine Stullen verputzt? Wenn dir nichts einfällt, zitier die letzte Thälmann-Rede, »höchste Wachsamkeit, das passt immer«, hat jemand mal einen Bogen Kohlepapier?

Es verschwimmt, das Leben, die ganze Welt verschwimmt. Und was siehst du, wenn die Worte verwischen, vor deinen Augen ineinanderströmen und sich zu einem abstrakten Netz verbinden, das etwas ganz anderes bedeuten will, als es bedeuten soll? Muster auf deinem Schreibblock, auf deinem Bogen in der Schreibmaschine, jeder Buchstabe setzt sich als bloße Kontur in Schwarz aufs Weiße, weigert sich, Bedeutung anzunehmen, will den Laut nicht malen, geht lieber ein ganz anders geartetes Bündnis ein, und die Worte, die keine mehr sind, verschieben sich, verdoppeln sich, klettern eigenmächtig übereinander und erzeugen Raster, die sich mechanisch vor deinen Augen verschieben, in diese und in jene Richtung, aber es sind nur die Augen, die dir einen Streich spielen. Starr nicht so hin, es ist kein Tier, nur eine Schreibmaschine mit einem Bogen Papier und zwei Absätzen leerer Worte. »Entschuldigung, kann mal jemand dieses Gerät wegnehmen?«

Leere Worte, wie die fetten Schlagzeilen, die dir den Blick auf die kahle graue Wand verhängen:

»Für eine rote Einheitsfront!« – »Achtung! Die Sozialdemokratie will die rote Einheitsfront zerschlagen!« – »Ein Feind, eine Front, ein Kampf!« – »Sozialdemokraten, Arbeiterverräter!« – »Für rote Einheitsfront mit den sozialdemokratischen Arbeitern!« – »Organisiert den Generalstreik!« – »SPD-Führung gegen Generalstreik!« – »Schluss mit dem Faschismus« – »Nieder mit dem Sozialfaschismus!« – »Gemeinsame Massenaktion« – »Gegen den feigen Sozialdemokratismus« – »Sozialdemokratische Arbeiter, reicht uns die Hand zum Kampfbündnis!« – »Vergesst nie, die SPD hat euch ins Elend gestürzt!« – »Herber Verlust der SPD-Verräter!« – »Sieg für die KPD bei den Reichstagswahlen!«

Der Sommerwind schickt eine Brise in den Raum und raschelt mit den Blättern, als wollte er sagen: Wirf alles durcheinander, dann wird viel eher ein Sinn herauskommen. Bitte nicht, es fällt mir auch so schon schwer genug!

Wenn wir gewonnen haben, warum sieht es dann so unangenehm deutlich nach Verlieren aus? Und warum gelingt es uns nicht, das Blatt zu wenden? »1,3 Prozent mehr Stimmen bei der Reichstagswahl am 31. Juli, die haben wir den Sozialfaschisten weggenommen«, hatte der Redakteur sich gefreut. Ein Blinder war er unter Einäugigen. Die Nazis hatten 19 Prozent dazugewonnen. Wie viele Arbeiterstimmen waren dabei? Wo wird das hinführen?

Organisiert den Generalstreik! Was nützt uns das, wenn ein Großteil unserer Leute arbeitslos ist? Vorwärts im Zeichen der Antifaschistischen Aktion! Die Nazis haben über 37 Prozent der Stimmen, mehr als die beiden Arbeiterparteien. Gibt euch das nicht zu denken, Genossen? Muss hier nicht etwas ganz anderes geschehen? Aber was?

Wenn zwei Brüder nebeneinanderstehen, Arbeiter, der eine Nazi, der andere Kommunist, was ist das, wohin soll das führen? »Angreifen!«, schallt dir die *Volksstimme* entgegen. »Ein Feind, eine Front, ein Kampf!«, ruft die *Rote Fahne*. »Schluss damit! Her zu uns! Kämpft in der Antifaschistischen Aktion!«, fordern Plakate und Flugblätter vor den Fabriktoren von Wandsbek bis Altona, von Barmbek bis in den Hafen. Warum gelingt es uns nicht, Schluss zu machen? Ist es nur die Schuld der Sozialdemokraten? Ist es nur die Feigheit ihrer Führer, oder sind wir es, die versagen? Warum folgt niemand dem Banner der Wahrheit?

Warum stehen die Arbeiter nicht auf und folgen ihrer Bestimmung? Warum, zum Donnerwetter, verläuft die Geschichte nicht so, wie es ihr vorherbestimmt ist? Warum kann man nicht ausrechnen, an welchem Tag das Ende der Bourgeoisie und ihrer verbrecherischen Verbündeten gekommen ist? Wieso ist die Verblendung so stark, so umfassend ... Verblendung ... Verzweiflung ... Bin ich nur eine Einäugige mit getrübtem Blick, und das, obwohl ich alles dafür getan habe, den Blick zu klären, den Geist zu schärfen, den Weg der Erkenntnis zu gehen? Warum sehe ich dann keinen Weg mehr, der uns durchs Dickicht der mörderischen Verhältnisse führt? Sehe ich den Wald vor lauter Bäumen nicht ... die Revolution vor lauter Arbeitern nicht ... die heute hier und morgen dort marschieren, Fahnen und Transparente schwingend?

Ist es nur eine Frage der Führung? »Die Führung hat versagt!«, rief Rosa Luxemburg. Heute rufen sie: Seht, wie er auf uns einschlägt, Kain, der Arbeiterverräter, der willfährige Knecht der Kapitalisten, seht, wie die Sozialdemokraten uns bluten lassen, ihre verräterische Führung. Ist es immer nur die Führung, die versagt? Die Führung der anderen? Und sollten Kain und Abel nicht Hand in Hand ... die Millionen Kains und Abels in den Fabriken, in den Elendsquartieren, auf den Straßen und in den dreckigen Gassen? Die Führung hat versagt, geht allein! Die Massen versagen nicht, das Proletariat hat eine historische Mission, aber was ist, wenn es sich den falschen Führern anschließt? Und warum tut es das? 37 Prozent? Wie viele davon Arbeiterstimmen?

Vor Klaras trübem Auge tauchte ein lächelndes Gesicht auf:

»Ist das nicht großartig«, sagte Alfred. »Clara Zetkin wird den Reichstag eröffnen!«

»Was?« Vielleicht liegt es nur daran, dass ich eine Brille brauche, überlegte Klara.

»Deine Namensvetterin! Sie wird ein Zeichen setzen, ein Fanal!«

»Glaubst du, es gibt Brillen, mit denen man besser denken kann?«, fragte Klara.

»Was?«

»Entschuldigung! Kann mal jemand dieses Gerät wegnehmen!«

Klara drehte sich um.

»Wir brauchen den Tisch!«, erklärte der Genosse aus der Sportredaktion, während sein Kollege ungeduldig daran rüttelte. »Nimm mal dieses Ding runter!« Sie hoben den Tisch an. »Sonst nehmen wir es mit.«

Klara sprang auf. »Das wäre aber schade.« Sie stemmte das Magnetofon hoch und trug es zu sich rüber. Dort stellte sie es behutsam auf das Durcheinander aus betippten und bekritzelten Zetteln.

»Ich wäre gern dabei«, sagte Alfred.

»Wobei?«, fragte Klara zerstreut.

»Wenn sie die Rede hält. Es wird eine ungeheuerliche Provokation.«

»Warum?«

»Für die Faschisten, weil sie es zulassen müssen, dass die Vertreterin der kommunistischen Bewegung sie in ihre Schranken verweist. Und für die Sozialdemokraten, weil sie ertragen müssen, dass eine Kommunistin ein hochrangiges Staatsamt wahrnimmt, und ...«

»Clara Zetkin eröffnet einen Reichstag, in dem die Faschisten mehr Sitze haben als die Arbeiterparteien zusammen. Das kann ich nicht als Sieg sehen.«

»Die Faschisten sind doch nur der Dreck am Stecken der Bourgeoisie ...«

»Und wenn wir an diesem Dreck ersticken?«

»Aber die Mission des Proletariats! Wir werden siegen, weil wir siegen müssen, und dann werden wir sie hinwegfegen.«

»Werden wir siegen?«

»Aber ja, das ist festgeschrieben, ein Naturgesetz ... Mensch, Klara, ist dir denn gar nichts heilig?«

»Hat Karl Marx nicht verlangt, dass uns nichts heilig sein soll?«

Klara ließ ihre Fingerspitzen über die Schalter, Tasten und Knöpfe des Magnetofons gleiten. »Sag mal, wie war das noch mal ... wenn ich eine Tonaufnahme machen will? Ich drücke den Tonkopf an das Band, und hier schalte ich ein, dann drehen sich die Spulen, und ich kann Stimmen darauf festhalten.«

»Alle Arten von Tönen und Geräuschen, mit dem Mikrofon, ja, so geht das.«

»Wo sind eigentlich die Genossen aus der Sowjetunion, die das Gerät hergebracht haben?«

»Ich glaube, nach Berlin ... oder? Ich weiß nicht.«

»Warum haben sie das Ding hier nicht mitgenommen?«

»Weil wir darüber berichten sollen.«

»Wer macht das?«

Alfred senkte die Stimme. »Ich glaube, niemand. Keinen interessiert es, auch den Chefredakteur nicht, der hat nur gesagt, mal sehen ... Ich hab's dann ein bisschen freundlicher übersetzt. Für die Russen, meine ich.«

»Die sind weg, und keiner will das hier haben?« Klara betätigte hoffnungsvoll weitere Knöpfe, aber es tat sich nichts. Beunruhigt untersuchte sie es von allen Seiten.

»Du musst die Batterie reintun.« Alfred hielt sie ihr hin. Er hatte sie vom Tisch genommen, der weggetragen worden war. »Aber was willst du denn damit?«

»Kämpfen. Für Recht und Gerechtigkeit.«

»Wie denn?«

»Mit diesem Gerät hier können Zeugenstimmen aufgenommen werden, unumstößliche Beweise, festgehalten für immer ...«

»Die kann man doch genauso gut aufschreiben.«

»Vielleicht. Aber stell dir vor, diese Beweise würden im ganzen Reich übers Radio verbreitet. Oder in Hamburg über die NORAG.«

»Wer hört denn Radio?«

»Viele Hunderttausend Menschen und das Ausland auch.«

»Die machen doch nur Propaganda für die Notverordnungsregierung.«

»Dann muss er befreit werden. Wer einen Staat erobern will, wird ja wohl nicht davor zurückschrecken, einen Sender zu besetzen ...«

»Aber ... wer hat denn das beschlossen?«

»Bis jetzt noch niemand. War nur so eine Idee. Wir werden sehen.«

Das Geräusch von Klaras Schritten gesellte sich zu dem Klappern der Schreibmaschinen und den Straßengeräuschen, die durchs Fenster drangen. Sie verließ den Raum, lief den Korridor entlang, klopfte an die Tür des Chefredakteurs, erörterte ihre Idee und holte sich eine Abfuhr.

»Arbeiter lesen Zeitung, die hören kein Radio! Wer hat denn zu Hause schon ein Radiogerät?«

Ihre Bitte um Vermittlung zur Parteiführung wurde abgeschlagen.

»Aber wir haben dieses Gerät aus Sowjetrussland!«

»Ist für uns nicht interessant. Pack es in die Kammer am Ende des Flurs, bis die Genossen es wieder abholen. Oder falls jemand vom Freien Arbeiter-Radio-Bund Verwendung dafür hat, sollen die ... wie auch immer ... Was ist mit deiner Ankündigung über die Proletarische Theaterwoche in Eimsbüttel?«

»Ist schon gesetzt.«

»Gut, dann nimm dir einen Fotografen und berichte dar-

über.« Da der Ressortleiter noch immer krank war, hatte der Chefredakteur das Sagen.
»Aber...«
Der Chefredakteur schlug mit der Faust auf den Tisch und schrie: »Zum Donnerwetter, still jetzt! So wie es aussieht, werden wir wieder verboten und zwar für länger! Was interessieren mich da deine kleinkarierten Anliegen!«
Klara nickte stumm und lief schnurstracks in das Schreibzimmer zurück, packte ihre Sachen, warf das Jackett über, klemmte sich das Magnetofon unter den Arm und ging, ohne sich zu verabschieden.
Alfred schaute auf und rief: »He, was...?«
Aber sie ließ sich nicht aufhalten, und er hatte zu tun, musste noch ein Pamphlet gegen das »sich ausbreitende Pfaffentum der Volkschöre« schreiben, die nach Ansicht des Redakteurs zu viele Oratorien und zu wenige Revolutionslieder sangen.
Als Klara durch das Tor auf den Valentinskamp trat, umschwirrten sie die Geräusche der Großstadt wie das Summen mechanischer Insekten. Blökende Hupen, dröhnende Automotoren, das Knattern der Motorräder mischten sich mit dem Getrappel der Passanten und dem Rumpeln der Tramwaggons.
Wie soll ich in diesem lärmenden Durcheinander bloß Stimmen sammeln, die leisen Stimmen von Zeugen eines himmelschreienden Verbrechens?

(Itzehoe, Bahnhofsvorplatz)
Warum wollten die denn nicht mit Ihnen reden? Die Polizei, dein Freund und Helfer? Oder gehören Sie zu denen, denen die Polizei nicht so gern hilft? Ach so. Die Volkszeitung *habe ich auch. Ich*

führe alle wichtigen Zeitungen aus Hamburg und Altona. Tageblatt, Correspondent, Anzeiger, Acht-Uhr-Abendblatt, Echo, Volkszeitung *und wie sie alle heißen. Die VZ verkaufen wir nicht so gut … Ja, an dem Tag war ich auch hier. Zeitungen werden immer gebraucht, auch sonntags. Ich sitze hier jeden Tag. Acht Tage die Woche, sagt meine Frau. Von früh bis spät, es sei denn, ich gehe zum Friseur … An diesem Sonntag, von dem dann tagelang die Rede war in allen Blättern, war ich auch hier. Ich hab gesehen, wie sie sich gesammelt hat, die holsteinische Bauernarmee. Mit Fuhrwerken wurden die gebracht, auf Anhängern mit Traktoren oder auf Lastern. Die Lastwagen hatte die Polizei besonders auf dem Kieker. Ist ja nicht so, dass sie sich normalerweise allzu sehr von den Braunhemden gestört fühlt. Aber an dem Sonntag wurde die Zufahrt gesperrt und die Wagen durchsucht. Fünfundzwanzig Pistolen haben sie gefunden und jede Menge Messer, Stangen und Knüppel. Wenn man bedenkt, wie viele Personen es waren, schien es nicht so viel zu sein. Ich verrat Ihnen, wie sie es gemacht haben. Sie dürfen es ruhig weitererzählen, aber sagen Sie nicht, wer's Ihnen gesagt hat, sonst rücken die mir noch auf die Bude, und ohne die Bude hier müsste ich acht Tage die Woche zu Hause bei meiner Frau bleiben und könnte nur einmal im Monat zum Friseur, von der Kneipe gar nicht zu reden. Na, Sie wollen's wissen, oder? So wie Sie gucken? Es war ganz einfach. Viele hatten ja ihre Mädels oder Frauen dabei. Und ein Schupo, der 'ner Deern untern Rock geht …?*

Na sehen Sie. Jetzt wissen Sie Bescheid. Entweder hatten die ihre Pistolen schon im Mieder oder unterm Jäckchen, oder es überkam die Pärchen angesichts der Polizeisperre eine solche Sehnsucht nacheinander, dass sie sich eng umschlingen mussten, wobei dann mal eben kurz die Knarre samt Munition oder das Fahrtenmesser von Hänsel zu Gretel wechselte, denn in die finstere Großstadt trauen sie sich nur bewaffnet. Manche sind auch schnell mal da drüben hinter der Mauer verschwunden und haben Eisenwaren getauscht. Bis die Schupos das spitzgekriegt haben und rüber sind. Da gab's dann großes Geschrei, weil es hieß, man dürfe sich ja

wohl noch von seiner Verlobten verabschieden. Und genau betrachtet waren die Schupos auch nicht sehr streng. Die wollten nur ein paar Dinger einsammeln, um später was vorweisen zu können. So fröhlich wie die Braunhemden dann in den Bahnhof marschiert sind, können sie nicht viel verloren haben. Einen Laster, auf dessen Ladefläche unter Getreidesäcken Gewehre entdeckt wurden, haben sie einfach zurückgeschickt, weil der Fahrer meinte, es seien Flinten für die Jagd. Aber an diesem Sonntag war nirgendwo eine Jagd angesagt worden, und die Jäger, die ich kenne, tragen ihre Gewehre stolz auf dem Rücken, wenn sie zum Halali blasen.
So, jetzt mach ich zu, ich geh nämlich zum Friseur. Kommen Sie doch mit, Sie könnten auch mal einen Schnitt gebrauchen. So lange Locken sind doch nichts für einen Mann ... Nichts für ungut, sollte ein Scherz sein ... Nehmen Sie's mir nicht übel, steht Ihnen eigentlich ganz gut so insgesamt.

Gustav stand mit seiner Hantel am Fenster und trainierte die prallen Muskeln.

»Nicht schlecht für einen Sozialdemokraten«, pflegte Klara zu sagen, wenn sie an ihm vorbeiging, um durch den Torbogen den Hinterhof zu betreten, wo sie wohnte.

Üblicherweise antwortete er mit: »Rauchen ist ungesund, auch für Kommunisten.« Diesmal aber presste er zwischen zusammengebissenen Zähnen hervor: »Bin jetzt bei Rotsport!«, und hob das schwere Ding über den Kopf.

»Herzlich willkommen, Genosse«, sagte Klara und ging weiter.

Ein Gewicht hab ich jetzt auch am Hals, dachte Klara, und meinte den Tonaufnahmekasten, den sie unterm Arm trug. Im Hinterhof angekommen, überkam sie eine Ahnung, dass diese Feststellung auch auf etwas anderes zutreffen könnte.

Die Fenster im oberen Stockwerk des niedrigen Fachwerk-
hauses standen offen, und der Gesang einer Mädchenstimme
drang in den verschlampten Hinterhof, in dem zwei Jungs
in kurzen Hosen mit Holzklötzen nach Tauben warfen.
»Was kann schon so schön sein wie deine Liebe?« Klara stieg
die schmale Holztreppe hoch und schob die angelehnte Tür
auf. Die sommersprossige Elly mit den breiten Wangenknochen und dem, wie man jetzt sehen konnte, gertenschlan-
ken Körper stand vor dem Ankleidespiegel in Klaras Wohn-,
Schlaf- und Arbeitszimmer, eine Federboa um den Hals geschlungen. Sonst trug sie gerade mal Unterwäsche.
»Was kann so schön sein…« Mit der Intonation klappte es
nicht allzu gut.
»Eine Gitta Alpár wird nicht aus dir werden«, stellte Klara
fest.
Elly wirbelte herum und warf die Federboa von sich, die auf
der Lehne des Schreibtischstuhls landete. »Warum schleichst
du dich an?«
»Hab ich nicht. Ich bin reingekommen. Ich wohne hier.«
Elly zupfte an ihrem fleckigen Hemdchen. »Dann zieh ich
wohl besser was über.«
Klara stellte das Magnetofon ab. »Tu das.«
Wie kann eine mit so schmutzigen Füßen so weiße Haut haben? Sommersprossen auf den schlanken Armen, durchaus
hübsch anzusehen, ein arg großer Leberfleck auf dem linken
Oberschenkel, dazu eine lange bläulich-weiße Narbe auf
der Innenseite. Längst verheilt, aber eine Verletzung, bei der
man sofort die Geschichte dahinter wissen will und Mitleid
bekommt und mit dem Finger entlangfahren möchte, ob
auch alles gut ist und einen sanften Kuss darauf hauchen, ist
ja nicht so schlimm, kühle Alabasterhaut…
»Leih mir was«, sagte Elly.
Klara merkte, dass sie Zigarette und Streichhölzer in den
Händen hielt, wo kamen die jetzt her? »Ich hab nur Männersachen.«

»Ha! Das stimmt aber nicht.«

»Hast du herumgestöbert?« Schau nicht immer auf die Narbe und halt die Hände ruhig.

»Klar«, sagte das Mädchen.

»Zieh deine eigenen Klamotten an.«

Sie zog einen Schmollmund. »Na gut. Aber meine sind auch nur Männersachen.«

Während sie in die Hosen fuhr, schaute sie sich um. »Du hast aber viele Bücher. Liest du immer?«

»Ich lebe davon.«

»Und schreibst du?«

»Davon auch.«

Elly zog sich das Hemd über und schloss nur die Hälfte der Knöpfe. »Ich find Schreiben ziemlich anstrengend. Aber Zahlen krieg ich ganz gut hin.«

Jetzt sieht sie aus wie ein Junge, das hast du nun davon. Klara nahm einen tiefen Zug aus ihrer Zigarette und griff nach dem Tonaufnahmegerät. Sie trug es ins Zimmer und hob es auf den Schreibtisch, dessen Unordnung eine andere war als diejenige, die sie hinterlassen hatte.

»Was hast du da für einen Kasten mitgebracht?«

»Ein Magnetofon.«

»Eine Mangel?«

»Nein, was anderes.«

»Meine Mutter hatte eine Handmangel, damit hat sie abends die kleinen Sachen geplättet. Es hat immer leise gequietscht, sie hat mich in den Schlaf gequietscht, und auf dem Herd hat ein Topf mit Kartoffeln geblubbert, für den Alten, ich hab immer nur Brot bekommen…«

»Du wohnst jetzt nicht mehr bei deinen Eltern?«

»Sie hat dann Blut gespuckt, und man hat ihr die Mangel genommen, und dann konnte sie bald sowieso nicht mehr die Treppe runter.«

»Ist sie tot?«

»Ja, ja. Was ist denn das für eine alte Schachtel hier?« Elly deutete auf das Bild über Klaras Schreibtisch.

»Clara Zetkin, meine Namensvetterin.«

»Eine Verwandte? Und die da?« Sie deutete auf ein anderes Porträt neben dem überfüllten Bücherregal.

»Rosa Luxemburg.«

»Rosa kenne ich, das war die Frau von Liebknecht und die beiden hätten beinahe den Staat gestürzt, hat Paul mal gesagt...« Sie hielt sich erschrocken die Hand vor den Mund.

»Paul? Aus deiner Bande?«

»Ach was, kenn ich gar nicht...« Elly grinste schuldbewusst.

»Ich will dich nicht aushorchen.«

»Das wäre ja auch noch schöner.«

Unter dem Hemd eine magere Brust und hervortretende Schlüsselbeinknochen, zu kleine Ohren, eine nicht gerade hübsche, etwas platte Nase, nur die Haut wirkt so transparent, dass man beinahe hindurchschauen könnte wie durch Wachspapier, was würde man entdecken ... Knochen, Adern, Nervenstränge ... ach, wie nett war's doch, als man noch an eine Seele glauben konnte.

»Wenn du fertig angezogen bist, kannst du ja gehen.«

»Willst du mich loswerden?«

»Ja.«

»Gib mir erst eine Zigarette.«

Elly setzte sich auf den Schreibtischstuhl und zog die Beine an. Hübsche Füße hatte sie schon.

Klara drückte ihre Kippe in den Aschenbecher und zog sich eine neue aus der Schachtel, die sie dann dem Mädchen hinhielt.

Elly nahm eine, holte ein Feuerzeug aus der Hosentasche und entzündete ungeschickt die Flamme, die sie Klara hinhielt.

»Das kannst du haben«, sagte sie, ohne die Flamme zu löschen. »Als Dankeschön, dass du mich gerettet hast.«

Klara fragte: »Habt ihr eigentlich was erbeutet?«

»Ja, den Sack hat…«

»…Paul.«

Elly zündete ihre eigene Zigarette an und hustete ausgiebig. Dann hielt sie ihr erneut das Feuerzeug hin. »Willst du's nun?«

Klara nahm es. Ein eingravierter Blitz. Sie steckte es ein.

»Habt ihr das schon oft gemacht?«

»Was?«

»Überfälle.«

Elly zuckte mit den Schultern. Keine Antwort.

»Isolierte Einzelaktionen bringen nicht viel. Die gemeinsame solidarische Aktion der Masse der Werktätigen ist der einzige Garant für eine dauerhafte Expropriation der Expropriateure.«

»Hä?«

»Zu welchem Bezirk gehört ihr denn?«

Elly schaute begriffsstutzig drein.

»Die Jungs, die mit dir waren, trugen die Kluft der kommunistischen Jugend, der eine hatte die Mütze auf. War das Paul?«

Elly rauchte schweigend und bemühte sich, die Hand wie eine Filmdiva zu führen.

»Habt ihr die Klamotten auch geklaut?«

»Wieso denn, er ist doch … wir sind doch Kommunisten.«

»Es ist trotzdem dumm, eine Sparcasse zu überfallen.«

»Wenn man Hunger hat…«

»Na gut.«

»Wenn den Arbeitern das Brot genommen wird, müssen sie sich das Geld wiederholen, das ihnen die Kapitalisten gestohlen haben.«

»Sagt Paul.«

»Ja.«

Klara grinste. »Zumindest hat er eine ungefähre Ahnung davon, was er tut.«

»Wir haben auch schon richtig gekämpft, auf den Barrikaden, am Blutsonntag!«, stieß Elly trotzig hervor.

Klaras Blick wanderte zum Magnetofon auf dem Schreibtisch. »Tatsächlich?«

»Wir haben Barrikaden gebaut!«

»Warte mal.« Klara hob die Hand.

Sie stand auf, zog das Mikrofon aus der Hosentasche, schloss es an, nahm den Deckel des Geräts ab, steckte das Stromkabel in die einzige Steckdose im Zimmer und schaltete mit mehreren Griffen auf Tonaufnahme.

Sie hielt Elly das Mikrofon hin. »Was habt ihr am 17. Juli gemacht?«

»Auf die Nazis geschossen!«

»Einfach so?«

»Was heißt einfach so?«

»Man schießt doch nicht einfach so auf jemanden.«

»Auf Nazis wohl schon.«

»Ohne Grund? Das habt ihr getan?«

»Klar.« Ellys Gesicht verfärbte sich rosig.

Klara schüttelte missbilligend den Kopf.

Die Wangen wurden noch etwas röter. »Na ja ... es war ... vielleicht ein bisschen anders. Immerhin haben wir es geschafft, einem SA-Mann den Revolver abzunehmen ... Der war von seinen Leuten getrennt worden und in der Kleinen Freiheit gelandet, nur ich und...«

»Paul?«

»Ich sag keine Namen! Die anderen haben die Kohlenwagen aus dem Hof geholt und umgekippt. Das war die Barrikade, darüber stand viel in den Zeitungen!«

»Und den Revolver habt ihr jetzt für den Überfall verwendet?«

Elly zeigte auf das Magnetofon. »Warum dreht sich das da so?«

»Ich mache eine Tonaufnahme.«

»Mit meiner Stimme?«

»Ja.«

Elly ließ die brennende Zigarette zu Boden fallen und verschränkte die Arme. »Was soll das, und was macht das?«
»Deine Stimme wird festgehalten. Man kann das, was gesagt wurde, noch mal hören. Immer wieder.«
»Du behältst meine Stimme? Wofür ... vielleicht willst du mir eine Schuld aufladen oder so...«
Eher eine Unschuld zurückgeben, die dir gut stehen würde, wenn du die Chance gehabt hättest, dachte Klara. »Darum geht es nicht.«
»Ich höre nichts.«
Das Gesagte wirbelte in doppelter Geschwindigkeit zurück, Fetzen einer entstellten, verdrehten, irrwitzig umgekehrten Stimme, dann:
Nazis geschossen!
Einfach so?
Was heißt einfach so ... SA-Mann einen Revolver ... in der Kleinen Freiheit ... Barrikade...
»Meine Stimme gefällt mir nicht, mach das weg!«, rief Elly und sprang auf.
»Was ist los?«
»Ich gehe! Ich lass mich von dir nicht festnehmen!«
»Aufnehmen...«
Elly zog die Sandalen an, suchte ihre wenigen Sachen zusammen und warf Klara einen finsteren Blick zu, bevor sie verschwand, das wirre Haar gesträubt wie bei einer Katze, die Krallen in den Hosentaschen.

(Bahnhof Altona, Ausschank Wartesaal)
Unangenehm? Warum sollte es unangenehm gewesen sein? Hier im Wartesaal geht's schon mal rege zu. War ja nicht das erste Mal, dass viele von außerhalb zu einer Kundgebung kamen.

Natürlich haben die Männer Bier getrunken. Im Sommer um die Mittagszeit kriegt man Durst. Wir hatten uns drauf eingestellt und die Schicht verdoppelt. Das ging ganz gut, auch wenn wir ins Schwitzen gekommen sind. Wenn Männer in Uniformen zusammenkommen, geht's immer ordentlich zu, auch wenn es eine ganze Masse ist. Die hörten alle auf die Kommandos ihrer Führer. Aber diesmal waren es so viele, dass wir gar nicht alle bedienen konnten. Die sind dann, genau wie die, die hier kurz getrunken haben, zum Haupteingang raus Richtung Rathaus, wo sie sich versammelt haben.

Ich hatte um zwei Uhr Schluss und bin natürlich hin, um mir die schmucken Kerls vom Lande anzusehen, viele hatten ja auch kurze Hosen. Dafür mussten wir aber ein Stück weitergehen – ich hatte noch eine Kollegin dabei. Wir sind durch die Grünanlage zum Rathaus. Da hatten sie sich den Spaß gemacht, dem Fisch oben auf dem Brunnen eine Hakenkreuzfahne ins Maul zu stecken. Aber die ist nass geworden und runtergefallen. Da war auf dem Platz vor dem Rathaus und zur Marktstraße hin ganz schön was los. Es waren meist Leute aus Altona und Hamburg. Die strammen Kerls vom Land haben sich auf der Palmaille versammelt. Aber kaum waren wir da, sind die rüber nach Ottensen, da ging's dann los. Wir haben ein bisschen gewunken, aber mitgelaufen sind wir nicht. Meine Kollegin hatte anderweitig eine Verabredung, und allein wollt ich nicht, ich bin ja nicht politisch.

Klara an ihrem Schreibtisch. Es ist schwül. Zigarettendunst hängt in krausen Fäden im Zimmer, kein Lufthauch dringt durchs offene Fenster. Zu Hause trägt sie einen Rock und eine kurzärmelige Bluse. Aber so würde sie den Männern draußen niemals gegenübertreten, nicht mehr, dieses Spiel ist lange beendet.

Zeitungsseiten, gefaltet, geknickt, ausgebreitet, herausgeschnittene Artikel, geheftet, aufgeklebt, unsortiert, Flugblätter, gesammelte Klebezettel, Broschüren in blasser Schrift liegen durcheinander vor ihr, Schlagzeilen versperren der Wahrheit den Weg:

BLUTSONNTAG IN ALTONA
SA-MORD RAST IN ALTONAS STRASSEN
FEIGER ÜBERFALL AUF SA-WERBEZUG
ROTES ALTONA UNTERM FEUER DER SPD-POLIZEI
12 TOTE, ÜBER 60 VERLETZTE IN ALTONA
DACHSCHÜTZEN SCHIESSEN AUF POLIZEI!
POLIZEI SCHIESST SA DIE STRASSE FREI!
ROTER BÜRGERKRIEG ÜBER DEUTSCHLAND
15 TOTE IN ALTONA!
BLUTSCHULD DER KOMMUNISTEN
DIE BLUTSCHULD DER SA UND POLIZEI
OPFER DER ROTEN MÖRDER
MÄRTYRER DES PROLETARIATS
KOMMUNISTISCHE GEMEINHEIT
ARBEITER NIEDERGEKNALLT!
18 TOTE PROLETARIER KLAGEN AN!
HAMBURG BLEIBT ROT – DAS ENDE EINER PAROLE
REGIERUNG ABGESETZT – AUSNAHMEZUSTAND
DEMONSTRATIONSVERBOT IM GANZEN REICH
DIE WAHRHEIT ÜBER DEN BLUTSONNTAG IN ALTONA
DIE SCHULDIGEN AM BLUTIGEN 17. JULI

Die Wahrheit, wo ist die Wahrheit, was ist wirklich geschehen? Die Schuldigen, wo muss man sie suchen? Kann man sie finden? War es alles geplant oder ein Zufall, eine Abfolge fataler Ereignisse mit vielfachem tödlichen Ausgang? Wer hat die sechzehn unschuldigen Menschen auf dem Gewissen? Aber seien wir gerecht, denn Mensch ist Mensch: Wer hat auch die beiden SA-Männer erschossen? Und wo sind die

Toten und Verletzten bei der Polizei, von denen die Rede war? Kommunistische Verschwörer, so hieß es im offiziellen Bericht der Polizei, lauerten auf Dächern und Balkonen, an Fenstern und nahmen die Polizei unter Beschuss. Man hat keine Waffen gefunden, nur eine Pistole im Hinterhaus. Kein Täter konnte identifiziert werden. Aber es wurden über hundert Männer verhaftet. Ist das widersinnig, irrwitzig, dumm? Oder folgt es einer perfiden Methode?

Das sind die Fragen, die du dir seit zwei Wochen stellst, Klara, und weder deine Genossen noch die politischen Gegner konnten eine befriedigende Antwort geben. Und die offiziellen Stellen? Reden nicht mit Kommunisten, erzählen haarsträubende Lügengeschichten und nutzen die Gelegenheit, in Preußen und im Reich den Ausnahmezustand zu etablieren. Was kommt dann? Wenn sie nicht so ungeschickt agieren würden, könnte man einen Plan dahinter vermuten. Aber was ist wichtiger, die Intrige aufzudecken, die allem zugrunde liegt, oder die Mörder der Toten zu finden und anzuklagen? Kann es überhaupt einzelne Mörder geben in dieser Geschichte? Ja, wenn jeder Tote ein Einzelner ist...

Aber wenn uns doch wieder keiner zuhört, wenn es keiner wissen will, weil wir zur »Roten Mordbande« gehören, wie können wir uns dann Gehör verschaffen in der Gesellschaft, in der Welt? Es geht um die Wahrheit. Wenn sie nicht ans Tageslicht kommt, wird nur noch Verzweiflung regieren, und das darfst du nicht zulassen. Und deine eigene Verzweiflung angesichts dieses sinnlosen Wütens abgrundtiefer Dummheit und eiskalter Boshaftigkeit und der kalkulierten Entfesselung barbarischer Kräfte ... man möchte weglaufen ... nein, halt, wenn du wegläufst, fällst du ins Bodenlose...

Also bleib und tu deine Arbeit! Lass dich nicht beirren von kleingeistigen Genossen, die Marx und Engels an die Wand nageln, damit sie einen Rahmen darum zimmern können, die Revolution nur von acht Uhr morgens bis fünf Uhr nachmittags machen und dann zu Hause die Pantoffeln anziehen, die Thälmanns Kaffeesatz lesen, bevor sie deinen Artikel ins Blatt nehmen und die lebendige Menschenwelt in einer Sprache beschreiben, als sollten wir alle proletarische Homunkuli werden in einer sozialistischen Metropolis, durchnummerierte Hebel der Gesellschaft, die eine Maschine ist und in der die Partei die Zentrale im neuen Turm Babel lenkt und hineinregiert ins Denken, das doch eigentlich durch die Revolution das Tor der Freiheit aufstoßen soll.

Und wenn alle Nummern kriegen, was machen wir dann mit solchen Geschöpfen wie der schmutzigen Nymphe mit dem schlichten Namen Elly, die viel zu schön ist und zart und widerborstig, als dass man sie zu einem bloßen Hebel verkümmert sehen möchte, so einer möchte man doch beim Aufblühen helfen und dabei etwas Blütenstaub abbekommen ... Eine Sumpfblüte ist sie und Schluss! Ein albernes Ding, das nur Verwirrung stiftet. Lass ab von diesen Gedanken.

Man muss dagegen angehen, gegen jede Form von Schwäche und Resignation. Du bist Reporterin, du erstattest Bericht, du sammelst Tatsachen und lieferst Beweise! Der Weg ist längst vorbestimmt und du gehst ihn. Noch ist er deutlich zu sehen. Sollte er zu schmal werden oder im Nirgendwo enden, dann denkst du neu darüber nach.

Jetzt nimm dieses Gerät, dieses Магнитофон-1, und geh auf die Jagd. Weil der Mensch ein Mensch ist, braucht er die Wahrheit, muss er sie suchen, festmachen, verteidigen bis zum letzten Atemzug. Sonst wäre alles nichts wert. Das gilt erst recht in diesen Zeiten, wo unsere Zeitungen verboten werden und man uns die Stimme nehmen will.

Das Tonaufnahmegerät wie einen Tornister umgeschnallt, mit dem Mikrofon in der Hand, einer Ersatzbatterie in der Tasche, so gehst du los, die Welt soll Zeugnis ablegen, und keiner soll sich mehr herausreden können. Es muss Schluss sein mit den Lügen.

Klara zog den Rock aus und nahm die Hose vom Kleiderhaken. Mit Hilfe von zwei Karabinerhaken und einem Ledergurt gelang es ihr, das Magnetofon umzuhängen, später, als es ihr lästig wurde, schnallte sie es bei einigen Ausflügen auf den Gepäckträger ihres Fahrrades. Sie schaltete das Gerät ein. Eine andere Stimme meldete sich zu Wort. Ein Ich und ein Du.

Warum dreht sich das da so?
Ich mache eine Tonaufnahme.
Mit meiner Stimme?
Ja.
Was soll das, und was macht das?
Deine Stimme wird festgehalten. Man kann das, was gesagt wurde, noch mal hören. Immer wieder.
Du behältst meine Stimme? Wofür ... vielleicht willst du mir eine Schuld aufladen oder so...
Darum geht es nicht.
Ich höre nichts.

Mein Name ist Klara Schindler, wohnhaft Breiter Gang 12 a, Hinterhof, in Hamburg-Neustadt, ich will Zeugnis ablegen...

(Ottensen, Bäckerei Bahrenfelder Straße)
Am frühen Nachmittag kamen sie hier vorbei. Natürlich haben wir geflaggt, das ist schließlich unser Haus. Beide Fahnen. Schwarz-weiß-rot und Hakenkreuz. Die passen gut nebeneinander. Wir hatten schon immer zwei Fahnenstangen am Fenster im ersten Stock. Früher, also zu Kaisers Zeiten, haben wir die Altonaer Fahne als zweite genommen, jetzt nehmen wir die mit dem Hakenkreuz, vor allem, wenn ein Umzug kommt. Die sollen wissen, dass hier nicht nur Reichsbanner-Leute und Eiserne Front zu Hause sind. Da bin ich mir mit meiner Frau einig.

– Drüben auf der anderen Seite hängen sie immer Schwarz-rot-gold und die mit den Pfeilen auf.

– Die Mistforke.

– Genau, so sagt Albert immer zu der Fahne der Eisernen Front, wegen der drei Pfeile.

– Albert ist mein Neffe aus dem Dithmarscher Land, der ist auch mitmarschiert. Ein gesunder Bauernjunge. Siebzehn ist er doch jetzt, oder? Aber er hat schon eine Gruppe von zehn Mann unter sich. Und die haben alle den Arm gehoben zum Gruß, als sie vorbeikamen. Extra für uns. Wir standen oben am Fenster und haben zurückgegrüßt.

– Das hat die Meiers drüben bestimmt gefuchst.

– Klar hat die das gefuchst, die alten Sozis. Da muss man auch neidisch werden, wenn hier die braunen Bataillone in strammem Tritt und Schritt vorbeimarschieren! Wir waren ja nicht die Einzigen, die deutsch geflaggt hatten. Auf unserer Straßenseite hier waren fast alle Fenster auf. Und da hat auch schon mal jemand Bonbons oder Schokolade runtergeworfen zur Unterstützung der Moral.

– Ein paar Mädchen haben Blumensträußchen gebunden und an die Männer verteilt. Die freuen sich doch, wenn sie von so weit her kommen, dass sie willkommen sind.

– Stellen Sie sich mal vor, was für ein Idealismus! Die opfern der Sache den letzten Pfennig. Es geht ja auch um die äußere Erscheinung.

– Was so ein braunes Hemd kostet, und die Hosen und die Stiefel erst, dazu die Koppel und den Tornister mit der Verpflegung.

– Noch trägt er kurze Hosen, der Junge, aber für den Winter hat er schon angespart, da will er sich lange Hosen besorgen. Und ansonsten hilft man sich gegenseitig in diesen Kreisen. Da wird gesammelt, damit ein armer Arbeitsloser sich ein Paar Knobelbecher kaufen kann.

– Gott sei Dank ist er ja nicht arbeitslos, der Junge.

– Wenn ganz Deutschland wieder marschiert, wird es sehr schnell keine Arbeitslosen mehr geben!

– Möchten Sie was kaufen? Sie sehen hungrig aus. Ein Franzbrötchen vielleicht? Eine Schrippe?
– Wenn Sie nichts kaufen wollen, treten Sie bitte beiseite. Da kommt Kundschaft.

(Herr Meier, Bahrenfelder Straße)
Ich bin Angestellter bei Zeise, aber ich weiß, wo ich herkomme, mein Vater war Arbeiter im Hafen. Man muss doch zeigen, dass denen die Straße nicht gehört. Leider werden die Hakenkreuzfahnen immer mehr. Einige Nachbarn sind übrigens extra aufs Land oder in den Volkspark gefahren. Die wollten lieber in die Sommerfrische anstatt die Stellung halten. Auf diese Weise werden sie natürlich das Viertel den Braunen übergeben. Deshalb kann ich auch den Aufruf der SPD nicht verstehen. Ich meine, wozu gibt es denn das Reichsbanner und die Eiserne Front? Wir sind doch nicht organisiert, um uns vor den Nazis zu verstecken. Aber im Echo hieß es: Lasst euch nicht provozieren, haltet euch von der Straße fern! Na großartig. Mit einem Picknick im Grünen kann ich die braune Pest doch nicht bekämpfen!
Ja, stimmt, jetzt rede ich wie einer vom Kampfbund. Da gehören Sie doch dazu, oder? Ich hab nichts dagegen. Man muss sich verbünden.
Nein, trotz allem, das würde ich nie tun. Der Kommune beitreten, das sollen mal andere. Und nach dem, was passiert ist, wird die Diskussion in unserer Parteigruppe, ob wir nun bei der Antifaschistischen Aktion mitmachen oder nicht, sehr wahrscheinlich beendet sein.
Ich meine, es gibt keinen anderen Weg, über unsere Meinungsverschiedenheiten reden wir später. Aber ich sag Ihnen trotzdem gleich, dass mir der Thälmann nicht geheuer ist. Und immer nur »Heil Moskau!« brüllen, kann es auch nicht sein.
Ich merke schon, eine politische Diskussion wollen Sie nicht führen.
Was? Sie sammeln nur Augenzeugenberichte? Schon gut. Ich kann bezeugen, dass die Nazis hier vorbeimarschiert sind und dass mei-

ne Genossen sich gedrückt haben. Es ist bitter, so was sagen zu müssen. Aber Sie macht es vielleicht froh.
Nein? Das ist nett, dass Sie das sagen. Beim nächsten Mal stehen wir dann Arm in Arm auf der Straße und halten dagegen. Ihr sollt die Dreckarbeit nicht allein machen, das ist wahr.

»Hast du schon gehört? Sie haben Lütgens verhaftet.«
»Ja.«
»Sie beschuldigen ihn, am Blutsonntag einen Hinterhalt organisiert zu haben.«
»Ja, ich weiß.«
»Sie haben einen Aufmarschplan bei ihm gefunden.«
»Ja.«
»Eine Fälschung! Jemand hat ihn reingelegt.«
»Hm-hm.«
»Was ist los, Klara?«, drängte Alfred. »Ich dachte, das ist dir wichtig.«
»Mir schon.«
Aber den anderen nicht. Denen, auf die es ankommt. Dem Redakteur, dem Chefredakteur. Die *Volkszeitung* darf wieder erscheinen, aber was nützt es mir und meinem Anliegen? Nichts. Ein Tonaufnahme-Dokument? Was sollen wir denn damit, hatte es geheißen. Einen Arbeitersender gibt es nicht, auch wenn der Freie Radio-Arbeiter-Bund dafür kämpft. Die NORAG ist uns verboten, dank treuer Mithilfe der Sozialdemokraten blockiert für die Stimme der Arbeiter. – Was mühst du dich da ab, Genossin, es ist zwecklos. Willst du diese Tonaufnahmen vom Lautsprecherwagen schallen lassen, wer hört dir da zu und wer versteht, was du meinst? Für Propaganda ist es gut, das gesprochene Wort, aber nicht, um etwas zu erklären. Und können die Arbeiter nicht lesen, muss

man sie wie Analphabeten behandeln, willst du sie beleidigen? – Darum geht es nun wirklich nicht. – Genossin Schindler, darf man fragen, worum es dir überhaupt geht? Zwei Wochen haben wir dich hier nicht gesehen, zwei Wochen hätten wir dich gebraucht. Wer hat dir Urlaub gegeben? Kann man der Arbeiterklasse zum Sieg verhelfen, wenn man nach Lust und Laune auf seinem Posten erscheint? Im Übrigen haben wir alles längst dokumentiert. – Aber parteiisch. – Selbstverständlich, die historische Wahrheit ist auf der Seite der Arbeiterklasse. – Aber die Toten ... sechzehn Unschuldige ... man muss das anklagen! Eine breite Öffentlichkeit ... auch die bürgerliche...

Der Redakteur hatte nur geflucht: Hör zu, Genossin, wir planen den Generalstreik gegen die Notverordnungen. Und da kommst du uns mit ein paar Toten. Es sind Opfer einer großen Schlacht, mehr nicht. Und was deine Idee einer Dokumentation betrifft: Es gibt längst die Broschüre der Roten Hilfe zum Blutsonntag. – Aber da sind lauter Fehler drin. – Willst du damit sagen, dass die Arbeiter, die dort zu Wort kommen, gelogen haben? – Nein, aber ... jetzt können wir die Chance nutzen, alles objektiv zu belegen. – Wen sollte das interessieren, Genossin? – Die Welt. – Wir werden die Welt aus den Angeln heben, das interessiert uns! Die Generalstreikdebatte muss zu unseren Gunsten entschieden werden! Massenkampf gegen die Aufrichtung der faschistischen Diktatur! Und eins noch, Genossin Schindler: Die Kultur steht ganz im Zeichen des Kampfes gegen die Reaktionäre und ihre sozialfaschistischen Steigbügelhalter – jedes Theaterstück, jeder Roman, jedes Gedicht! Verstanden!

Klara hatte grußlos das Zimmer des Chefredakteurs verlassen. Theater? Romane? Gedichte? Was haben die für ein Gewicht angesichts der sechzehn Toten, die auf dem Gewissen dieser wild gewordenen Gesellschaft lasten. Besser gesagt, lasten sollten. Die Menschen sind rasend geworden, tollwütig vielleicht...

Nur Alfred blickte treuherzig drein, er schien Mitleid mit ihr zu haben. Klara bebte noch vor Wut und Enttäuschung. Das sieht nicht gerade nach einer perfekten Verbindung zwischen der Nonchalance einer Dietrich mit dem Mut einer Zetkin aus, sagte sie sich. Und was zittert da in deiner Hand? Das Feuerzeug, das dir diese kleine Schlampe zugesteckt hat. Du trägst es bei dir, interessant.

Klara blies Alfred den Rauch ins Gesicht, der ihn mit den Händen wegwedelte.

»Ich habe über zwei Wochen lang die Stadt abgesucht nach Zeugenaussagen«, sagte sie. »Ich habe sie gefunden, ich habe sie festgehalten, ich habe die Leute dazu gebracht zu reden. Alles ist hier aufgezeichnet.« Sie deutete auf das Magnetofon, das sie in die Redaktion geschleppt hatte.

»Wie viel ist es denn?« Alfred lehnte sich gegen das nebenstehende Pult. Endlich hatte er einen Ansatzpunkt gefunden, Interesse an ihrer Arbeit zu heucheln, wo er doch in Wahrheit garantiert nur Interesse an ihr hatte.

»Ich habe über hundert Zeugen befragt.«

»Das ist ja ein ganzes Buch.«

»Man sollte ein Buch schreiben, ja, auch das.«

»Ich kenne einen Lektor der Universum-Bücherei. Vielleicht sehen die ja eine Möglichkeit.«

»Du machst dich nur unbeliebt, wenn du mir solche Tipps gibst.«

»Bei dir?«, fragte Alfred fast schüchtern.

»Ich habe ein Mädchen kennengelernt«, sagte Klara.

»Wie?« Alfred entging die Ironie dieser Bemerkung.

»Sie hat mit einer Gruppe junger Leute meine Sparcasse überfallen, angeblich Kommunisten. Ich habe ihr zur Flucht verholfen und sie mit nach Hause genommen. Ein hübsches Ding.«

»Äh, was hat das mit deinen Tonbandaufnahmen zu tun?«

»Ihre Bande hat die Barrikaden am 17. Juli in der Kleinen

Freiheit gebaut ... einem Polizisten die Knarre abgenommen, aber ... das sind eher Kinkerlitzchen.«

»Sind deine Tonaufnahmen alle so ...?«

»... unbedeutend, meinst du? Nein, im Gegenteil, außerdem wollte sie gar nicht aufsprechen, die anderen, wichtigen Zeugen schon.«

»Dann musst du alles abtippen, und ich rede mit dem Lektor darüber.«

»Abtippen?« Klara strich mit der Hand über die Tastatur ihrer Schreibmaschine.

»Ja, sicher.«

»Das kann ich hier nicht tun, dann krieg ich Ärger. Ich muss die Maschine mit nach Hause nehmen, die gehört sowieso mir ...« Klaras Blick wanderte zum Tonaufnahmegerät und der gefüllten Einkaufstasche neben ihrem Schreibtisch. »Da hab ich ja viel zu tragen.«

»Ich helfe dir«, sagte Alfred eifrig.

Klara drückte zufrieden die Kippe in den Aschenbecher.

Die Tür flog auf und eine resolut wirkende Brünette mit Nickelbrille stürmte herein.

»Da bist du!«, rief sie, als sie Alfred entdeckte. »Wir brauchen dich dringend in der Korrektur, neuer Umbruch und ...« Ihre Augen wanderten in einer knappen Sekunde mindestens sechs Mal zwischen Klara und Alfred hin und her. »Kommst du? Sofort?« Die strenge Stimme passte zu ihrem Reformkleid, das trotz aller Schlichtheit eine zweifarbige Bordüre hatte.

Das ist die Richtige für ihn, dachte Klara. Alfred nickte ihr zu und folgte der Kollegin.

Zwei Stunden später war er wieder da und hob die »Torpedo« hoch.

»Ist ja nicht weit, gleich um die Ecke«, ermunterte sie ihn, als sie aus dem Verlagshaus auf die Straße traten.

Ein süßlicher Benzindunst lag über dem Valentinskamp, die stechenden Ausdünstungen von heißgelaufenen Stahlrädern auf den Schienen. Ist das der Geruch der Zukunft, Sowjets plus Elektrifizierung und Motorisierung? Wenn erst einmal der rote Stern überm Führerstand der Trambahnen steht, die Parole der Partei auf den stadteigenen Autobussen prangt, und auch die großen Straßen gesäumt sind von roten Fahnen und Transparenten mit Hammer und Sichel … So wie bislang nur die schmalen Gassen und Gänge im immerwährenden Schatten jenseits der breiten sonnigen Chausseen, hier, wo es nicht nach Fortschritt riecht, sondern dem jahrhundertealten Moder des Elends und der Armut stinkt … Hier wohnt das gedemütigte Proletariat, bis es eines Tages in nicht ferner Zeit ausbricht und seine Freiheit erobert … Es sei denn, man wird sie allesamt erneut zusammenschießen wie so oft ….

Klara ging voran, Alfred, gelegentlich leise ächzend, hinterher. Sie erreichten die Toreinfahrt, die vom Breiten Gang in ihren Hinterhof führte.

»Sechzehn Opfer«, nahm Klara halblaut den Monolog auf, den sie die ganze Zeit innerlich führte, »hat es am Blutsonntag unter den Bewohnern des Viertels gegeben, durch das die Nazis marschierten. Eine Mörderbande im Blutrausch hat sie niedergemetzelt.«

Sie blieb stehen und suchte nach ihrem Haustürschlüssel.

»Ich werde ihnen die Masken vom Gesicht reißen«, murmelte sie.

Alfred ging weiter voraus.

»Ihre Gesichter sollen überall an den Wänden kleben, an Toren und Laternenpfählen: Arbeitermörder gesucht! Jagt die Schlächter des Volkes …« Klara stolperte auf dem unebenen Pflaster. »Wo ist der verdammte Schlüssel?«

»Du brauchst keinen Schlüssel, wenn das da dein Haus ist.« Alfred blieb stehen und deutete auf das mickrige Fachwerkhaus.

Dort saß Elly vor der offen stehenden Tür, diesmal in einem

dünnen weißen Sommerkleid mit freien Schultern. Sie winkte fröhlich.

Hinter den aufgestoßenen Fensterflügeln im ersten Stock bewegten sich Gestalten. Klara hatte sie verschlossen, bevor sie gegangen war.

»Was ist denn hier los?«, fragte Klara.

»Besuch.« Elly spielte verschämt grinsend mit den Sandalen, die sie von den schmutzigen Füßen gezogen hatte.

»Wer ist da oben?«

»Meine Freunde.«

»Komm mit.« Klara stieg über sie hinweg.

Zwei junge Kerle, achtzehn, neunzehn Jahre alt. Der eine saß auf ihrem Schreibtischstuhl, der andere fläzte auf ihrem Bett. Matrosenhosen, Arbeiterjacken, darunter Unterhemden, Segeltuchschuhe, der auf dem Schreibtischstuhl trug die Mütze des KJV und ein Halstuch. Paul. Ellbogen achtlos auf die Papiere gestemmt, einige Zeitungsausschnitte waren auf den Boden gefallen.

»Was wollt ihr hier?«, fragte Klara barsch.

Von hinten trat Elly neben sie und schlang einen Arm um ihre Hüften, lehnte sich gegen sie. Klara löste ihre Hand und schob sie von sich. Eine Ohrfeige wäre angebracht gewesen.

»Unterschlupf«, sagte Paul.

»Nicht bei mir«, sagte Klara. »Ihr seid eingebrochen.«

»Ganz sauber mit dem Dietrich.« Der auf dem Bett lachte dämlich.

»Volkseigentum«, erklärte Paul frech.

»Das hier ist mein Eigentum.«

Elly baute sich vor ihr auf, der Träger ihres Kleids rutschte herunter, ihr hervortretendes Schlüsselbein, die Linie der Schulter, die weiße Haut. »Wir können nicht in Pauls Wohnung, die Polizei war da …«

»Euer Pech.«

»Bitte.« Die Lippen, blass und ein wenig aufgerissen.

»Raus!« Sie schrie die beiden Kerle an, die sich endlich trollten.
Wieder der Arm von Elly, diesmal auf ihrer Schulter. »Kann ich nicht wenigstens bleiben?«
»Du schon gar nicht!«
Verletzter Blick, und ganz so ohne Reue ließ Klara diese Schultern nicht die Treppe hinuntersteigen.
Alfred kam schüchtern näher. »Was ist denn?«
»So ein dummes Ding!«
»Wo soll die Schreibmaschine hin?«
»Da auf den Tisch. Ich danke dir, aber geh bitte, für heute hab ich genug.«
Alfred stellte die Maschine behutsam ab. »Dann also ... bis morgen.«
»Ja, vielleicht.«
Nein, dachte Klara, als sie das Magnetofon daneben platzierte, und: So ein Miststück.
Wenig später begann sie mit dem Abschreiben der Tonbandprotokolle.

(Portier Hotel Kaiserhof)
Es war ein gehöriger Trubel an dem Tag. Ich stand die ganze Zeit hier draußen und konnte alles beobachten. Ab ein Uhr ging's langsam los auf dem Bahnhofsplatz, um zwei wurde es voller, da reichte die Menge schon bis runter zum Kaiserplatz, der ja jetzt leider Platz der Republik heißt.
Wir hatten natürlich Sorge, dass unsere Gäste nicht mehr durchkommen. Bei so einer Menschenmasse fragt man sich auch schnell, ob die sich wohl alle benehmen. Aber sie verhielten sich akkurat. Disziplin wurde groß geschrieben. Wir haben trotzdem unsere Limousinen vor den Bahnhof geschickt, die avisierten Herr-

schaften abgefangen und sind dann einen großen Bogen gefahren. Wäre gar nicht nötig gewesen. Von den SA-Leuten, die hier direkt vorbeikamen, gab es nur Respektsbezeugungen.
Rein wollte keiner, nee, was sollten die auch hier? Die wollen doch die Welt erobern, was sollen sie dann in einem Prachtbau? Die Leute, die bei uns logieren, sind doch sowieso schon meistens auf ihrer Seite. Hier müssen sie die Werbetrommeln nicht rühren. Das sollen sie mal weiterhin drüben in der Altstadt machen und die Kommunisten rausprügeln, damit die Arbeiter endlich aufwachen. Ein einziger Gast hat sich wegen der Gesänge beschwert, bezeichnenderweise ein Engländer. Deutsche Lieder lagen dem nicht so. Der hat auch nicht verstanden, um was es ging. Kam raus und starrte nach drüben. Hat die Welt nicht verstanden. »Warum so viele Uniformen?«, hat er gefragt.
Die Frau neben ihm war ein bisschen weiß um die Nase.
»So viele sind das gar nicht«, hab ich gesagt. Und: »Gehen Sie mal um die Ecke rum, Palmaille, da sind noch mehr.«
»Sieht aus wie Krieg«, sagte die Frau, die ein bisschen Deutsch konnte.
»Die sind alle für den Frieden«, hab ich geantwortet. »Krieg gibt's nur, wenn die Kommunisten sie nicht in Ruhe lassen.« Und so war es dann ja auch.
Aber nun machen Sie mal Platz, ich muss den Schirm aufspannen. Da kommt eine Droschke. Auch wenn's nur nieselt, wir lassen unsere Gäste nicht im Regen stehen.
Sie sollten jetzt auch gehen. Ihnen sehe ich nämlich an der Nasenspitze an, dass Sie nicht hier reingehören.
Wenn ich bitten darf…

Polizeiwachtmeister Scheel schwitzte. Er stand neben der Garderobe im Wachraum. An den Haken hingen schwere Mäntel und Tschakos. Ihm gegenüber, auf der anderen Seite des Publikumstresens, hatte Klara sich aufgebaut, das Magnetofon umgehängt, Mikrofon in der Hand. Sie hielt es so, dass der Wachtmeister sich nicht provoziert fühlte. Wenn er etwas sagt, wird es schon irgendwie festgehalten, auch eine leise Stimme ist eine Stimme, hatte Klara gedacht.

Wenn er etwas sagt, was eigentlich ausgeschlossen ist, hier in dieser Trutzburg des bürgerlichen Staates, mitten im Herz der Kommune, im Roten Altona. Das 3. Revier am Münzmarkt, Ecke Annenstraße, im Zentrum des Geschehens vom 17. Juli.

Gleich beim Eintreten war Klaras Blick auf das Plakat an der Wand gefallen: »5000 REICHSMARK BELOHNUNG! UNRUHEN AM 17. JULI! GEWALTVERBRECHEN! MORD!« Damit waren andere Mörder gemeint, falls man sie überhaupt so nennen durfte, die unbekannten Kämpfer, die zwei Nazi-Schergen namens Koch und Büddig erschossen und damit das Signal gegeben hatten für ein beispielloses Gemetzel. Die, die ihre Wohnung und ihre Familie gegen die eingefallenen Banditen verteidigt hatten, wurden nun als Mörder gesucht. Zum Glück wusste niemand, wer es war, aber man würde vielleicht versuchen, es jemand anderem anzuhängen. Und die anderen sechzehn Toten, wer sucht deren Mörder? Nur ich, dachte Klara, aber das darf ich diesem Wachtmeister mit dem Beamtenbauch nicht sagen, sonst schweigt er.

Und was sagte er nun? Immerhin sagte er was. Die Hände hinterm Rücken verschränkt, ein wenig verunsichert. Klara hatte sich als Reporterin der NORAG ausgegeben. Nun stand er da, der Wachtmeister, und sollte vorgeblich fürs Staatsradio eine Aussage machen. Er wusste ja gar nicht, wie der neumodische Rundfunk funktionierte. Aber wenn's eine Institution des Staats war, musste er wohl Auskunft geben. Und diese Frau in Hosen, die nun wirklich nicht aussah, als wäre

sie eine von diesen krakeelenden Weibern aus den Hinterhöfen der Kommune, hat ihm einen Ausweis gezeigt. Den
hat ihr ein Grafiker der Illustrierten *Roter Stern* entworfen. Ob
die echten NORAG-Reporter überhaupt Ausweise hatten und
wie die aussahen, wusste auch der Wachtmeister nicht.

So wie er sprach, wollte er wohl klingen wie der Reichsprä-
sident Hindenburg persönlich.

Selbstverständlich haben wir unsere Pflicht erfüllt, die Lage be-
obachtet, um gegebenenfalls einzuschreiten, um der Gefährdung
der öffentlichen Ordnung entgegenzutreten, wenngleich es natür-
lich notwendigerweise zuallererst um den Schutz der Polizeiwache
sich handeln musste. Der politische Werbezug wurde nach unse-
rem Wissen von berittener Polizei begleitet und geschützt.

Wurde die Wache denn angegriffen?

Zu keinem Zeitpunkt bestand die Gefahr eines Übergriffs. Ich
stand vor der Tür und folgte dem Geschehen. Es hat sich kein
Angehöriger einer radikalen Partei an der Institution des Staates
vergriffen.

Aber es sind doch auch Schüsse von der Wache aus abgegeben
worden?

Selbstverständlich ging es darum, dem Straßenkampf ein Ende zu
bereiten. Nachdem aus dem Zug heraus Zuschauer am Straßen-
rand angegriffen worden waren, fielen Schüsse aus dem Hinter-
halt, die im entstehenden Durcheinander flüchtender Menschen
aller Seiten erwidert wurden.

Wer hat denn zuerst geschossen?

Ich sagte doch, aus dem Hinterhalt. Wer kann das gewesen sein?

Und dann hat die SA zurückgeschossen?

Es kam zu einer wilden Schießerei von beiden Seiten. Ich gab
Warnschüsse ab und war gezwungen, gezielt vorzugehen, um die
Straße zu befrieden. Es dauerte naturgemäß eine Weile, bis die
Berittenen eingreifen konnten.

Haben Sie jemanden getroffen?

Das kann ich nicht sagen.

Hat es Dach- und Fensterschützen gegeben?

Keine Antwort.

Und die vielen Toten und Verletzten, die später zu beklagen waren?

Der Wachtmeister verfiel in nachdenkliches Schweigen und reagierte nicht auf weiteres Nachhaken. Dann bat er, doch lieber gleich seine Vorgesetzten zu befragen, da sie ohnehin (wie Klara behauptet hat) diese Aufnahmen vor einer etwaigen Sendung zu genehmigen hätten.

Er schwitzte jetzt noch mehr und blickte verlegen drein. Als ein Kollege den Wachraum betrat, wandte er sich ab, brummte eine Begrüßung und nuschelte Banalitäten. Klara beendete die Befragung, bevor jemand auf die Idee kam, ihr Fragen zu stellen.

(Kellner, Gaststätte Brockmann, Bahnhofstraße)

Was heißt denn Zeugenaussage? Wollen Sie jemanden vor Gericht bringen? Schon gut, kleiner Scherz, junge Frau. Um was geht's denn? Wie eine Parteigenossin sehen Sie eigentlich nicht aus.

Dokumentation? Wer hat sich das denn ausgedacht? Was gibt's denn zu dokumentieren, stand doch alles in der Zeitung.

Geschichte der Bewegung? Wie klingt das denn? Wofür?

Universität? Hab ich nichts mit am Hut. Aber bitte, nichts für ungut, den einen oder anderen Herrn Doktor oder Professor haben wir auch in der Partei. Kann nicht gerade behaupten, dass das unsere Stammgäste wären. Aber, sagen wir mal, ein Arzt ist auch mal darunter. Sonst eher Herrschaften, die das Handwerk von der Pieke auf gelernt haben.

Wo wir gerade von Handwerk sprechen: Trinken Sie was?

Ein Bier, na, das ist doch mal was. Erna, mach ein Bier fertig!

Was wollen Sie denn wissen, Fräulein Doktor?

Klar hatten wir geöffnet am 17. Juli. Aber nur bis 14 Uhr 30. Dann wurden alle rausgescheucht, Aufstellung nehmen. Ich war natürlich schon vorher bei meinem Sturm. Für mich war Feiertag. Ist immer ein Fest, wenn wir marschieren. Hat zwar Opfer gekostet, aber ich würde mal sagen: Erfolg auf der ganzen Linie.

Mach den Schaum runter, Erna, sonst macht Fräulein Doktor sich die Nase weiß!

So, hier ist Ihr Bier. Aber passen Sie auf, dass Ihre Löckchen nicht nass werden.

Einen guten Zug haben Sie ja. Wo waren wir stehen geblieben? Feiertag. Richtig. Zehntausend Mann! Frauen und Mädels auch dabei, Musikkapellen. Es war ein Fest!

Fünftausend? Unsinn. So viele kamen ja allein aus Schleswig-Holstein. Und dann noch die Altonaer Stürme und aus Wandsbek kamen sie und Hamburg sowieso. Sämtliche Sturmabteilungen der Wasserkante waren mobilisiert. Manche waren schon am Tag vorher angereist, hatten bei Kameraden geschlafen. Wenn sie aus den dicken Gegenden kamen oder drüben aus der Altstadt, wo die Kommune das Sagen hat, haben sie sich in SA-Lokalen umgezogen. Willst ja nicht schon Prügel beziehen, bevor der Spaß richtig losgeht. In manchen Straßen gehst du besser nicht in Uniform.

Der Stolz von Altona war natürlich der Sturm 31, zwei Abteilungen, geführt von Hubert Richter und Fritz Schwennsen, die halten die Fahne weit hoch. Nur beim einen ist sie ein bisschen weiß gepudert, beim andern ein bisschen schwarz.

Jetzt gucken Sie aber wie ein Auto! Der Richter ist Bäckermeister und der Schwennsen Kohlehändler. Sollte ein Scherz sein. Für Scherze seid ihr wohl nicht so auf der Universität?

Aufstellung genommen haben die Altonaer und Hamburger Stürme hier vorn bis zur Marktstraße, die aus Schleswig-Holstein unten an der Palmaille. Und um 15 Uhr ging's los wie ein Mann. Rein nach Ottensen, das war ein Spaziergang, da hingen ja genug vertraute Fahnen, das war die Ehrenrunde, aber dann hieß es Koppel festgezurrt, tief Luft geholt und rein ins Feindesland!

Bewaffnet? Wie kommen Sie denn darauf? Wir hatten keine Re-

volver, wenn Sie das meinen. Der eine oder andere hatte vielleicht einen Karabinerhaken am Schulterriemen, wenn's mal ein bisschen rauer wird. Aber das sind leichte Haken, damit kann man keinem den Schädel einhauen.
Angst? Hast du nicht, wenn du im Sturm marschierst. Das Wort Angst gibt's bei uns nicht, das paukt man den Führenden gleich von Anfang an aus. Natürlich hat man Verantwortung, wenn man eine Gruppe von zehn Mann oder einen Trupp mit vierzig führt. Ein Sturm, das sind drei, vier Trupps, eingeschworen auf die Sache, wenn es dann mal kribbelt, dann schaut man sich um, schaut die Männer an, und dann kennt man seine Stärke. Und wenn's haarig wird, muss man durchgreifen ohne Wenn und Aber. Dann heißt es »Ran!«, und dann geht's auch ran!

Das leichte Spiel, das Klara im 3. Revier gehabt hatte, wiederholte sich nicht. In der Hauptwache Mörkenstraße schickte man sie zum Polizeiamt in der Königstraße, dort lehnte man es ab, Fragen zu beantworten, und verwies auf den Bericht des Regierungspräsidenten und die amtlichen Verlautbarungen, verschanzte sich hinter dem offiziellen Lügengebäude. NORAG hin, Deutschlandsender her, man wäre zu keiner Auskunft verpflichtet. Das müsste erst mal auf höherer Ebene abgesprochen werden. Im Übrigen wäre die Kripo in der Catharinenstraße zuständig, »wenn es sich um Untersuchungen von Todesfällen handelt«.

Dann stand Klara in einer Amtsstube mit Schreibtischen, hinter denen Männer über Formulare und Berichte gebeugt Schweißgerüche ausdünsteten oder sich an Schreibmaschinen abarbeiteten, kontrolliert von einem Vorgesetzten, der sie durch eine Glasscheibe im Blick hatte. Alle hemdsärmelig, denn durch die offenen Fenster drang schwüle Wärme.

Der Vorgesetzte jedoch trug einen tadellosen Anzug mit Weste und Krawatte. Ein schlanker, ergrauter Oberinspektor mit einer Hand, die ständig versucht war, die Kette der Taschenuhr zu ziehen, um nachzuschauen, ob es nicht schon zu spät sein könnte. Er hatte das Gesicht eines Menschen, der alles lieber zu früh als zu spät erledigt. Und er konnte den Kopf schütteln, dass man sofort wusste, es hat keinen Zweck.

»Zu laufenden Ermittlungen geben wir keine Stellungnahmen ab.«

»Also gibt es Ermittlungen in Bezug auf die Ermordung von unschuldigen Menschen am 17. Juli.«

»Selbstverständlich.«

»Und die Mörder sollen gefasst werden?«

Der Beamte deutete zur Wand. Auch hier wieder das Plakat: 5 000 REICHSMARK BELOHNUNG. »Glauben Sie, das ist ein Scherz?«

Müdes Aufschauen des einen oder anderen Schreibtischhengstes, dann wurde weitergekritzelt und auf die Tasten gehämmert.

»Und wenn die Mörder unter den Polizisten gefunden werden?«

Ungläubiger Blick. Dann Verärgerung: »Wenn Sie provozieren wollen, suchen Sie sich einen anderen Ort. Das ist hier nicht angebracht. Bitte verlassen Sie das Gebäude!«

»Aber es sind sechzehn Menschen erschossen worden, und zwar nicht von der Kommune und nicht von den Nazis! Von wem also sonst?«, rief Klara aus.

Oberinspektor Siemers sagte leise zwei Namen. Zwei kräftige Männer mit Schweißflecken, roten fleischigen Gesichtern und breiten Händen traten neben ihn.

»Sie wollen doch nicht etwa die Freiheit der Presse...« versuchte Klara zaghaft und wusste, dass sie sich lächerlich machte im Land der Notverordnungen, in dem der Ausnahmezustand Normalzustand geworden war.

»Beleidigungen amtlicher Stellen und der Träger amtlicher

Funktionen sind ein Delikt, das geahndet wird«, erklärte der Oberinspektor kalt. »Wir werden Ihre Personalien aufnehmen und Anklage erheben, wenn Sie nicht augenblicklich diese Dienststelle verlassen.«
»Beleidigungen? Aber was habe ich denn gesagt?«
»Die Unterstellung, die preußische Polizei sei an Mordtaten beteiligt ...«
»Aber das habe ich doch so gar nicht behauptet!«
»Sie verlassen jetzt das Gebäude!«
Die breiten Hände fassten sie am Oberarm. Nur keine Sperenzien, dachte Klara, das Magnetofon darf nicht beschädigt werden. Sie ließ sich von den schweißfleckigen Beamten hinausführen. Draußen streckte der eine den rechten Arm aus und deutete über die Königstraße hinweg irgendwo in den leeren blauen Himmel: »Na los, weg hier!« Fressen diese feisten Wänste eigentlich auch im Sommer nur Kohl, oder warum stinken die so?
»Wenn Sie mich bitte loslassen, damit ich gehen kann.«
Der eine konnte es sich nicht verkneifen, er gab ihr noch einen unfreundlichen Schubs zum Abschied. Sie stolperte, beinahe wäre ihr das Mikrofon aus der Hand gefallen.
An der Straßenbahnhaltestelle fühlte Klara sich von einem Mann mit Schnauzbart beäugt. Sie warf ihm einen forschenden Blick zu, er wandte sich ab.
Er stieg in denselben Waggon und wechselte wie sie die Linie am Nobistor, stieg aber in einen Wagen weiter hinten. Als die Tram sich am Millerntor füllte, verlor sie den desinteressiert dreinblickenden Verdächtigen aus den Augen. Am Zeughausmarkt stieg sie aus und schaute sich um. Die Bahn fuhr weiter. Anscheinend ohne ihn. Aber auf dem Platz war er auch nicht zu sehen.

(Schupo-Posten, Marktstraße)

Nein, am 17. Juli habe ich nicht hier gestanden. Ich war zur Sicherung des Umzugs eingesetzt.

Was heißt hier mangelnde Absicherung? Da wurde eine Menge Unsinn geredet. Die Polizei ritt voran, Posten waren am Straßenrand verteilt. Wir hatten die Anweisung, die Umzugsteilnehmer und die Zuschauer am Straßenrand auseinanderzuhalten. Wir hatten extra Absperrseile dabei, die wir gespannt haben.

Hören Sie, ich bin im Dienst. Ich habe keine Zeit und keine Erlaubnis, Fragen zu beantworten.

Gehen Sie bitte weiter.

Nein. Gehen Sie jetzt!

(Herr Jost, Anwohner, Marktstraße)

Gegen vier Uhr nachmittags sind die vorbeigezogen. Hier standen noch nicht so viele Leute am Straßenrand. Da haben die natürlich großgetan und harmlose Passanten angefallen, wenn sie die Hakenkreuzfahne nicht gegrüßt haben. Die Polizei hat das geschehen lassen. Wenn man nicht rechtzeitig in einen Hauseingang geflüchtet ist, wurde man zum Hitlergruß gezwungen.

(Frau Horwitz, Anwohnerin, Mörkenstraße)

Wir hatten eine Fahne aus dem Fenster hängen. Da wurde ich aufgefordert, die Fahne hereinzuholen. Ich weigerte mich, weil ich allein war. Dann kamen die Nationalsozialisten und wollten in die Wohnung. Also nahm ich die Fahne herein. Die Polizei wurde geholt und ich wurde in unhöflichem Ton aufgefordert, die Fenster zu schließen. Ich hätte das Fenster ja geschlossen, konnte es aber nicht zukriegen. Von den Nationalsozialisten wurde ich ebenfalls aufgefordert, das Fenster zu schließen. Gleichzeitig wurde mit einer Flasche geworfen. Es wurde dann behauptet, ich hätte die Flasche von oben runtergeworfen. Das stimmt aber nicht, denn die Flasche wurde an die Wand geschleudert, zersplitterte und fiel wieder zu Boden. Der Nachbar unter uns, der aus dem Fenster sah, bekam die Splitter auf den Kopf.

(Dalmann, Friseur, Mörkenstraße)
Die hat gekeift wie ein Waschweib. Kein Wunder, dass einer mit der Flasche nach ihr geschmissen hat. Ihr haben die Lieder nicht gefallen. Sie hatte ja auch die Fahne der Eisernen Front am Fenster hängen. Später hieß es dann, sie hätte mit einem Revolver gefuchtelt und der sei ihr runtergefallen. Aber das ist nur ein Gerücht. So gefährlich ist Frau Horwitz nicht. Auch wenn sie manchmal recht laut wird.
Übrigens waren nicht alle Teilnehmer des Umzugs so rabiat. Die ersten Staffeln marschierten geordnet vorbei, das waren Leute von außerhalb. Die Altonaer Stürme haben sich besonders hervorgetan. Ist ja verständlich. Die sind hier zu Hause und wollen gern, dass Ordnung herrscht. Wenn die einen von den Roten sehen, haben sie gleich Schaum vorm Mund. Ist ja oft genug anders herum, gerade hier in der Gegend. Noch ein paar Schritte weiter, da regiert die Kommune.

»Das ist aber kein guter Ort«, sagte der Mann und zog seinen Filzhut tiefer ins Gesicht. Er trug einen ordentlich gebügelten Anzug, weißen Kragen und Krawatte. Seine Schuhe glänzten und stellten einen Kontrast zu dem schmutzigen, mit Sägemehl bestreuten Boden dar.
»Mitten im Kieztrubel«, sagte Klara. »Hier kommen alle zusammen, und keiner fragt warum.«
»Denkst du«, erwiderte der Mann und warf einen Blick durch den schmalen Schankraum mit der langen Theke hinaus zur Großen Freiheit, die sich jetzt am frühen Abend allmählich belebte.
»Wie wär's erst mal mit einem Bier?«, fragte Klara.
Der Mann schaute immer noch an ihr vorbei. Zwei Schupos kamen langsam heran, der eine blickte kurz gelang-

weilt in die Kneipe, die den bezeichnenden Namen »Schmales Handtuch« trug. Klaras Informant duckte sich unwillkürlich.

»Was hast du denn ausgefressen?«, fragte Klara belustigt.

»Ich bin Polizist«, sagte der Mann schuldbewusst.

»Eben.« Klara winkte dem Wirt hinterm Tresen und streckte zwei Finger aus: Zwei Bier.

»Du hast ja keine Ahnung. Fast alle Türsteher da draußen sind Nazi-Informanten. Die haben ein Spitzelsystem organisiert. Wenn's sein muss, sind die auf Draht.«

»Wir können auch woanders hin«, schlug Klara vor.

»Ich geh doch nicht mit dir nach draußen!«

Klara nahm eine Zigarette aus ihrem Etui und klopfte mit dem Ende auf die Platte des Stehtischs. »Auf St. Pauli fällt eine Frau in Hosen nicht auf.«

»Deine Hosen sind mir egal.«

»Ist mir nur recht.«

»Es ist viel zu eng hier.« Der Mann drehte sich um. »Gibt's überhaupt einen Hinterausgang?«

Der Wirt stellte zwei Bierkrüge vor sie hin. »Das Klosett ist im Hof, falls Sie's suchen.«

»Kommt man da auch raus?«, fragte Klaras Begleiter mit verkniffenem Gesicht.

Klara zündete die Zigarette an. Das Feuerzeug mit dem eingravierten Blitz. Dahinter, als schemenhafte Erinnerung, Ellys Sommersprossengesicht und eine Ahnung, wie sich ihre weiße Haut anfühlen mochte. Mit ihr würde man gern mal durch St. Pauli ziehen … früher, in ruhigeren Zeiten, hätte man das vielleicht sogar gemacht.

»Gerade durch in den nächsten Hinterhof bis zur Kleinen Freiheit, links ist ein Durchschlupf zu Pfeiffers Gang«, sagte der Wirt. »Aber wenn Sie mir schon so Fragen stellen, dann möchte ich gleich abkassieren, wenn's nicht zu viele Umstände macht.«

Der Mann mit dem Filzhut griff in die Innentasche.

»Ich mach das«, sagte Klara, »muss dich nicht stören, ich hab ja Hosen an.«

»Ich will das nicht mehr«, zischelte der Filzhut aufgewühlt. »Ich will nicht mehr den Spitzel machen für euch.«

»Es gibt nicht ich und euch, es gibt nur wir«, sagte Klara scharf.

»Das ist aber nicht mehr so wie noch vor einem Jahr. Gegen Schönfelder und seine Polizei zu konspirieren, ist eine Sache, aber die haben doch gar nicht mehr das Sagen. Die Rechten drängen überall rein, sogar Nazis, jedenfalls verkappte ... der halbe Polizeiapparat ist ...«

»Das wissen wir, Genosse, deswegen bist du uns wertvoller als je zuvor.«

»Ehrlich gesagt, empfinde ich es inzwischen als falsch, wie wir gegen die Sozialdemokraten angehen. Wir sollten uns verbünden, sonst ...«

»Mit der sozialdemokratischen Polizei, den Arbeiterschlächtern?«

»Darüber müsst ihr wegkommen, ihr habt ja keine Ahnung, wie weit der Feind schon gekommen ist.«

Der Filzhut warf einen gehetzten Blick nach draußen.

»Trink erst mal, Genosse.« Klara hob ihren Krug.

»Was?«

»Du wirst nicht verfolgt, alles ist ruhig, also trink!«

Das Bier hatte einen unangenehmen säuerlichen Geschmack. Kaum hatte er einen Schluck genommen, zuckte der Informant erneut zusammen. Zwei Männer in derber Seemannskluft lugten durch die Tür herein und verschwanden dann wieder.

Der Filzhut wischte sich den Schaum vom Mund, beugte sich vor und fragte flüsternd: »Was willst du wissen?«

Klara stöhnte. »Was wir am Telefon besprochen haben. Die Hamburger Sipo, die am 17. Juli in Altona im Einsatz war.«

»Ja, ja.« Der Informant schaute zum Eingang, dann zur Tür, die in den Hof führte. »Es waren drei Kommandos. Ich hab's aufgeschrieben. Hier …« Er zog einen zerknitterten Zettel aus der Tasche.

Klara faltete ihn auseinander. Darauf stand nur unleserliches Gekritzel.

Klara schlug mit der Hand, in der sie die Zigarette hielt, auf den Zettel. Asche und Glut stoben ihrem Gesprächspartner ins Gesicht. Er hob abwehrend die Hand. »Das kann ich nicht lesen!«, rief sie halblaut.

Er seufzte und begann hektisch zu referieren und fuhr dabei mit dem Zeigefinger über die entsprechenden Worte auf dem Zettel: »Drei Kommandos der Hamburger Bereitschaftspolizei waren beteiligt. Das Kommando Weller war schon den ganzen Tag im Grenzgebiet zu Altona eingesetzt gewesen. Die wurden dann rübergeschickt so gegen 17 Uhr 30 und kamen in der Großen Marienstraße zum Einsatz. Etwas später wurde das Kommando Neuenfeld abkommandiert und zwar in die Kleine Freiheit, Barrikaden beseitigen, neue verhindern, die waren da zwischen 18 und 19 Uhr und mussten dafür sorgen, dass die Straßenbahnen durchkamen …« Er deutete unbestimmt zur Hintertür der Kneipe, wohl auch in der Hoffnung, bald erlöst zu werden und dann durch den Hinterhof in eben jene Kleine Freiheit flüchten zu dürfen.

»Und das dritte Kommando?«, drängte Klara.

»Unter dem Kommando von Oberleutnant Kosa. Die kamen als Erste und wurden der Altonaer Bereitschaft Major Wendt unterstellt. Bezogen Posten an drei Stellen in der Bürgerstraße. Kreuzungen säubern, Straßen säubern, Häuser durchsuchen … später waren sie am Rathausmarkt im Einsatz gegen Dachschützen …«

»Es gab keine Dachschützen.«

»Die Kommandos wurden beschossen, ich meine …«

»Deine Meinung interessiert mich nicht, ich will Tatsachen.«

Der Informant schlug mit der Faust auf das Papier. »Ja, bitte, das sind die Tatsachen! Du wolltest wissen, wer den Einsatz gemacht hat, hier steht es geschrieben. Und jetzt gehe ich, und du kannst deinem Redakteur sagen, dass ich von nun an den Mund halte und zwar für immer!« Er stieß sich heftig vom Stehtisch ab und stapfte zur Hintertür.

Der Redakteur, dachte Klara grimmig, weiß doch gar nicht, dass ich dich hierherzitiert habe. Sie faltete den Zettel zusammen und steckte ihn in die Jackentasche.

Sie bestellte noch ein Bier und schaute nach draußen. Die bunten Lichter vor den Vergnügungslokalen und Bars strahlten grell, Neonreklamen blitzten rhythmisch auf, Passantenströme bewegten sich nach rechts und links, eine Limousine mit offenem Verdeck schob sich vorbei. Männer in Hemdsärmeln, die Jacketts lässig über die Schultern geworfen, Frauen in Sommerkleidern mit nackten Beinen, Seeleute in weiten Hosen, darunter Asiaten und braun gebrannte Südländer, dazwischen das Werbegebrüll der Türsteher, die trotz der sommerlichen Wärme wie immer ihre Uniformen trugen. Da und dort drängten sich die Leute vorm Kassenhäuschen eines Varietés, eines Kinos oder Theaters. Gelächter vor den Kaffeehäusern, der brave Tanztee war vorbei, jetzt hüpften die Beine dreimal so schnell im Takt explodierender Sektflaschen, und auf den Korken flogen die leichten Mädchen dahin wie weibliche Münchhausens, nachdem sie ihren Freiern das Blaue vom Himmel heruntergelogen hatten, was ihre Lebensverhältnisse betraf, und der Preis einer Nacht würde sich mit jedem Tanz verdoppeln und mit jeder Flasche Sekt verdreifachen. Wer heute noch Geld hatte, zahlte jeden Preis, und wer welches brauchte, fragte nicht, woher es kam und was es kostete, es zu kriegen. Und nun stell dir nur vor, du wärst so einer von den Männern mit der dicken Brieftasche, würdest du dich nicht ab und zu darüber wundern, wie leicht es ist, sich ein Mädchen zu kaufen? Schau sie dir an, die fetten Kerle mit ihren Zylindern und Bowler-Hüten, siegessicher stehen sie da und nehmen alles, was rank und schlank ist, solange es keine schmutzigen Füße hat und … wer weiß, die nehmen auch das in Kauf, wenn das Fleisch jung ist … der da drüben zum Beispiel, der gerade dem allzu kurzen Rock nachglotzt und jetzt herüberschaut, der mit dem Schnauzbart … und den kenne ich! Was macht der denn hier?

Klaras rechte Hand war kalt geworden, so lange hielt sie das Bierglas schon umklammert, und die Asche ihrer nicht gerauchten Zigarette war mindestens drei Zentimeter lang.

Da denkst du über Mädchen nach, und ich weiß nicht, was soll es bedeuten … und gegenüber steht der Schnauzbart aus der Straßenbahn. Na so ein Zufall, gehen wir rüber, sagen wir artig guten Tag?

Nein, im Gegenteil, du nimmst die Hintertür, denn genau wie den Filzhut überfällt auch dich jetzt diese idiotische Panik, ein unsichtbares Netz könnte um dich herum zusammengezogen werden, und schon atmest du schneller und das Bier schmeckt dir nicht mehr, aber es war ja ohnehin schon sauer, wieso hast du dir überhaupt ein zweites bestellt?

Klara nickte dem Wirt zu und ging zur Hintertür, an einer Rumpelkammer und einer demolierten Küche vorbei in den Hof, wo ein aus Holz genagelter Abtritt stand und stank. Aus einigen Fenstern fiel schwaches Licht, dennoch stolperte sie über Kisten und Gerümpel, durch ein offen stehendes Holztürchen, und fand sich auf einem Schulhof wieder. Von dem aus führte eine Durchfahrt zur Kleinen Freiheit. Da lag auch schon einer, der sich diesen Gang offenbar als frühes Nachtlager ausgesucht hatte. Hätte wenigstens zur Seite rollen können, sodass man nicht über ihn steigen muss, aber Moment mal … Der hier kommt dir bekannt vor. Es ist erstaunlich, wie kalt es dir an einem lauen Sommerabend werden kann. Klara zog dem Liegenden den Filzhut vom Kopf. Blutgetränkte Haare. Er atmete schnell, kurz, unregelmäßig.

Als sie ihn ansprach, riss er die Augen auf und sah sie mit glasigem Blick an, ein blutiges Rinnsal lief aus seinem Mund.

»… letzte Warnung …«, röchelte er, »… nie mehr …«

77

Im Nebenhaus hatte jemand ein Telefon. Klara wählte 01, gab einen falschen Namen an und beschrieb den Ort, wo der Verletzte lag. Als die Ambulanz sich näherte, ging sie durch Pfeiffers Gang zurück zur Großen Freiheit und tauchte unter in der Masse vergnügungssüchtiger Nachtschwärmer.

Willenlos von der wogenden Masse hierhin und dorthin getrieben zu werden, verloren zu gehen im Sündenbabel, Sodom und Gomorrha im Keller von Metropolis, ein missgelauntes Sandkorn im Getriebe der Vergnügungsmaschine zu sein, ist das nicht ein Schicksal, das viel besser zu dir passt als ... ja als was nun eigentlich? Ich war, ich bin und dann ... aus. Noch ein Bier, bitte!

(Herr Kirchner, Anwohner, Königstraße)
Wir stehen am Straßenrand, da fühlen die sich schon angegriffen. Dann schreibt die bürgerliche Presse, wir hätten provoziert. Es ist aber eine ganz andere Provokation, die hier stattfindet. Kommst du von hier? Dann guck dich mal um in den Seitenstraßen. Die Häuser sehen doch von außen schon wenig einladend aus. Drinnen steile Stiegen, enge Zimmer, viel zu viele Personen in der Wohnung. Viele arbeitslos oder Gelegenheitsarbeiter wie ich. Schlafgäste. Hast es ja noch gut getroffen, wenn dein Mitbewohner sich nicht schon ins Bett drängelt, wenn du noch pennen willst. Jedes Zimmer doppelt belegt, wenn du alleinstehend bist. Von den Familien gar nicht zu reden, die hocken zu fünft oder zu sechst in einem Raum aufeinander. Und gehst du in die Küche, sitzen sie da schon drei Mann hoch und fragen sich, ob sie heute wohl irgendwo einen Groschen ergattern. Und wenn sie nicht wissen, wo sie hingehen sollen, was machen sie dann? Sie gehen runter auf die Straße. Die Straße ist der Salon der Proletarier. Das ist die Provokation, die ich meine: Das Spekulantenpack,

die Dreckskapitalisten, die uns diese Wirtschaftskrise eingebrockt haben, die wandeln durch die Salons ihrer Vorstadtschlösser und diktieren ihren Speichelleckern in der Bürgerpresse, dass sie es als eine Provokation empfinden, wenn Proleten sich auf der Straße aufhalten und es sich vor den Häusern bequem machen, anstatt sich in Luft aufzulösen. Und dann auch noch am heiligen Sonntag! Und wagen es, die von ihnen losgeschickten braunen Bluthunde anzugaffen, die ihnen die Straße wegnehmen wollen. Provokation, Genossin! Du weißt, was ich meine. Natürlich singen wir dann die Internationale, wir wohnen hier. Wenn die Nazipest das nicht ertragen kann, dann soll sie von unseren Straßen wegbleiben.

(Fräulein Münch, Tochter eines Kartoffelhändlers, Kleine Mühlenstraße)
Ich bin fünfzehn Jahre alt. Ich bin am 17. Juli mitmarschiert, weil ein Bekannter von mir dabei war, der hier in der Nachbarschaft wohnt. Meine Eltern waren eigentlich dagegen. Meine Mutter sagt immer, das ist alles zu kriegerisch. Aber mein Bekannter hat erklärt, dass ein Werbemarsch im Sommer ja auch was Fröhliches ist, und ich soll doch mein Blumenkleid anziehen. Er gehört zum Altonaer Sturm. Das Gemeine war, dass die Leute am Straßenrand gewartet haben, bis wir kamen. Die Auswärtigen, die vorangingen, die sind einfach durchgekommen. Schon in der Mörkenstraße schrien sie »Rot Front« und »Heil Moskau« und zerrten am Absperrseil, das die Polizei gespannt hatte. Manche waren richtig wütend, dabei hatten wir nichts getan, nur gesungen. Als wir von der Königstraße in die Grüne Straße kamen, habe ich Schüsse gehört. Gesehen habe ich nichts. Gott sei Dank ist uns nichts passiert, obwohl mein Bekannter kurz mit einem Kerl aneinandergeraten ist, der ihm das Koppel entreißen wollte.

(Frau Winter, Inhaberin einer Handschuhwäscherei, Kleine Papagoyenstraße)
Ich möchte dazu nichts sagen, aber es war doch klar, dass es so

kommen musste. Als der Zug durch die Kirchenstraße kam, wurde die Internationale gesungen, da hieß es dann »Nazi verrecke« und so was. Es wurde mit Gegenständen geworfen. Ein SA-Führer gab den Befehl »Stürmt!«, und schon wurden die Schulterriemen und Koppel abgenommen und auf die Schreihälse eingeschlagen. Aber ich muss sagen, dass mich das nichts angeht. Nur über die Polizei hab ich mich gewundert. Die sind vorangeritten und haben in die Luft geguckt. Ein paar andere haben hier und da ein Seil gespannt. Die haben wohl gedacht, die SA kann schon selbst auf sich aufpassen. Und das hat die dann auch so gehalten.

»W-wo gege-, w-wo gestottott-, wo gestottert w-wird, da-, dada lass dich ni-nieder, bö-böse Men-menschen, stott-ott-, stottern k-keine Li-li-lieder!«, kündigte der Vertreter des »Klubs der Stotterer« den nächsten Programmpunkt an.
Die Stotterer boten auf »der kleinsten Bühne von St. Pauli«, dem »Cabaret Querdenker« in der Querstraße, ein politisch-satirisches Programm dar, in dem die Vertreter der politischen Parteien mit typischen Aussprüchen zitiert wurden. Hindenburg: »D-der Kr-kriieeg be-be-kommt mi-mir wi-wie ei-ei-eine B-Ba-de-de-kur!« Von Papen: »D-der Un-ungeigeist der De-me-demokratie bedr-droht da-da-das Va-vaterla-la-la-land!« Thälmann: »Die Ma-ma-, die Ma-massen, getra-tra-, getragen vom Ka-ka, Kampfeswillen der Pa-pa-partei…«, Hitler: »Deu-deu-deutsch-ju-jud-deu-deu-deutsch-ju-ju-jud…«
Das Finale, eine vielstimmige Kakofonie sinnloser Schlagwörter, war kaum noch zu verstehen, und als die Künstler auf der Bühne jäh verstummten, kam wenig Beifall aus dem karg besetzten Theaterraum. Nur Kurt Ritter sprang begeis-

tert vom Stuhl auf und schrie: »Bra-bra-bravo, bra-bravo, aus-aus-ausgezeichnet!«

Klara, die neben ihm saß, die Ellbogen auf die Tischplatte gestützt, hatte den Kopf in beide Hände gelegt und machte ein Gesicht, dem man nicht ansah, ob sie lachen oder weinen wollte.

Kurt, wie immer in halbseidener Eleganz, mit Zweireiher, zurückgekämmten blonden Haaren und Menjoubärtchen, warf ihr einen irritierten Blick zu: »Na? Großartig ... oder nicht?«

»Wenn du alles durch den Kakao ziehst, wird alles braun«, kommentierte Klara müde.

»Was?« Kurt war der Einzige, der noch klatschte, die Schauspieler gingen von der Bühne, der Pianist des »Stammelorchesters« begann den nächsten Programmpunkt mit einem Stück, dessen Dreiviertel-Rhythmus immer wieder in Zwei- bis Fünfvierteltakte zerbrach.

»Das ist dekadent, sonst nichts.«

»Dekadent?« Kurt schüttelte den Kopf. »Aber nein, das ist die Wiedergeburt des Dadaismus aus dem Geist der, der ... der ...«

»Siehst du, du stotterst selbst schon.«

Die Musikcollage ging über in das als Marsch gespielte Deutschlandlied, das wie bei einer kaputten Schellackplatte in einem Dreivierteltakt hängen blieb und dann weiterruckte.

»Dada ist Scharfsinn, aus dem Stottern der Zeitgeschichte geboren!«

»Unsinn, es ist nichts weiter als ein nostalgischer Zeitvertreib gelangweilter Kleinbürger, die ihre unentschiedene Haltung mit albernen Witzen kaschieren, während draußen der Kampf ums Überleben tobt, die Schlacht um die Zukunft der Zivilisation ...«

»Hoch dramatisch, liebe Klara, aber sei nicht böse mit mir. Ich habe diese Welt nicht erfunden, ich bin nur ihr Opfer und als solches zur Notwehr berechtigt.«

»Notwehr?«

»Indem ich mich totlache.«

»Wenn die Nazis so weitermachen, sind wir schneller tot, als dir lieb ist. Und Dada liegt sowieso auf dem Friedhof, du kommst sechzehn Jahre zu spät.«

Kurt strich sich den Schnurrbart glatt, eine Geste, die gleichermaßen hochmütig wie beleidigt wirkte. »Und du? Wie ist es mit dir?«

Piano und Klarinette stimmten »Mackie Messer« an, während die vier Streicher die »Haifischzähne« mit dem »Einheitsfrontlied« kontrastierten.

Klara lächelte wehmütig. »Manchmal habe ich das Gefühl, ich bin zu früh dran. Ich verabscheue dieses Hauen und Stechen um mich herum. Das ist doch keine Welt, in der es sich zu leben lohnt…«

»Ha! Und welche wird es sein? Die, die der Plüschbär mit dem roten Stern im Ohr verkündet? Glaubst du, die Diktatur des Proletariats wird ein Liebesreigen?«

»Warum nicht.«

»Du bist eine hoffnungslose Romantikerin, Klara.«

»Ja, vielleicht bin ich genau das. Und was bist du, ein romantischer Hoffnungsloser?«

»Ich will keine Romantik.«

»Ich auch nicht.«

»Darauf trinken wir.«

Das »Stammelorchester« spielte eine arg zerfledderte Version der Internationale, die in einer Kakofonie unterschiedlichster Nationalhymnen unterging, dazwischen blitzte immer wieder »Brüder zur Sonne zur Freiheit«, das Lied der Sozialdemokratie, auf.

Als sie damit zu Ende waren, klatschte Klara und bemerkte Kurts strafenden Blick.

»Du klatschst nur, weil die Sozialdemokraten auf die Schippe genommen wurden. Du hast gar nicht richtig zugehört«, sagte er.

»Oh, nein, ich klatsche, um mir Mut zu machen.«

»Wie soll das denn gehen?«

»Ist dir noch nicht aufgefallen, dass Bewegungslosigkeit traurig macht?«

»Tatsächlich?«, fragte Kurt verwundert. »Kann ich dir folgen?«

»Ich will nicht so enden wie du«, sagte Klara.

»Wie bin ich denn geendet, oder sagt man, wie habe ich geendet?«

»Sein und Haben kommt aufs Gleiche raus, Kurt, so viel müsste dir bekannt sein.«

»Herrje, Klara, du wirst philosophisch, dann musst du wohl betrunken sein.«

»Ich bin nicht betrunken.« Sie hob die Hand und winkte dem Kellner, der an den Tisch trat und fragte: »Wa-was d-darf ich br-bringen?«

»Noch zwei Bier, bitte.«

Der Kellner griff nach den leeren Gläsern und wandte sich ab.

Kurt sagte: »Das hat er nicht verstanden, du hast nicht gestottert.«

»B-bier, b-bitte!«, rief Klara hinter ihm her. Der Kellner nickte und stolperte dabei über die eigenen Füße.

»Das ist also mein Ende, in einem Kabarett mit dir zu sitzen, stotternd, betrunken, oder wie?«

»Ich meine«, sagte Klara ernst, »dass du aufgegeben hast.«

Wieder strich Kurt sich über sein Bärtchen, diesmal verlegen.

»Du solltest mir so etwas nicht sagen, nicht, wenn gerade kein Bier auf dem Tisch steht, an dem ich mich festhalten kann.«

»Siehst du«, sagte Klara, »das meine ich. Und du machst Witze darüber.«

»Ich dachte, das wäre dein Witz«, entgegnete Kurt pikiert.

»Haben und Sein. Ich habe nichts und will nichts sein. Was ist daran falsch? Besser, als wie Nietzsche in geistige Umnachtung zu verfallen oder wie Schopenhauer mit einem Pudel zu reden, ist es allemal.«

»Du könntest mit Marx die Revolution ausrufen!«

»Und Lenin und Stalin. Ich habe mal in einer Drahtfabrik gearbeitet und Stacheldraht gedreht und mir dabei vorgestellt, es ist der Draht, der um die Fabrik gezogen wird und ich komme nie mehr raus…«

Klaras Miene verfinsterte sich. »Was soll das jetzt?«

»Gerade du, Klara, wirst die Erste sein, die sich am kommunistischen Stacheldraht die zarten Finger verletzt. Und da du keine Königin bist, wird dein rotes Blut nicht in den weißen Schnee fallen und dir ein proletarisches Schneewittchen verheißen, das mit den tapferen Zwergen marschiert.«

»Bi-bitte.« Der Kellner stellte zwei Gläser Bier auf den Tisch.

»D-danke«, sagte Kurt und seufzte erleichtert. »Na, ein Glück, damit wären wir ja wieder in der Wirklichkeit angekommen.«

»Du polemisierst ohne Sinn und Verstand«, sagte Klara störrisch.

»Mag sein.« Kurts Blick wanderte zu der sehr kleinen Tanzfläche vor der Bühne, wo zwei Paare sich zu einem unklaren Rhythmus umeinander drehten. »Dennoch stellt sich die Frage, ob Thälmann tanzen kann.«

»Hör auf mit dem Geschwätz.«

»Ich will dich nur vor dir selbst retten. Du hast gesagt, du willst die Mörder vom Blutsonntag ausfindig machen, sie anklagen, zur Rechenschaft ziehen.«

»Ja, ganz genau.«

»Ganz allein willst du das tun, denn deine Genossen versagen dir die Unterstützung?«

»Ja, kann sein.«

»Du sagst, die Polizei hat gewütet. Wenn ich mal davon ausgehe, dass es nicht wieder deine typische Polemik gegen den sozialdemokratischen Polizeisenator ist…«

»Ich habe Beweise!«

»Ja, gut, und mit diesen Beweisen gehst du gegen den Staat an, der gerade jetzt droht, den faschistischen Provokateuren und den Notverordnungsfetischisten in die Hände zu fallen ... und du stolperst über Leichen. Weißt du, wie man das nennt, was du machst?«

»Interessiert mich nicht, was du ...«

»Selbstmord!«

»Es geht um Recht und Gerechtigkeit, Kurt.«

»Willst du auf Teufel komm raus eine Märtyrerin werden?«

»Red nicht so einen Unsinn.«

»Wenn du es wenigstens nicht für diese Thälmann-Bande tätest.«

»Die Führer sind doch egal! Die Masse der Werktätigen ist es ...«

»Ha! Du hast doch auch deine Luxemburg gelesen. Wer hat die Revolution in Russland gemacht? Das Volk? Nein! Lenin und seine Partei. Es war ein Staatsstreich, sonst nichts. Und die Diktatur der Arbeiter ist die Diktatur der Partei ...«

»Wir werden es besser machen ...«

Kurt horchte auf. Das kleine Orchester spielte jetzt Kaffeehausmusik.

»Haben sie getanzt in Russland?«

Klara starrte ihn verblüfft an. »Was?«

»Es ist nicht meine Revolution, wenn ich nicht tanzen kann!«, deklamierte Kurt.

»Wer hat das gesagt?«

»Emma Goldman.«

»Wer auch immer sie ist, sie hat recht.«

»Eine Anarchistin.«

Klara schüttelte den Kopf. »Du willst mich immer nur reinlegen, Kurt.«

»Nein, will ich nicht. Ich will mit dir tanzen.« Er stand auf. »Jetzt.«

Sie sah ihn zweifelnd an.

»Nicht so verzagt, es geht auch ohne Revolution.«

»Ich bin nicht verzagt. Aber ausgerechnet ein Walzer?«
Er fasste sie an der Hand, und nach wenigen Schritten war ihr angenehm schwindelig.

(Herr Staehnke, Karrenvermietung, Große Mühlenstraße)
Die Leute standen schon seit drei Uhr nachmittags am Straßenrand und haben gewartet. Viele Kommunisten natürlich, bekannte Gesichter aus Altona, aber auch viele auswärtige Personen, aus Hamburg sind wohl extra viele rübergekommen. Ich nehme an, man hat sie zur Verstärkung gerufen. Neben der Bedürfnisanstalt an der Grünen Straße stand eine Gruppe von zwanzig Kommunisten. Denen gefielen natürlich die Lieder nicht, die da im Zug gesungen wurden: »Die rote Brut, schlagt sie zu Brei, SA marschiert, die Straße frei«. Das kam nicht so gut an, ist ja klar. Da ging's dann dagegen: »Heil Moskau« wurde gegrölt, »Faschistenpack«, und als »Röhmlinge« wurden die Marschierenden beschimpft. Da sangen die dann »Die Rosa Luxemburg liegt im Landwehrkanal, den Karl Liebknecht hängen wir an den Laternenpfahl« oder so ähnlich. Da hat dann jemand aus einem Fenster eine Flasche geschmissen. Später hieß es, die Kommunisten hätten scharf geschossen. Irgendwo hat es auch geknallt, und dann waren die Schupos da und haben zurückgeknallt. Es gab einen gewaltigen Tumult. Die Leute sind in die Seitenstraßen geflüchtet. Ich bin ins Geschäft zurück und hab Tor und Türen abgeschlossen. Das war auch gut so.

(Anwohner, Breite Straße)
Bei uns im Haus wohnte eine alte Frau, dreiundsiebzig ist sie. Sie stand beim Umzug der SA vor der Tür. Als nun ein SA-Führer vor seiner Truppe vorbeimarschierte, der so fett und gemästet aussah wie eine Preis-Sau, da lachte sie mit mehreren Leuten, die in der

Nähe standen. *Sofort stürzten einige SA-Leute aus dem Zug auf die grauhaarige Frau los und einer schlug ihr mit dem Koppel ins Gesicht. Als die Alte zurückschlagen wollte, stürzten sich mehrere Nazis auf sie und schlugen sie nieder. Ich und ein paar Nachbarn haben die ohnmächtige Frau dann ins Haus getragen.*

(Herr Jensen, Metallarbeiter, Bäckerstraße)
Ich rufe nicht »Rot Front«, weil ich mit denen nichts zu tun haben will, aber »Nazi verrecke« hab ich auch gebrüllt. Den ersten Abteilungen hat das auch gar nichts ausgemacht, die sind stramm vorbeimarschiert, an die tausend Bauerntölpel vom Lande. Manchen hat man schon angesehen, dass sie Schiss hatten. Aber dann kamen die Altonaer Stürme, und die glauben ja, sie müssten zeigen, wer der Herr im Haus ist. Natürlich haben sie darauf gewartet, und bei der ersten Gelegenheit hieß es dann: »SS heraus!« Dann haben sie die Schulterriemen runtergenommen, und da waren Karabinerhaken dran, teilweise mit schweren Vorhängeschlössern. Einige Dutzend von denen sind ausgeschwärmt, von der Kirchenstraße die Treppe hoch in die Grüne Straße, eine andere Truppe kam von der Königstraße direkt in die Kirchenstraße. Ich stand ein bisschen abseits und konnte noch eine Weile zusehen, bis ich abgetaucht bin. Die Kommunisten, die beim Pissoir gestanden haben, sind in die Kleine Mühlenstraße geflüchtet. Die waren weg. Also haben die Nazis auf alle eingedroschen, die ihnen in den Weg kamen, mit den Koppeln oder mit Bierflaschen. Und die Polizei? Sie sind gut. Es waren ja bloß acht Beamte da. Die kamen angerannt, schossen in die Luft und schrien rum, man solle die Fenster schließen. Später hieß es, es sei aus einem Haus geschossen worden, da drüben, Nummer 19. Da sind sie auch rein, die Schupos, aber gefunden haben sie nichts. Ich hab mir angeschaut, wie die hier rumgerannt sind, wie die aufgescheuchten Hühner. Und das Beste: Die Schüsse, von denen sie glaubten, sie kämen aus den Häusern, die wurden von einem anderen Polizeitrupp unten an der Breiten Straße abgefeuert, weil die auch in die Bredouille gekommen waren, als gedrängelt wurde.

Getanzt! Ist es nicht lächerlich, sogar verwerflich, in diesen Zeiten zu tanzen? Nicht meine Revolution, wenn ich nicht tanzen kann! Was für ein Unsinn, wir müssen doch marschieren, wie soll es sonst gehen, die organisierten Massen, geführt von der Partei, zur Eroberung der Macht ... Was würde meine Namensvetterin sagen, wenn man ihr vorschlüge, sie solle in den Ersten Rätekongress Sowjetdeutschlands hineintanzen? Würde sie es ablehnen? Und Rosa Luxemburg? Hätte man sich vorstellen können, dass sie die Freie Sozialistische Republik mit Karl Liebknecht auf dem Tanzboden einläutet? Lächerlich. Kurt ist ein Spinner, und nur wegen mir redet er so einen Unsinn, und ich habe einen Narren an diesem Narren gefressen, und was Emma Goldman, diese Anarchistin, betrifft, gibt es dazu nur Eines zu bemerken: Es ist der falsche Weg, wenn man glaubt, man könne die Revolution mit der blauen Blume in der Hand anstatt der roten Fahne machen!

Es klopfte an der Tür. Die Sonne stand schon hoch, nur um die Mittagszeit schien sie kurz direkt in Klaras Zimmer. Das Muster der Gardine war als filigraner Schatten auf dem Vorhang zu erkennen, darunter auf dem Fußboden, der eindeutig wieder einmal gefegt werden musste, verdammte Wollmäuse, eine Pfütze aus Sommerlicht. Aber wer klopfte da?

Kurt konnte es nicht sein, der hatte das Talent, bis zum Abend schlafen zu können, wenn es erforderlich war, klopfe wer wolle. Und Klara war nicht mal anständig angezogen. In Herrenunterwäsche zur Tür, und dann stand da womöglich eine von diesen spießigen Nachbarinnen, die ihr Kreuz nicht nur bei der SPD, sondern auch in der Kirche machten. Aber so klopfte eher einer, der Kraft in der Faust hat.

Klara warf sich den zerschlissenen Morgenmantel über: »Guten Morgen, oh…«

Gustav, der Sportler aus dem Vorderhaus. Turnerhemd, aber normale Hosen und Sandalen, akkurat pomadisiert, stand vor der Tür.

»Guten Tag, würde ich dann eher sagen«, korrigierte er.

»Ja, danke.« Wie müde doch die eigene Stimme klingen konnte und wie schwer so ein Kopf sich anfühlte, nachdem ein altbekannter Filou Flausen hineingesetzt hatte.

Gustav schaute zurück ins Treppenhaus. Viel gab es da nicht zu sehen, erstens war es dunkel, zweitens eng, drittens waren von denen, die in dieser mickrigen Bude wohnten, alle ausgeflogen, um zu schuften oder zu stempeln.

»Darf ich reinkommen?«

Na ja, nur weil einer in deine Partei gewechselt ist, genießt er keine privaten Vorrechte, oder?

»Was gibt's denn?«

»Ärger … vielleicht.«

»Na, dann komm. Aber halt mir keine Predigt über gesunden Lebenswandel, ich hatte nämlich noch keine Zeit, die Vorhänge aufzuziehen.«

Was sie jetzt tat und in die Küche deutete. »Eine Tasse Malzkaffee kann ich dir anbieten, Genosse.«

»Danke, ich habe nicht viel Zeit, muss zum Training, aber es geht auch nur um eine Sache.«

»Setz dich trotzdem … schieß los.« Klara zog den Deckel von drei leeren Dosen ab, bevor sie die fand, in der sowieso nur noch Kaffeepulver für zwei Tassen war, und die würde sie schon gern selbst trinken und zwar nicht wässrig verdünnt, sondern, wenn schon kein richtiger Kaffee, dann wenigstens mit Geschmack.

Gustav setzte sich und sah sich interessiert das gerahmte Bild über dem kleinen Küchentisch an, eine Bleistiftzeichnung, die eine Kleinstadt an einem Fluss zeigte. Er deutete darauf: »Deine Heimat?«

Klara goss Wasser in einen hohen Topf und stellte den Tauchsieder hinein. »Heimat wird das erst wieder, wenn rote Fahnen über den Kirchtürmen wehen, und selbst dann ...«

»Ich komme aus Osterburg, das ist nicht ganz so weit.«

»Liegt auf dem Weg.«

Das Wasser brodelte. Klara nahm den Tauchsieder heraus,
kippte das Kaffeepulver in den Topf und rührte um. Sie
schenkte sich eine Tasse ein und stellte sie auf den Tisch. Viel
zu heiß. »Also?«

»Es ist einer rumgegangen«, sagte Gustav und strich sich nervös mit der Hand über die speckigen Haare. »Hat Fragen gestellt, erst allgemein und dann, so scheinbar ganz zufällig,
über dich.«

Klara griff nach ihrem Zigarettenetui, das neben der Zucker-
dose auf dem Tisch lag. Leer. Sie musste erst neue drehen.

»Wie sah der aus?«

»Bärtchen.«

»Schnauzbart?«

»Ja.«

»Und sonst?«

»Schiebermütze, grauer Anzug, Hemd, Krawatte, bisschen
untersetzt, Plattfüße, würde ich sagen ...«

Klara schaute ihn fragend an.

» ... oder Spreizfüße, die Schuhe waren breit getreten, obwohl
sie nicht sehr alt waren.«

»Aha, und was wollte er wissen?«

»Ob eine Frau in Männerklamotten hier wohnt, und wie die
heißt, und wo die herkommt, und wo sie arbeitet. Das hat
er aber alles so nebenbei gefragt, nach und nach. Geplaudert
hat er und dann ab und zu so eine Frage gestellt. Warum er
so gefragt hat, wo er doch hier unten im Treppenhaus war
und deinen Namen bestimmt auf der Tafel gesehen hat, hab
ich mich gefragt.«

»Kann ja auch der Name von jemand anderem sein oder von
früher noch da stehen, und der Vorname ist nicht notiert.

Was hast du ihm gesagt?«

»Nichts. Aber andere haben auch mit ihm geredet, und ich glaube, der wusste dann alles, was er rauskriegen wollte.«

»Hat er gesagt, wer er ist, oder woher er kommt?«

»Hab ihn gefragt, wer sind Sie eigentlich, kennen Sie die Frau denn, so in der Art. Darauf hat er gesagt: ein Kollege auf der Durchreise. Das habe ich ihm aber nicht geglaubt, ich meine, das mit der Durchreise, weil er nämlich sehr deutlich wie ein echter Hamburger gesprochen hat, als Zugezogener fällt einem das vielleicht sogar eher auf...«

»Er ist mir schon auf der Straße nachgegangen«, sagte Klara nachdenklich.

»Wie ein ... Verehrer ... hat er nicht gerade gewirkt.«

Sie lachte. »Nee, wohl eher nicht.«

»Was dann, ein Ganove? Oder hat es was mit Politik zu tun?«

»Keine Ahnung. Vielleicht beides. Aber vielen Dank, dass du's mir gesagt hast.«

Gustav stand auf. »Wenn's Probleme gibt, weißt du ja, wo ich bin.«

»Danke.« Klara wollte ebenfalls aufstehen, hielt aber inne, als sie Schritte auf der Treppe hörte. Vielleicht waren das ja schon die Probleme.

Sie horchten beide auf die Schritte, die sich zielstrebig näherten.

Ein kleines Problem, ganz anderer Art.

In der Wohnungstür, die Klara nach Gustavs Eintreten offen gelassen hatte, tauchte Elly auf, im hellblauen Hemdkleid, einen kleinen Rucksack über die Schulter geworfen.

»Guten Tag«, sagte sie, und an Klara gewandt: »Kommst du mit mir schwimmen?«

»Ich geh dann«, sagte Gustav. »Hab den Jungs und Mädels vom KJ versprochen, beim Transparente Aufhängen zu helfen.«

»Schwimmen?«, fragte Klara. »Wie kommst du denn darauf?«

»Es ist Sommer!« Elly lachte.

So rot war ihr Mund noch nie, dachte Klara, und die Sommersprossen auf den Armen sind mehr geworden.

»Du hast ja jetzt schon einen Sonnenbrand«, sagte sie.

»Ist doch nicht schlimm. Also, kommst du?«

»Ich habe Kopfschmerzen und muss erst mal einen Kaffee trinken.«

Schwimmbad? Ich gehe nie ins Schwimmbad. Hab ich überhaupt noch einen Badeanzug?

»Ist noch ein Kaffee für mich übrig?« Elly ging in die Küche und setzte sich vor Klaras Tasse.

Seufzend schenkte die sich eine zweite ein.

Elly kramte in ihrem Rucksack und holte einen kleinen Strauß Margeriten hervor. »Die sind für dich.«

»Danke ... aber ... warum schenkst du mir Blumen?«

»Darf ich das nicht?« Elly errötete leicht.

»Doch ...«

»Und du, darfst du mit mir schwimmen gehen?«

»Ich weiß gar nicht, wo mein Badeanzug ist.«

»Na im Kleiderschrank«, sagte Elly und hielt sich schnell die Hand vor den Mund, als fürchtete sie, zu vorlaut gewesen zu sein, und fügte hinzu: »Da, wo er hingehört.«

»Ich werde mir jetzt erst mal ein paar Zigaretten drehen«, entschied Klara und griff nach der Schachtel mit dem Tabak. Elly sprang auf. »Und ich such dir solange deinen Badeanzug!«

»Untersteh dich!«

Sie tat es trotzdem. Und Klara füllte, bevor sie mit dem Zigarettendrehen begann, Wasser in ein Glas und steckte die Margeriten hinein.

Nach zwölf gerollten Zigaretten und zwei Tassen mit verdünntem Kaffee ging Klara in ihr Zimmer, wo Elly am Fenster lehnte und sich nun fröhlich lächelnd zu ihr umdrehte.

Erstaunlicherweise war das Bett gemacht und darauf lag ordentlich drapiert der Badeanzug.

»Jetzt brauchst du nur noch ein Handtuch.«
Auch das fand sich.
Als sie gemeinsam wie zwei Sommerfrischler aus dem Durchgang in die Gasse traten, winkten sie Gustav zu, der auf einer Leiter stand und sich mit einem Transparent abmühte, auf dem stand: »Mutter und Kind, die im Elend sind, werden frei durch den Sieg der Kommunistischen Partei!«
»Na, jetzt nur keine Literaturkritik«, murmelte Klara.
»Komm doch«, sagte Elly, nahm sie an der Hand und zog sie mit sich fort.
Zumindest werde ich nicht blass wirken neben ihr, aber alt, dachte Klara, wie eine Tante.

(Herr Golek, Österreicher, wohnhaft Gademannstraße 10)
Ich bin unpolitisch und hab nur geschaut. Als der Zug vorbeimarschierte, winkten die Teilnehmer und lachten höhnisch. Darauf stimmten die Zuschauer ein kommunistisches Lied an. Ein Führer blieb stehen und sagte etwas zu seinen Leuten. Es war ein Kommando. Sofort verließen fünfzig bis sechzig Männer den Zug. Ein Teil lief die von der Kirchenstraße nach der Grünen Straße führenden Treppen hinauf, ein anderer Teil lief um das eiserne Gestänge, das die Straßen abtrennt, herum. Die Leute, die gerufen und gesungen hatten, liefen in dem Augenblick, als die Zugteilnehmer ausschwärmten, in die Kleine Mühlenstraße hinein.
Vor dem Ausschwärmen ist kein Schuss gefallen, es trifft nicht zu, dass aus dem Hause Grüne Straße 19 geschossen worden ist. Ich konnte nicht fortlaufen, denn die Tür, vor der ich stand, war verschlossen. Mehrere SA-Leute, von denen ich keinen kenne, schlugen auf mich ein. Ich erhielt zuerst einen Faustschlag ins Gesicht, unmittelbar darauf von einem anderen Mann mit einem Gegenstand einen Schlag auf den Hinterkopf. Ich fiel zu Boden. Im Lie-

gen erhielt ich dann einen Messerstich in den Rücken, rechts von der Wirbelsäule, die Verletzung war ziemlich tief. Einen kleinen Messerstich erhielt ich in den Nacken. Außerdem wurde ich durch einen Streifschuss am Kopf verletzt.

(Hansen, Tischler, Grüne Straße)
Mein Geschäft liegt an der Ecke zur Kleinen Mühlenstraße mit Blick auf die Kaffeerösterei. Sie riechen es ja. Am Tag vorher hab ich meine Werkstatt verrammelt. Ich wusste, was kommen würde. Ich bin zur Kirchenstraße. Da stank es bald nach Schießpulver. Und das bloß, weil irgendjemand eine Bierflasche geschmissen hatte. Wo die herkam, weiß ich nicht. Die ist am Boden zerschellt. Ein SA-Mann hat den Flaschenhals aufgehoben und weitergeschmissen. Sie flog einem Schupo in den Rücken. Eigentlich harmlos, aber der hatte gleich die Knarre in der Hand.

(Frau Wiechers, Aktivistin der Antifaschistischen Aktion, Kirchenstraße)
Die Becker aus der Kleinen Papagoyenstraße hat behauptet, sie habe gesehen, wie aus einem Fenster geschossen worden sei. Andere sagten, Flaschen und Steine seien auf den Zug geworfen worden. Soweit ich das sehen konnte, haben die zuerst mit Flaschen geschmissen. Dann hieß es »Fenster zu«. Das haben erst die Nazis gebrüllt, und die Polizei hat es übernommen. Als die SA ausschwärmte, standen die Schupos da wie Pik Sieben. Dann hat's geknallt, und sie sind aufgewacht. Ich habe selbst gesehen, dass einige von den Faschisten nicht nur Messer, sondern auch Revolver in den Händen hielten. Nur die Polizei, die hat das nicht gesehen.

(Frau Rosenbaum, Verwalterin, Jüdisches Waisenhaus, Kirchenstraße)
Es ist hier eine Synagoge und ein jüdisches Waisenhaus, die ganze Häuserzeile ist in jüdischem Besitz, es sind recht armselige

Mietshäuser, gewiss, aber es leben ja Menschen darin. Es wurden nun leider sehr gemeine Gesänge gegrölt, sodass wir die Fenster schließen mussten: »Wenn das Judenblut vom Messer spritzt, da geht's noch mal so gut.« Es ist ein Glück, dass niemand auf die Idee kam, gegen die Synagoge anzugehen. Aber das trauen sich wohl nicht einmal diese Nationalsozialisten. Vor einem Gotteshaus haben sie dann doch noch Respekt.

Wenn ich ehrlich bin, war ich ganz froh, dass draußen so viele Arbeiter zusammenstanden, auch wenn ich mich mit den Kommunisten nicht gemein machen will. Aber sie haben uns den Mob vom Leib gehalten, ob das nun ihre Absicht war oder nicht.

»Ich habe Chancen, meine Aussagen doch noch gedruckt zu bekommen«, sagte Klara. »Alfred, ein Genosse aus der Redaktion, hat einen Lektor der Universum-Bücherei angesprochen. Es könnte was werden.«

Kurt streckte träge die Hand aus und griff nach dem Bierglas, das auf dem rohen Tisch bedrohlich nah am Rand stand. »Ich bewundere deine Ausdauer, ehrlich. Aber was willst du noch erreichen? Das Ende der Zivilisation ist eingeläutet.« Den letzten Satz sprach er so leise, dass sie es kaum verstehen konnte.

»Die Dokumentation wird große Aufmerksamkeit erregen. In wenig mehr als zwei Wochen ist es soweit. Wenn es bis dahin gedruckt ist...«

»Ist das nicht eine grandiose Collage?« Kurt stellte sein Bierglas auf den wackligen Tisch zurück. Schaum hing ihm am Bart und an der Nasenspitze. Er deutete auf die gegenüberliegende Wand, wo angeklebte Plakate, Zettel, Aufrufe und Zeitungsschlagzeilen die einschlägigen Parolen der KPD der letzten zehn Jahre dokumentierten: »Volkskampf-Solidarität-

Massenkraft-Streik-Befreiungsaktion-Aufstand gegen Raub-system-Diktatur-Massenelend-Sklaverei-Knechtschaft-Mord-terror-Faschismus-Katastrophe und Kettenhunde-Reaktion-Imperialismus-Kriegsreiber-Arbeitermörder-Staatsstreich! Was für ein Wortgeklingel! Ist das nicht ermüdend? Man schreit und droht und marschiert und dreht sich dabei im Kreis, besoffen von leeren Phrasen, die den Proleten-Hunden hingeworfen werden wie Knochen, damit sie sich die Zähne daran ausbeißen.«

Klara schaute ihn irritiert an und erwiderte dann scharf: »Diese Phrasen sagen die Wahrheit und sind nötig, um die Massen zu mobilisieren.«

»Masse, Masse, Masse. Erst wirst du mit Worten platt gewalzt und dann trampelt noch die Masse über dich hinweg, du armer Mensch«, brummte Kurt, und ließ seinen Blick über die anwesenden, raubeinig wirkenden Hafenarbeiter schweifen.

»Die Menschen sind die Masse ... das handelnde Subjekt auf der Bühne der Weltgeschichte«, sagte Klara und dachte dabei, dass sie sich eigentlich ganz wohl fühlte, umrahmt von den Parolen, die den Weg wiesen im Kampf um eine gerechte Zukunft.

»Ha! Ein Trauerspiel, nur leider nicht von Shakespeare!«

Wir leben nicht mehr in derselben Welt, dachte Klara, einst, als wir noch gemeinsam auf der Bühne standen, war das anders, und nun? Damals waren wir jünger. Genau genommen war es ein kleinbürgerliches Vergnügen. Er weiß es, ich weiß es ... aber immerhin ein Vergnügen.

»Wir sind kleine Räder im Getriebe der Weltgeschichte«, sag-te Klara. »Wir sollten uns drehen.«

»Ha! Niemals, ich weigere mich!«

»Und wo willst du hin?«

Kurt holte Luft für eine polemische Erwiderung, hielt inne, atmete aus und sagte grinsend: »In den Elfenbeinturm. Nur leider zeigt mir niemand den Weg. Allerdings fürchte ich, dass ich, wenn ich denn dort ankäme, vor verschlossener Tür stünde.«

Elfenbein.

»Klara?«

Eine Elfe.

»He!«, rief Kurt. »Früher hättest du mich für eine solche Bemerkung in der Luft zerrissen. Was ist denn los mit dir?«

Elfenbeinfarbene Haut, eine Elfe mit schmutzigen Füßen, aber im Schwimmbad unter der Dusche hat sie sie gewaschen. Und wenn so eine lacht, der man ein derart unschuldiges Lachen gar nicht zugetraut hätte, dann ... dann ist das eben ein schöner Sommer, trotz allem.

»Du träumst«, stellte Kurt fest. »Wahrscheinlich von diesem Gör.«

»Hab ich dir von ihr erzählt?«

Kurt schüttelte den Kopf. »Hast du gar nicht mitbekommen, hm?«

»Vielleicht braucht sie meinen Schutz«, sagte Klara.

»Du brauchst meinen Schutz, das ist mein Eindruck, wenn ich dich so reden höre. Eine Fünfzehnjährige!«

»Sie ist siebzehn!«

»Sagt sie.«

»Das geht dich gar nichts an!«

»Doch. Das hast du einmal gesagt. Wenn es um einen von uns beiden geht, geht es jeden von uns an. Deine Worte.«

Klara nickte. »Ich hab sie nach Hause gebracht, drüben nach Altona ... sie war länger nicht dort. Man kann es ihr nicht verdenken. Eine Bruchbude, wie es sie hier auch zur Genüge gibt.« Sie deutete nach draußen. »Eine Familie in einer Küche, Abort für drei Familien im Treppenhaus. Das Bett steht neben dem Herd, das Sofa vor dem Küchenschrank, sodass man eine Tür nicht aufbekommt, Holzwolle quillt raus, es steht schief, ein Bein ist ab. Darauf schläft der Vater. Elly schlief bei ihrer Mutter im Bett. Die ist gestorben. Jetzt mag sie nicht mehr dort sein. Der Vater ist natürlich arbeitslos, aber immerhin Parteimitglied, allerdings…«

»Was allerdings?«

»…schlägt er sie, beide, früher hat er auch die Mutter geschlagen. Elly sagt, er bekommt jeden Tag wenigstens einen Wutausbruch. Und wenn er sich nicht mit einem Nachbarn prügelt, dann schlägt er sie, wenn sie da ist.«

»Ein Kommunist? Und mit dieser Sorte Mensch wollt ihr den Zukunftsstaat errichten?«

»Wir werden ihn zum Besseren erziehen.«

»Ha! Ihr sprecht doch immer von Masse, aber die ist dumm und dumpf und schlecht, du siehst es selbst! Sozialdemokraten, Kommunisten, Faschisten, was macht es schon für einen Unterschied, wer dich totschlägt?«

Ein kräftiger Mann in groben Baumwollhosen und einer Jacke überm Unterhemd baute sich neben Kurt auf: »Hör zu, Kerl, du bist hier zu Gast im Lokal der Arbeiter. Für meine Begriffe siehst du ein bisschen zu schnieke aus, und wenn du uns beleidigen willst … kannst du gern Bekanntschaft schließen mit der geballten Faust eines Proleten.«

»Lass doch, Oskar«, sagte Klara, »das ist ein Freund von mir.«

Kurt stand auf und deutete auf das Abzeichen der Antifaschistischen Aktion am Kragen des Mannes:»Ist das eure Art von Antifaschismus, jemanden verprügeln, der unangenehme Wahrheiten sagt? Soll ich lieber blödsinnige Parolen brüllen: Mit ganzer Kraft für den Massenkampf im Massenselbstschutz zum Massenstreik, Massenaktion in der Massenfront, massenhaft marschiert, folgt dem massigen Führer Teddi Thälmann…«

»Kurt, hör auf!«

»…voran ins Massenklassenmassaker!«

Oskar schlug ihm mit der Faust ins Gesicht, nicht sehr fest, aber Kurt taumelte zurück und fiel auf seinen Stuhl. Seine Nase begann zu bluten. Zustimmendes Raunen um sie herum, Oskar ging an seinen Tisch zurück und warf dem Wirt, der schon um den Tresen geeilt war, um Schlimmeres zu verhüten, einen warnenden Blick zu.

»Mensch, Kurt!« Klara hielt ihm ein Taschentuch hin.

Kurt grinste zufrieden. »Ich nehme das zurück. Es macht sehr wohl einen Unterschied, wer dich schlägt ... einem echten Proletarier sollte man Gelegenheit geben, sich zu üben, für die gerechte Sache.« Er stemmte sich hoch und wollte zu dem Tisch gehen, an den Oskar sich gesetzt hatte.

Klara hielt ihn so fest, dass er nicht vom Fleck kam. »Bleib hier!«

»Lass mich los, das geht dich nichts an!«

»Ha! Und was hast du eben gesagt ... wenn es um einen von uns beiden geht?«

Kurt setzte sich wieder. »Ich fasse mich an die eigene Nase, und was sehe ich? Blut. Nichts wird so gern vergossen wie fremdes Blut. Ich bin da eine Ausnahme, ich vergieße lieber meins.«

Der Wirt, der schon auf dem Weg zu ihnen war, drehte um, nachdem Klara eine beschwichtigende Geste gemacht hatte.

»Bei dir kuschen wohl alle«, sagte Kurt. »Aber zur Abwechslung solltest du mal auf mich hören. Lass die Finger von dieser Elly. Nimm sie nicht bei dir auf. Du wirst dir nur Ärger einhandeln. Hat sie keine Freunde?«

»Mit denen hat sie irgendwo gewohnt, aber die wurden verhaftet. Nun kann sie nicht dorthin zurück, weil sie Angst hat, die Polizei nimmt sie dann auch mit.«

»Ein minderjähriges kriminelles Flittchen, und nur weil sie schutzbedürftig tut ...«

»Es war schön mit ihr im Schwimmbad, ich war lange nicht so froh.«

»Hast du nicht deinem Liebchen in England ewige Treue geschworen?«

Klara wurde rot. »Was?«

»Nur weil sie eine Polizistin ist, musst du sie doch nicht ...«

»Sei still! Das geht dich nichts ...«

»Mal ernsthaft, Klara. Von der Verführung Minderjähriger kann ich dir nur abraten...«
»Darin kennst du dich ja aus.«
»Das war die Verführung durch eine Minderjährige...«
»Ich habe dich nicht...«, protestierte Klara.
Kurt hob sein Glas. »Nein, wohl eher nicht, aber es war einen Versuch wert ... auch wenn es nichts werden konnte.«
»Das ist lange her, und so ist es besser.« Klara stieß mit ihm an.
Das Bier war lauwarm und schmeckte nach Seife.
»Nein, eigentlich nicht«, sagte Kurt.

(Herr Hinrichsen, Fuhrunternehmer, Breite Straße)
Entschuldigung, darf ich mal fragen, was Sie hier machen? Das ist ein Gewerbehof, hier haben Sie nichts zu suchen!
Bitte? Was soll das heißen? Geht Sie das was an? Haben Sie was mit der Kommune zu tun? Nicht? Ich dachte nur, weil ich Sie vorhin mit dem Kirchner an der Königstraße gesehen habe, und der gehört bekanntlich dazu.
Die Ereignisse am 17. Juli? Hier in der Ecke ist nicht viel passiert, da müssen Sie woanders fragen. Die Kommunisten haben ein bisschen rumgeballert, aber wir haben sie verjagt. Die Polizei hat sich korrekt verhalten ... Die Roten haben gleich den Schwanz eingekniffen und sind in ihre Häuser ... Schusswaffen haben wir nicht nötig, wir haben unsere Fäuste.
Eisenteile am Gurt? Sie meinen Karabinerhaken, die gehören da dran.
Wieso unangemessen? Lassen Sie sich gern verhöhnen? Wenn sich jemand über uns lustig macht, dann machen wir kurzen Prozess, dann wird die Straße gesäubert. Da muss ich nicht nachdenken, da heißt es Koppel runter und rein! Ja, ich war auch dabei, Rich-

tersturm, Ehrensache. Wütend? Klar waren wir wütend. Das Lumpenpack nimmt uns auch so schon täglich die Luft zum Atmen. Wenn die »Heil Moskau« brüllen, warum gehen sie dann nicht hin? Die verpesten nur unsere deutsche Kultur…

Sag ich doch, kalte Wut. Ich sag Ihnen, was ich denke: Dann spüre ich nämlich was vom alten Germanikus in mir, besonders wenn wir so einer Masse gegenüberstehen, und die geifern am Straßenrand gegen uns. Da hab ich die Verantwortung für meine Truppe, und da werden wir eins miteinander. Das wissen wir sehr genau, weil ich es meinen Leuten beigebracht habe, dass die Germanen, wenn sie vorstürmten, einen Eberkopf bildeten, eine Formation, die wie ein Eberkopf aussah. Vorne spitz, und die Fürsten und Herzöge an der Spitze natürlich mit ihren Leibtruppen. Wie ein Dreieckskeil, so gingen sie vor, und dann kam das, was die Römer später den »Furor Teutonikus« nannten. Dann brüllten sie in ihre Schilde und rückten in dieser Eberkopfformation vor. Da geht's ran, da gibt's kein Halten mehr, und so muss das auch sein. Die Kraft gibt uns der Korpsgeist, wir sind eine verschworene Gemeinschaft…

Wieso kommen Sie mir jetzt wieder mit Pistolen? So ein Quatsch … Sie sind doch von der Kommune, oder?

So Frauen wie Sie, das gibt's bei uns nicht. Das ist doch abartig. Hör zu, Mädchen, es geht ums Deutsche, kapiert? Weil's das Beste ist, das Gesunde. Woran sind die Römer zugrunde gegangen? An weibischer Schwäche! Das wird uns nicht passieren … So was wie du passt nicht in den gesunden Volkskörper … genauso wie das ganze verweichlichte rote Lumpenpack…

Also, was willst du dann eigentlich hier? Hau ab, bevor ich mich vergesse!

(Rentnerin, Kleine Papagoyenstraße)

Ich möchte bitte meinen Namen nicht nennen. Hier an der Ecke habe ich aus dem Fenster alles gesehen. Ein großer Teil des Zuges war schon vorbei, da haben die Nazis mit Flaschen geworfen. Und dann hat der Gotthard aus der Hausnummer 1, der ist bei *der SA, einen Schuss abgegeben. Einer schrie »Ausschwärmen!«, und sie sind in unsere Straße und haben alle, die da standen, weggeprügelt. Dann knallten ein paar Schüsse, und kurz darauf sind sie wieder zurückgerannt. Dann kam die Polizei und hat auch geschossen. Mich haben sie angebrüllt, ich soll das Fenster schließen. Da konnte ich natürlich keine Aussage mehr machen.*

(Herr Gerber, Schlosser bei Blohm & Voss, wohnhaft Bachstraße)
Wir Sozialdemokraten sollten uns ja raushalten. Ich hab das auch beherzigt, aber zugucken wollte ich schon. So gegen halb fünf kam der Zug hier an. Von der Breiten Straße her. Etwa 200 Meter entlang der Straße standen die Kommunisten Spalier. Die waren extra aus Hamburg gekommen. Leise waren die nicht. Die Polizei hatte den Straßenrand abgesperrt. Aber die Zuschauer drängelten und schrien.
Der Zug kam in unserer Straße zum Stehen. Die mussten sich neu ordnen, nachdem drüben in der Kirchenstraße was vorgefallen war. Rechts und links natürlich die Kommunisten. Die höhnten immer mehr, weil sie ja merkten, dass die Nazis ein bisschen belämmert dastanden. Und da sind einige aus dem Zug auf sie losgegangen. Mit Koppeln und Bierflaschen. Vor allem unter der Brücke gab es Gerangel. Die Polizei ist gleich dazwischen und hat einige SA-Männer verhaftet. Ein paar Schüsse hab ich gehört, aber die könnten auch von der Polizei gekommen sein.

Die Gänge kommen nie zur Ruhe. Auch nachts hallt Geschrei durch die Gassen, von Kopfsteinpflaster und Backsteinmauern zurückgeworfen, bis in den letzten Winkel transportiert. Zorniges Brüllen der Männer, das Weinen von Kindern, empörte Rufe von Frauen, falschzüngiges Säuseln der Mädchen vor den Eingängen, Gesänge aus Spelunken, das Rascheln der Ratten, hier und da das Knurren eines Hundes, warum auch immer jemand in dieser schmutzigen Enge noch ein Tier halten muss.

Räuspern, Husten, Spucken. Schatten, die sich an Geräten in Hinterhöfen zu schaffen machen, das Klirren von Geschirr, ein Glas zerspringt, die rauchige Stimme einer ältlichen Prostituierten, die erst im Dunkeln Freier anzusprechen wagt. Das Surren einer Nähmaschine, der Schneider flickt noch nach Mitternacht zerschlissene Klamotten im Schein einer nackten Glühbirne. Tapsende Schritte nackter Kinderfüße, ein Gutenachtlied, besoffenes Gegröle, Hände klatschen auf entblößtes Fleisch, wird da wieder eine Frau geschlagen?

Geduckte Gestalten ziehen einen Leiterwagen durch ein Tor, wo wollen die denn jetzt noch hin, hat man sie rausgeworfen? Im Lichtschein einer Laterne schlagen zwei Betrunkene mit müden Fäusten aufeinander ein, hinter dir das Klackern von Schuhen, deren Ledersohlen aus Geldmangel mit Nieten beschlagen wurden, vor dir wird eine Schüssel mit Unrat aufs Pflaster geleert. Aus den Ecken, in die du nicht mal bei Tag einen Blick werfen möchtest, stinkt es in der Nacht noch übler als sonst, als wäre alles hier auf Moder gebaut, »Wir sind die Leichen im Keller der Hanseaten«, und doch wollen sie leben.

Klara durchschritt den Gang zu ihrem Hinterhof. Die Lampe im Flur ihres Hauses warf einen kraftlosen gelblichen Schein durchs Oberlicht der Eingangstür, der Mond am Himmel spendete mehr Licht. Gestern hatte sie die Birne eingeschraubt, nachdem die andere gestohlen wurde.

Sie bemerkte einen Schatten, jemand hockte auf der Treppenstufe, ein Arm winkte. Im gleichen Moment fauchte eine Katze, ein Blecheimer fiel um, ein hohes Quieken, vielleicht hatte sie eine Maus erwischt … Der Schatten stand auf, unschlüssige Körperhaltung, gebeugt, aus Verlegenheit, beinahe unterwürfig.

»Klara?« Halb geflüstert, halb gerufen, es war Ellys Stimme. Wieder angezogen wie ein Junge.

»Guten Abend.« Es war schon nach Mitternacht, aber was soll man sonst sagen, wenn man sich in Sekundenschnelle in Widersprüche verstrickt. Zuneigung, Abneigung, was denn nun? Freu dich doch einfach, dass jemand an dich denkt.

Ellys Hand lag kalt auf Klaras Unterarm. »Ich weiß nicht mehr wohin.«

»Komm erst mal mit hoch.«

Schon auf der Treppe drängte sie sich an Klara. Sie zitterte.

»Dein Kleid fand ich hübscher«, sagte Klara, als sie beide unschlüssig in der Küche standen.

Elly nahm ihre Mütze ab, das blonde Haar darunter war immer noch verfilzt. Sie krempelte die Ärmel ihres Hemds hoch, Kratzer und Striemen auf den Armen kamen zum Vorschein.

»Hast du dich geprügelt?«

»Das war der Alte. Wegen Paul ... der ist wieder draußen.«

»Draußen?«

»Aus dem Knast! Wegen Mangel an Beweisen.«

»Und dann ist er gekommen, um dich zu holen?«

»Ja. Darf ich mich setzen?«

»Natürlich, du musst doch nicht fragen.«

Elly schaute sich verunsichert um. »Mach bitte das Fenster zu.«

»Warum, es ist doch ...«

»Weil ich es nicht mag, wenn's offen ist!«

»Schon gut.« Klara schloss das Küchenfenster.

»Das letzte Mal habe ich was zu trinken bekommen«, sagte Elly, nachdem sie sich an den Tisch gesetzt hatte.

»Hm, Wasser, Kaffee ist alle ... sonst ... ich hab nur ein bisschen Bier.«

»Wenn's nicht so bitter ist ...«

Klara verteilte eine Flasche auf zwei Gläser. Elly trank ihres in einem Zug aus, verzog das Gesicht und grinste: »Ist ja doch immer bitter, deshalb trink ich es schnell.«

»Und wo ist Paul jetzt?«

Elly nahm das zweite Glas und trank es aus. Dann wischte sie sich mit dem Unterarm über den Mund und sagte: »Zu Hause, in unserer Bruchbude.«

»Und du nicht.«

»Nee.«

»Warum nicht?«

»Geht dich das was an?«

Klara schwieg.

»Ich hab ihm eine reingehauen!«

»Paul?«

»Ja, Paul. Hast du noch was zu trinken?«

Klara goss Ellys Glas voll.

»Erst kommt er zu meinem Alten und will mich holen. Das findet der Alte nicht gut und geht auf mich los. Er steht da und glotzt...« Elly griff nach dem Glas und nahm einen großen Schluck.

»Er hat dir nicht geholfen.«

»Beim Weglaufen schon.«

»Und dann?«

Elly trank aus und schenkte sich selbst nach.

»Es gab eine Abmachung, aber er hat sich nicht daran gehalten.«

»Was für eine Abmachung?«

»Ich hab Jungskleidung an, oder?«

»Ja.«

»Also bin ich ein Junge, aber daran wollte er sich nicht mehr halten.«

»Und da bist du weggelaufen.«

»Erst hab ich ihn noch vermöbelt.«

»Schlimm?«

Elly ballte die rechte Faust und verzog das Gesicht: »Tut jetzt ganz schön weh. Ist sogar geschwollen.«

»Und was willst du nun hier bei mir?«

»Hilfst du mir nicht? Du bist doch meine Freundin, oder?«

»Die Freundin eines Jungen?«

Ellys Gesicht verfärbte sich rosig. »Du spinnst ja. Außerdem hast du auch Hosen an.«

»Wobei soll ich dir denn helfen?«

Elly trank das restliche Bier aus und sagte dann: »Ich will einen Brief schreiben, an Paul ... zum Abschied, damit er weiß, ich bin weg, und er soll mich in Ruhe lassen.«

»Ein Junge schreibt einem anderen Jungen doch keinen Abschiedsbrief.«

Elly überlegte eine Weile. »Es geht auch darum, dass ich ihn warnen will.«

»Vor was?«

»Dass er mit den Überfällen aufhört, weil sie ihn immer noch auf dem Kieker haben.«

»Die Polizei?«

»Ja, da ist mir einer nachgegangen. Zuerst drüben in Altona, dann bis zu unserer Bude, und hier hab ich ihn auch schon gesehen. Kam aber erst, nachdem ich schon eine Weile da war. Zufall kann's ja nicht gewesen sein, nur komisch, dass er mich gefunden hat. Noch komischer, dass er mich angequatscht hat. Ganz schön scheinheilig und dumm, würde ich sagen, weil er so tat, als würde er nach dir fragen. Kurz hab ich mich gewundert, was solltest du denn mit so einem? Aber die von der Schmiere sind halt neugierig.«

»Er hat nach mir gefragt? Wie sah er denn aus?«

Elly beschrieb den Mann mit dem Schnauzbart.

»Und du bist dir sicher, dass er von der Polizei ist?«

»Kripo, ja, aber aus Altona ...« Ellys Augen waren glasig geworden. Sie stand auf und stolperte in Klaras Arme, drängte sich an sie und sagte: »Ich muss also hier bleiben.«

»Zwei Jungen in einem Bett«, murmelte Klara und sagte lauter: »Ich hab nur ein Bett.«

»Ist doch nicht schlimm, Jungen tun sich doch nichts.«
Elly ging zum Klo, und Klara zog sich hastig um. Als das Mädchen wiederkam, rief es überrascht: »Du hast ja einen Schlafanzug!«
»Du kannst auch einen haben.«
»Toll!« Elly zog sich aus, ohne sich zu genieren. Klara wandte sich ab.
Mitten in der Nacht wachte sie auf, hörte das leise Schnarchen des Mädchens, spürte die Wärme des anderen Körpers und roch Ellys Bierfahne, was ihr erstaunlicherweise nicht einmal unangenehm war.
»Wie alt bist du eigentlich?«, fragte Klara, ohne eine Antwort zu erwarten.
Schlaftrunken sagte das Mädchen: »Siebzehn, schon so lange, ich schaffe es einfach nicht, älter zu werden.«

(Arbeiter, Gaststätte »Fleischers Billige Ecke«, Ecke Grund/ Große Bergstraße)
– *Die haben mit Flaschen und Steinen nach unseren Fahnen geschmissen, wollten sie runterholen.*
– *Die Flaschen fielen natürlich auf die Straße, und da haben sie dann die Polizei geholt und behauptet, man hätte den Zug beworfen.*
– *Die ziehen natürlich gleich ihre Knarren und ballern aufs Haus, als ob das arme Haus was dafür kann, dass die Nazis es mit Flaschen bewerfen.*
– *Die Nazis kamen aus der Bachstraße, und da war dann die Barrikade an der Kleinen Freiheit, also kamen sie nicht weiter und sind nach links geschwenkt.*
– *Unsinn, die Barrikaden kamen erst später. Die Route war längst festgelegt, das wussten wir doch. Die haben sie so gelegt, dass sie*

im Zickzack durch unser Viertel marschieren konnten. Um bloß keine Straße auszulassen.

– Die sind aber nach links geschwenkt.

– Weil es so geplant war!

– Die wollten das Parteibüro anstinken.

– Und die Transparente runterholen.

– Da hatten sie sich aber geschnitten. Von wegen »SA marschiert, die Straße frei«.

– Die Straße war doch frei. Wäre mal besser gewesen, es hätte kein Durchkommen gegeben. Als die Altonaer Stürme kamen, haben sie Steine auf das Parteibüro geworfen.

– Da haben wir gleich dagegen gehalten. Denen haben wir die Schnauze poliert, das ging ganz schnell.

– Und dann ist die Polizei mit Pferden dazwischen.

– Was wäre eigentlich passiert, wenn die versucht hätten, das Parteibüro zu stürmen?

– Hätten die nie geschafft. Da hätte das ganze Viertel zusammengestanden wie ein Mann. Den ganzen Zug hätten wir auseinandergenommen.

– Ich meine nur, war da jemand drin und hat Wache gehalten?

– Es war alles verrammelt. Türen zu, Fensterläden zu, zwei Leute als Wache. Sollte niemand behaupten können, wir hätten von da aus die SA angegriffen.

– Und wenn die von sich aus reingegangen wären?

– Was weiß ich. Da musst du einen anderen fragen. Ich war bei der Häuserschutzstaffel in der Christianstraße.

– Frag den Diehl.

– Ist verhaftet.

– Oder den Lütgens.

– Ist jetzt auch verhaftet.

– Man hätte dieses Nazi-Pack hier schon aufhalten müssen. Gründe genug gab es. Die mit ihren dreckigen Parolen! Auf Luxemburg und Liebknecht spucken, dafür muss es eins in die Fresse geben!

– Wir haben ihnen die Schnauze poliert, oder?

– Das war reine Selbstverteidigung. Wir hätten früher reagieren müssen. Ihr habt's ja nicht gehört, ihr wart nicht hier, aber mich hat's zur Weißglut getrieben. Die stolzieren hier vorbei und halten sich die fetten Bäuche vor Lachen: »Wo ist die Kommune? — Im Keller? – Was macht sie dort? – Huhu!« Und da drüben im Parteibüro haben sie gnädig die Fenster verhängt und schweigen.
– Es hat doch Krach gegeben.
– Zu spät! Wir hätten sie massakrieren sollen!
– Was denn? Tausend Tote? Zweitausend? Es hat achtzehn gegeben, und das waren achtzehn zu viel.
– Sechzehn zu viel. Zwei davon waren genau richtig.

Steht da und raucht frech seine Pfeife, der hat Nerven. Klara stand am Fenster, eine Zigarette zwischen den Lippen. Unten im Hof versuchten ein paar halb bekleidete Kinder, eine struppige Katze zu fangen, wahrscheinlich um ihr eine leere Blechdose an den Schwanz zu binden. Elly war früh gegangen, hatte nur ein Glas Wasser getrunken. Warte doch, ich hol Brot fürs Frühstück, hatte Klara angeboten, aber das Mädchen hatte es eilig. Sie wollte wiederkommen. Wann, hatte sie nicht gesagt. Falls sie weggelaufen war, um dem Schnauzbart im Hof zu entgehen, war ihr das gelungen. Glaubte der womöglich, sie wäre noch hier oben?
Klara warf die Kippe aus dem Fenster und ging hinunter. Er sah ihr aus hellen Augen unter dem dunklen Mützenschirm entgegen, gegen die Mauer gelehnt, regungslos. Ein dünner Streifen Rauch stieg senkrecht aus dem Pfeifenkopf. Klara blieb vor ihm stehen, steckte die Hände in die Hosentaschen.
»Was wollen Sie?«

Irgendwo wurde quietschend ein Fenster geöffnet, der Reflex des Sonnenlichts geisterte über die poröse Fassade, an der er lehnte, ein heller Blitz zuckte über sein Gesicht. Das schien ihn zum Leben zu erwecken. Er stieß sich von der Hauswand ab und nahm mit bedächtiger Geste die Pfeife aus dem Mund.

»Mit Ihnen reden, Fräulein Schindler.«

»Ich bin alt genug, als Frau angesprochen zu werden.«

Er musterte sie, Hosen, Männerhemd, lose gebundene Krawatte, und brummte: »So.«

»Sie verfolgen mich seit einiger Zeit.«

Der Mann hob die Schultern, unentschlossen, dann steckte er die Pfeife wieder in den Mund.

»Wenn Sie mit mir sprechen wollen, warum sind Sie dann nicht einfach gekommen?«

»Ich war nicht sicher ... aber ich wäre zu Ihnen hochgekommen. Ich wusste nur noch nicht...« Er kaute auf dem Mundstück herum.

»Was?«

»Das ist schwierig zu erklären. Ihre Nachforschungen, das Mädchen, die Partei und so weiter. Ich wollte Sie erst etwas näher kennen lernen.«

Klara lachte abfällig. »Näher kennenlernen, bevor Sie mich verhaften?«

»Ich will Sie nicht verhaften.«

»Warum also schleichen Sie hinter mir her?«

Jetzt war die Pfeife aus. Er nahm sie aus dem Mund und steckte sie, nach einem kurzen Blick darauf, in die Jackentasche. Sein Schnauzer war grau, sein Gesicht von zahlreichen Falten durchzogen, die Augen wirkten müde und doch hinterhältig.

»Wenn Sie sich nicht scheuen, mit einer Frau mitzugehen, die sie auf der Straße angesprochen hat...«, sagte Klara und deutete zur Tür ihres Hauses.

Der Mann lächelte. »Sie haben ja Hosen an.«

Oben angekommen, zwang Klara sich, dem Impuls zu widerstehen, das zerwühlte Bett in Ordnung zu bringen.

Endlich stellte er sich vor. »Inspektor Weber von der preußischen Polizei.«

»Stapo in Altona«, ergänzte Klara hämisch.

»Staatspolizei? Wie kommen Sie darauf? Ich gehöre zur Mordinspektion.«

Sie starrte ihn verblüfft an.

Inspektor Weber schaute sich um, betrachtete interessiert die Bilder an den Wänden. »Clara Zetkin und Rosa Luxemburg«, stellte er fest. »Großartige Frauen, nur leider ...«

»Was leider?«

»In der falschen Partei gelandet. So wie Sie auch.«

»Ich bin stolz darauf, Mitglied der Partei zu sein!«

Das klang so pathetisch, dass es geradezu herausforderte, einen Witz darüber zu machen. Aber Weber nickte nur ernst.

»Ja, ja, mir geht es genauso.«

Wieder sah Klara ihn verblüfft an. »Sie sind doch kein Kommunist!«

»Nein, aber seit dreißig Jahren SPD-Mitglied.«

»Ha!«

»Wir kämpfen für dasselbe Ziel, nur mit anderen Mitteln«, sagte Weber.

»Sagen Sie das mal Ihren Führern, die scheinen das nämlich anders zu sehen.«

»Gleiches könnte ich Ihnen sagen.«

Sie sahen einander an. Webers Mundwinkel zuckten. Vielleicht fand er die Situation ja spaßig. Klara nicht. Der Mann stand im Dienst der Notstandsregierung, da konnte er ansonsten behaupten, was er wollte.

Weber holte einen Tabaksbeutel hervor, ging zum Fenster und klopfte die Asche aus dem Pfeifenkopf. Dann begann er, die Pfeife zu stopfen. Wie zufällig trat er neben Klaras Schreibtisch, ließ seinen Blick darüberschweifen und nickte.

Dort lagen noch immer die zahllosen Zeitungsartikel über den Blutsonntag in Altona.

»Ich darf doch rauchen?«

»Gehen wir in die Küche«, sagte Klara unwirsch.

»Ich weiß, was Sie denken«, sagte Weber, nachdem sie sich an den Tisch gesetzt hatten. »Handlanger der faschistischen Diktatur, willfähriger Diener des Monopolkapitals...«

Was will er nur? überlegte Klara und drehte sich eine Zigarette, die vor lauter Ärger viel zu krumm wurde.

Er gab ihr Feuer.

»Aber es ist so«, fuhr er fort. »Trotz allem muss ich meine Arbeit tun.«

»Ganz brav im Dienst von Braun und Severing...«

»Nein, nicht brav ... Meine Vorgesetzten wollen nicht, dass ich das tue, was ich tue...«

»Was tun Sie denn?«

»Das Gleiche wie Sie. Ich will, dass den Toten vom 17. Juli Gerechtigkeit widerfährt. Ich will die Umstände ihres Todes aufklären.«

»Ha!« Klara schüttelte ungläubig den Kopf.

»Tun Sie nicht so herablassend. Vielleicht können wir uns gegenseitig helfen.«

»Als antifaschistische Aktion?«

»Wenn Sie der Sache unbedingt einen Namen geben wollen...«

Klara blies den Rauch ihrer Zigarette in seine Richtung. »Die Sozialdemokraten haben nur Lügen über die Blutsonntagsmorde verbreitet.«

»Das stimmt nicht. Zuerst vielleicht, aber dann wurde uns allen klar, dass ein schrecklicher Fehler begangen wurde...«

»Von wem wohl?«

»Meinetwegen, wenn Sie es unbedingt hören wollen. Von der sozialdemokratischen Regierung, von der sozialdemokratischen Polizeiführung, ja, ja. Natürlich hätte der SA-Marsch niemals genehmigt werden dürfen, ich weiß nicht, was die geritten hat…«

»Ein Teufel namens Adolf Hitler vielleicht?«

»Ach was…«

»Als bekannt wurde, dass die SA durch die Viertel der kommunistischen Arbeiter marschieren wollte, fuhr Polizeipräsident Eggerstedt auf Wahlkampfreise, genehmigte seinem Stellvertreter Oberregierungsrat Schabbehard Wochenendurlaub und überließ das Feld dem völlig unerfahrenen Regierungsrat Andritzke, der sich nicht einmal traute, eine Verlegung der Route anzuordnen. Die Folgen sind bekannt.«

Weber nickte. »Es wurden schwere Fehler begangen.«

»Von den Politikern Ihrer Partei! Womöglich in voller Absicht!«

»Das dürfen Sie uns nicht unterstellen … es waren Fehler von Einzelpersonen…«

»Ich glaube nicht an solche Zufälle!«

»Lassen wir doch die politischen Zwistigkeiten beiseite, Frau Schindler, die Katastrophe ist passiert…«

»Morde!«

»Ja, vielleicht muss man es Mord nennen.«

»Man muss!«

»Ich bin noch nicht soweit, mir ein Urteil erlauben zu können. Haben Sie denn genügend Beweise gesammelt? Ich weiß ja, dass Sie herumgegangen sind. Reichen Ihre Beweise aus, um genau sagen zu können, wer aus welcher Waffe welche Kugel auf welche Person geschossen hat?«

»Das Kommando unter einem Oberleutnant Kosa, ein Polizeitrupp aus Hamburg.«

Weber nickte. »Trotzdem bleibt die Frage, wer hat geschossen…«

»Mir genügt die Antwort auf die Frage, wer den Befehl dazu gegeben hat.«

»Wir Kriminalisten können es uns nicht so einfach machen, wir müssen nach der individuellen Schuld suchen.«

»Die herrschende Klasse mordet die beherrschte ...«

»So einfach ist es nicht, Frau Schindler, das wissen Sie auch.«

»So einfach ist es vielleicht doch, Herr Inspektor Weber. Die Mörder stehen immer auf einer Seite.«

»Und was ist mit Koch und Büddig, den beiden SA-Männern?«

»Sie haben Arbeiter angegriffen, Frauen und Kinder bedroht und sind somit selbst schuld ...«

»So einfach ist es?«

»Ja.«

»Ich sehe Ihnen an, dass Sie es sich leicht machen wollen, es aber nicht können.«

Klara stand auf und suchte nach ihrem Etui. Da mussten doch noch ein paar fertig Gedrehte drin sein. Sie war viel zu aufgebracht, um eine vernünftige Zigarette zustande zu bringen.

»Ich möchte mit Ihnen nicht über den Tod von Koch und Büddig sprechen, um die Aufklärung dieser Verbrechen kümmern sich schon andere.«

»Aber um die sechzehn Morde niemand!«

»Doch, Sie. Und ich.«

»Sie? Das nehme ich Ihnen nicht ab ...«

»Ich meine es ernst. Es geht mir um die Wahrheit ... Ihnen hoffentlich auch.«

Endlich fand sie das Etui und konnte sich eine neue Zigarette anzünden. Sie lehnte sich gegen den Küchenschrank.

»Also?«

»Sie haben Tonaufzeichnungen von Zeugenaussagen gemacht. Wenn darunter Berichte sind, die eine Anklageerhebung möglich machen, sollten Sie sie mir geben ...«

»Sie wollen die Mörderpolizei von Eggerstedt und Schönfelder anklagen?« Klara schnaubte abfällig.

Weber legte seine Pfeife auf den Tisch und lehnte sich zurück. »Ob du es mir glaubst oder nicht, Genossin Schindler, aber die Ermordung von sechzehn unschuldigen Menschen lässt mir tatsächlich keine Ruhe. Wobei aber mein Urteil noch nicht gesprochen ist. Es kann auch alles ein schreckliches Versehen gewesen sein…«

»Ha!«

»…eine Panikreaktion der Beamten womöglich, ähnlich wie im Blutmai 1929 in Berlin, wo die Polizisten dachten, sie wären beschossen worden, dabei waren es ihre eigenen Querschläger, die ihnen um die Ohren geflogen sind…«

»Das sind doch Ausflüchte…«

Weber hob den Arm. »Ich habe nach dem Blutmai versucht, Licht in die Sache zu bringen. Es ist mir gelungen, aber keiner wollte mich anhören. Stattdessen wurde ich nach Hamburg versetzt. Und nun ist hier etwas Ähnliches geschehen…«

»Und Sie sind immer noch Sozialdemokrat? Das, was Sie sagen, ist doch der beste Beweis für die sozialfaschistischen Tendenzen in der SPD.«

Weber schüttelte den Kopf, betrübt, nachdenklich. »Hunderttausende Arbeiter machen die Partei aus, nicht einige wenige Führer, unter denen Opportunisten und falsche Fuffziger sein mögen…«

»Sie sägen sich den Ast ab, auf dem Sie sitzen…«

»Mag sein. Willst du mir dabei helfen, Genossin Schindler?«

Klara rauchte ihre Zigarette und dachte nach.

»Sie wollen meine Protokolle von den Zeugenaussagen?«

Weber nickte. »Das wäre ein Anfang.«

Klara drückte die Kippe auf einer schmutzigen Untertasse aus. »Und was habe ich davon?«

»Ich gebe dir die Namen des Kommandos von Oberleutnant Kosa. Ich komme nicht an die ran. Ermittlungen unerwünscht. Und leider kennt man mich. Mir sind die Hände gebunden.«

»Die Protokolle sind noch nicht abgeschrieben. Es wird eine Weile dauern…«

»Schon allein, wenn einer aus dem Kommando reden

würde, wäre uns beiden geholfen. Die Zeugenaussagen sind dann die andere Perspektive...«

»Das heißt, wir sollen zusammenarbeiten?«

»Parallel. Und tauschen uns aus. Im Präsidium in Altona darf keiner davon wissen. Und ich schätze, bei dir in der Redaktion wird man auch nicht erfreut sein über deine Einheitsfront mit einem sozialdemokratischen Polizisten...«

»Und wenn schon.«

»Also...?« Weber hielt ihr die Hand hin, eine Arbeiterhand, breit, kräftig, behaart.

Klara schlug nicht ein, nickte nur andeutungsweise. »Es kann nicht schaden, Informationen auszutauschen. Aber zuerst brauche ich die Namen.«

Weber seufzte. »Kein Vertrauen? Nun gut, wir kennen uns nicht. Aber bitte...« Er zog einen Zettel aus der Jackentasche, faltete ihn auseinander und legte ihn auf den Tisch. »Das Kommando bestand aus achtzehn Mann.«

Klara nahm das Papier und las:

Ordnungspolizei Hamburg, Stadtbezirk Z Neustadt,
3. Wachbereitschaft
Kommando unter Polizeioberleutnant Kosa
Beamte: Polizeioberwachtmeister Marthiens, Polizeiwachtmeister Tralau und Boll, Polizeiunterwachtmeister Birkner, Plaul, Carstens, Stuht, Thiele, von Ahlen, Prahm, Nitzbon, Grünwoldt, Buhr, Behn, Cartal, Graichen, Sterl.
Am 17. Juli 1932 um 17.10 Uhr ausgerückt nach Altona mit Ziel Schauenburgerstraße, Ecke Unzerstraße zur Unterstützung der preußischen Schutzpolizei, bewaffnet mit Gewehren.

Das sind sie also, dachte Klara, die Namen der Mörder, die in den Straßen der Kommune ein Blutbad angerichtet haben.

»Schreib's dir ab«, sagte Weber.

»Wir bleiben besser beim Sie«, sagte Klara, »damit kein falscher Eindruck entsteht.«

»Wie auch immer«, brummte Weber und stapfte mit schweren Schritten hinter ihr her ins Zimmer.
Klara kopierte eilig, was auf dem Zettel stand. Dann drehte sie sich um und hielt Weber das Papier hin. Der Inspektor stand da und starrte nachdenklich auf das ungemachte Bett.
»Was übrigens dieses Mädchen betrifft«, sagte er zögernd, »Elly Heise ... die ist mit Vorsicht zu genießen.«
»Was wollen Sie mir damit sagen? Dass sie eine Diebin ist?«, fragte Klara ungehalten.
Er nahm ihr den Zettel ab und steckte ihn ein. »Das ist es nicht...«
»Sondern?«
Weber schob sich verlegen die Mütze in den Nacken und zog sie wieder in die Stirn. »Etwas anderes...«
»Sie ist ein Flittchen, das weiß ich selbst.«
»Das meine ich nicht.«
»Also?« Klara verschränkte die Arme.
»Nimm dich vor ihr in Acht, Genossin, mehr kann ich dazu nicht sagen.«
»Gehen Sie jetzt!«, sagte Klara barsch.
Sie warf die Tür hinter ihm zu und begann das Zimmer aufzuräumen, um ihre Nervosität loszuwerden.

(Genosse Schubart, Parteifunktionär, Büro der KPD Altona, Große Bergstraße 69)
Der Blutsonntag war Teil eines hundsgemeinen Terrorplans der Nazibande. Kaum durften die ihre Uniformen wieder öffentlich zeigen, haben sie losgeschlagen. Und die Sozialfaschisten haben sie fleißig unterstützt. Antifaschistische Aktion? Was heißt das schon, Genossin, wenn die SPD-Arbeiter mit uns Seite an Seite stehen und gleichzeitig ihre Führer mit den Nazis gemeinsame Sa-

che machen? Bester Beweis ist die Genehmigung des Marsches und der Aufruf an die Sozialdemokraten, sich rauszuhalten, bester Beweis ist das Kneifen des Polizeipräsidenten und seines Stellvertreters und das mickrige Polizeiaufgebot zur Sicherung des Zuges!

Was? Ich schreie nicht! Wenn das ein Gerät aus Sowjetrussland ist, dann wird es ja wohl die kräftige Stimme eines deutschen Proleten aushalten ... Ist mir egal, ob ich verzerrt klinge ... Hör zu: Am 8. Juli marschieren SA und SS mit 1 500 Mann durch Bahrenfeld, reißen Transparente der Volkszeitung runter, und verprügeln einen Genossen, bis er blutüberströmt zusammenbricht; am 10. Juli überfallen sie das Gewerkschaftshaus in Eckernförde und bringen zwei Landarbeiter um; am 11. Juli ziehen über tausend durch Ottensen, prügeln die Straße frei, werfen Fensterscheiben ein, schießen scharf; am 12. Juli werfen sie die Leiche des Genossen Adolph Bauer in einen Wassergraben in Dithmarschen; am 13. Juli genehmigt SPD-Eggerstedt den Nazimarsch durch unser Viertel und geht auf Wahlkampfreise, nicht ohne vorher seinem Stellvertreter Urlaub zu geben! Und da soll ich nicht an Zusammenhänge glauben? Da soll ich nicht auf die Idee kommen, dass die Sozialfaschisten die SA hier reinschicken, damit sie für sie die Drecksarbeit erledigt? Nein? Und wem untersteht die Polizei in Altona und Hamburg, die Seite an Seite mit den Nazis die Arbeiter massakriert? Na?

Ich rede von den Führern. Natürlich standen wir hier mit den sozialdemokratischen Arbeitern Seite an Seite. Antifaschistische Aktion und Häuserschutzstaffeln, klar. So hat es auch sein Gutes gehabt, denn viele sind jetzt zu uns gekommen.

Was soll das heißen? Wie es überhaupt passieren konnte? Wir haben die doch gebührend empfangen! Zwei von denen blieben auf der Straße liegen, und ein paar andere hat es auch ganz nett erwischt! Wir haben den Zug gesprengt! Der hintere Teil musste vorzeitig nach Hause traben. Die sind hier nicht durchgekommen. Und wenn die Mordpolizei aus Hamburg nicht reingegangen wäre, hätten wir die andern auch noch verjagt.

Eine Strategie hatten wir sehr wohl. RFB und Rote Marine standen bereit. Wenn das nicht so gewesen wäre, was glaubst du wohl...
Von F-Gruppen weiß ich nichts. Da werde ich auch schön den Mund halten. Frag den technischen Leiter. Aber der hält besser die Klappe. Außerdem haben die anderen zuerst geschossen...
Na und? Was willst du denn? Natürlich sprechen wir zwei Sprachen, besser noch drei. Nach außen, nach innen und die Wahrheit gibt es vielleicht auch noch irgendwo. Die Genossen verstehen das sehr gut.
Mag ja sein, dass eine Dokumentation die bürgerliche Presse beeindruckt. Vielleicht gehen dann auch einige Sozialdemokraten mehr in Sack und Asche. Aber was soll das für unseren Kampf nützen? Soll die SPD sich doch zerreiben zwischen den Fronten! Am Schluss bleiben nur wir und die Faschisten, und wer da die Oberhand behält, ist klar, hinter uns steht dann die vereinte Proletenmacht! Aber jetzt den Führern der Sozialdemokratie die Hand reichen, dann könnten wir uns ja gleich selber Ketten anlegen.
Und die Toten? Was heißt Gerechtigkeit? Die schreiben wir Eggerstedt und Schönfelder aufs Konto. So gesehen sind die ja nicht umsonst gestorben.

In einer Seitenstraße nahe beim Schlachthof lag das Stammlokal der Sipo-Leute, die nach Feierabend hier zusammentrafen. Es war nicht schwer gewesen, das herauszufinden. Klara hatte eine Polizistenfrau vor der Kaserne abgepasst, die gerade ihrem Mann ein Stullenpaket bringen wollte. Verzweiflung heuchelnd fragte sie, wie sie ihren angeblichen Verlobten dingfest machen könnte, der ständig dienstliche Verpflichtungen vorschützte und sie vernachlässigte. Die Frau zischelte, es sei wirklich eine Schande, dass manche Polizistenfrauen ihre Männer betrunken aus der Kneipe holen müssten und die Ordnungspolizei so wenig Ordnung unter ihren Beamten halte.

In der Gaststätte »Zur Hansekogge« setzte sie sich an den Tisch in der Fensternische neben der Eingangstür und bemühte sich, schüchtern zu wirken. Natürlich erregte sie Aufmerksamkeit, und der Wirt kam öfter an ihren Tisch, um ihn abzuwischen oder über die Gardine nach draußen zu spähen und zu fragen, ob denn alles recht sei. Die Anwesenden, größtenteils uniformierte Polizisten, warfen gelegentlich Blicke herüber, tuschelten und lachten, stellten Vermutungen an, was die Dame wohl hier wolle. Einer kündigte an, er würde bald mal rübergehen, wenn sie noch länger »so schutzlos ihrem traurigen Schicksal ausgeliefert« sei. Dennoch wagte es keiner. Vielleicht lag es an den zahllosen Zigaretten, die sie in Rauch aufgehen ließ. Nach einiger Zeit sah sich der Wirt veranlasst zu fragen, ob es einen besonderen Grund für ihre Anwesenheit gäbe.

»Ich bin hier, um meinen Verlobten abzuholen«, erklärte Klara schnippisch.

»Darf man fragen, wie er heißt?«

»Nein, darf man nicht.«

»Wer weiß, ob er kommt.«

»Da bin ich sicher. Er gehört zur Truppe von Herrn Oberleutnant Kosa. Und wie ich gehört habe, verkehren diese Herren nach Dienstschluss hier.«

Der Wirt nickte bestätigend, dass Oberleutnant Kosa als Stammgast bekannt sei, und entfernte sich wieder.

Wenig später trampeln sie herein. Straffe Uniformen, glänzende Stiefel, stramme Gurte, Tschakos mit blitzendem Stern. Es herrscht ein militärischer Ton. Kaum sitzen sie, werden auch schon die Bierkrüge auf dem Tisch abgestellt. Kollegiales Anstoßen, knappes »Zum Wohl«, und schon rinnt der Gerstensaft die Kehlen hinunter. Es darf gerülpst werden, wer's nötig hat, wischt sich den Schaum mit dem Handrücken vom Mund. Gedämpfte Unterhaltung, mehr Bier, und einer holt das Kartenspiel aus der Brusttasche. Nun werden die Tschakos abgesetzt, der Jüngste sammelt sie ein und hängt sie an die Haken über der Eckbank. Sie sind zu viert, da geht Skat, und wer aussetzt, kümmert sich um die nächste Runde Bier.

Sieh ihn dir an, Klara. Der in der Mitte, dem sie alle nach dem Mund reden, den sie anschauen, wenn sie etwas sagen, bei dem sie immer nicken, wenn er etwas von sich gibt, der nur kurz die Hand heben muss, und schon eilt der Wirt herbei, das ist er.

Oberleutnant Kosa, Franz mit Vornamen, aber nur von dem direkt neben ihm sitzenden älteren Kameraden so genannt. Herr Oberleutnant für die anderen. So sieht ein Mörder aus, einer, der seine Stammkneipe sinnigerweise nahe am Schlachthof hat, einer, der den Befehl zum Schießen gibt und damit meint: Feuer frei auf alles, was sich bewegt, und was sich nicht bewegt, wird auch erschossen. Zivilisten gibt es nicht im Herrschaftsgebiet der Kommune, hier ist jeder ein Staatsfeind und als solcher vogelfrei. Es ist deine verdammte Pflicht als deutscher Soldat, die Feinde des Vaterlands niederzumetzeln, und das sind die Roten genauso wie die arbeitslosen Schmarotzer und bolschewistisch-jüdischen Verschwörer. Du siehst es ihm an, dass er so denkt, diesem ehemaligen Soldaten unter der schwarz-weiß-roten Fahne, diesem Freikorps-Brigadisten unterm Stahlhelm, dem deutschnationalen Offizier. Seltsamerweise mit slawischen Zügen, hervortretenden Wangenknochen, schmalen, auseinanderstehenden Augen, dünnen Brauen, flacher Nase, kräftigem Kinn und kurz geschnittenen, drahtigen aschblonden Haaren. Aber eine herrische Körperhaltung, immer aufrecht, immer viel Raum einnehmend, massige Beine, breit gestellt, die fleischigen Hände aufgestützt, wenn sie nicht gerade die Karten halten. Und wenn er nach hinten geht, um das Bier wieder loszuwerden, das er in sich hineinschüttet, wenn er über den Holzboden trampelt im Rhythmus einer nicht anwesenden Marschkapelle, dann will man meinen, jeder Schritt soll ein Tritt ins Gesicht der Feinde sein.

Und der Feind bin ich, dachte Klara und bestellte sich endlich, nach zwei Tassen dünnem Kaffee, ein Bier. Weil sie es ohne nicht mehr aushielt, diese Söldner der staatlichen Ordnung anzusehen.

Der Oberleutnant jedenfalls war in Altona dabei, er gab das Kommando. Ihn sollte man richten, damit er nicht noch mehr Unheil verursacht, man sollte ihn hängen. Oder ihn den revolutionären Massen übergeben, wenn sie nach der Macht greifen und das korrupte Regime mit seinen mörderischen Handlangern hinwegfegen. Aber wann wird das sein, wohin verirren sich deine Gedanken, Klara, wieso bist du so blutrünstig? Gleiches mit Gleichem vergelten? Ist das dein Verständnis von Gerechtigkeit? Willst du billige Rache? Aus Sehnsucht nach Erlösung von allem Übel, und vergib uns, dass wir dafür sündigen müssen, wir wollen doch nur, dass den Gerechten der Himmel auf Erden beschert wird, und da stehen diese Kanaillen im Weg. Und nicht nur das, sie heben ihre Karabiner und schießen uns tot!

So geht es nicht, Klara, blinde Wut im Sommerkleidchen, du machst dich lächerlich.

Sie sprang auf, eilte zum Tresen, beinahe taumelte sie. Zahlte hastig ihre Zeche beim Wirt, der milde brummend feststellte: »Das ist doch keine Art, Fräulein, in einer Kneipe wartet man fast immer vergebens. Und es ist kein Ort für eine wie Sie …« Obwohl er sich schon gewundert hatte, beim Blick auf den arg gefüllten Aschenbecher.

Klara musste an die frische Luft.

Aber da steht ihr der Leutnant im Weg, nur ganz zufällig, er geht zum Tisch zurück. Mit Koppel, Gürtel, Schnalle, Tressen, Kragenspiegel, blinkenden Knöpfen und der Uniform in militärischem Schnitt. Darüber das in der hereinbrechenden Dämmerung geisterhaft wirkende kantige Gesicht dieses Le-

gionärs, bestimmt, das Sklavenheer in Schach zu halten ...
Schau ihn an, schau ihm ins Gesicht, vergiss es nicht, der
Tag der Abrechnung wird kommen!

Es gelang ihr nicht, ihm ins Gesicht zu sehen. Oberleutnant Kosa trat zur Seite, machte ihr den Weg frei. »Hübsches
Kleid«, sagte er mit rauer Stimme: »Wohin so eilig, wo
fehlt's denn?«

Er sieht dir die Panik an, und es ist mit einem Mal sehr
schwer geworden, hier drinnen zu atmen. An seinem Tisch
lachten sie zustimmend. »Hier herüber, Fräulein!«, rief einer.
Noch mehr Gelächter. Nur einer lachte nicht, der junge Kerl,
der nicht auf der Bank, sondern leicht abgerückt vom Tisch
auf einem Stuhl saß.

Die Eingangstür wurde aufgestoßen, und drei weitere Uniformen trampelten ins Lokal, verstellten Klara den Weg. Mit
ihnen drang ein ekelerregender Gestank herein, vermischte
sich mit Rauch und Bierdunst. Klara musste würgen, vor allem aber musste sie hier raus. Sie drängte sich an den Uniformen vorbei, hörte nachsichtiges Lachen und kam draußen
in der schmalen Straße mit den hohen Häusern an, durch die
ein warmer Sommerwind die grässlichen Dämpfe wehte.

Nur weg hier! Klara stolperte bis zur nächsten Ecke, und mit
Krämpfen im Bauch und kehligem Husten spuckte sie das
Bier aus, das sie im Quartier der Mörderbande getrunken hatte. Ihr eigenes Röcheln und Japsen klang fremd in ihren Ohren. Dann zuckte sie zusammen, als eine Uniform neben ihr
auftauchte und ein Arm sich um ihre Schultern legte.

»Das ist der Gestank der Abdeckerei«, sagte der junge Polizist. »Wirklich ekelhaft.«

»Ja.«

»Sie haben ein hübsches Kleid an.«

»Was?«

»Das Kleid ...«

»Ach ...«

»Keine Angst, es ist nicht schmutzig geworden.«

(Herr Söller, Rentner, wohnhaft Große Johannisstraße 9)
Zwanzig Minuten vor fünf kam der Zug um die Ecke, ich hab auf die Uhr geschaut, weil ich mal sehen wollte, wie lange die brauchen. Das war nur so eine Idee. Der erste Teil des Zugs marschierte ordentlich vorbei, dann kam die Kapelle. Natürlich haben die Leute am Straßenrand ihnen nicht zugejubelt, aber sie kamen ohne Schwierigkeiten durch. Als die schon in die Schauenburgerstraße abgebogen waren, ging's erst los. Dann kamen nämlich die Altonaer Stürme, die kannte man, viele sogar persönlich, manche wohnen ja hier oder in der Umgebung. Die grölten ihre Lieder, vom Judenblut und wer alles aufgehängt gehört. Und die Zuschauer machten den Weg enger und brüllten zurück: »Nieder, nieder!« Sangen auch zum Teil die Internationale. Dann flogen ein paar Flaschen, und auf einmal hieß es: »Ausschwärmen!« Der Befehl kam von einem Truppführer aus dem 1. Sturm. Daraufhin schnallten die SA-Leute ihre Riemen ab und prügelten auf die Zuschauer ein, mit Metallhaken und Fäusten, und was sie sonst noch hatten. Eisenstangen, hieß es später, Totschläger. Jedenfalls schafften sie es, die Straße frei zu kriegen. Dann sind sie weiter in die Große Marienstraße rein und haben alle verjagt oder niedergeprügelt. Drei Pfiffe vom Anführer, und sie kehrten zurück, formierten sich neu auf der Kreuzung. Und da knallten die ersten Schüsse.

(Frau Keller, Wäscherin, Christianstraße 29)
Ich kam Sonntag früh von der Kirche, und da waren schon die Ersten da. Die saßen im Hinterhof und warteten. Wir Nachbarn kannten die Leute nicht. Nur wer zur Kommune gehörte, hat mal mit denen ein Wort gewechselt. Später haben ein paar Frauen, deren Männer in den Häuserschutzstaffeln sind, denen Brote ge-

*bracht und was zu trinken. Zwischendurch hat's geregnet, da sind
die in die Eingänge oder in die Toreinfahrten. Viele sind auch nass
geworden. Es waren nur ein paar Schauer ab und zu.*

*Waffen? Was meinen Sie mit Waffen? Revolver oder so hab ich
nicht gesehen. Aber gewundert hab ich mich auch nicht, dass da
hinten in einer Ecke ein ganzer Stapel Knüppel herumlag oder
durchgesägte Eisenrohre, die da sonst nicht waren.*

*Rote Marine? Kann sein, dass auch Seeleute dabei waren. Aber
wenn die zur Rotfront gehören, sind die doch eigentlich verboten,
nicht? Die Männer haben sich aber ganz manierlich benommen.*

(Herr Weinrich, Schlachtergeselle, Schauenburgerstraße)
*Ja, ich arbeite in der Schlachterei drüben an der Ecke, und ich
war auch dort. Stand vor unserem Schaufenster, hab auf Lissi gewartet, meine Freundin. Wir treffen uns immer da, sie kommt
vom Gählersplatz und ich von der Weidenstraße. Da trifft man
sich hier ganz gut. Wir wollten rüber nach St. Pauli ins Kino, aber
das ging dann ja nicht. Viertel vor fünf sollte sie hier sein,
aber da marschierte die Kolonne vorbei. Dann begann das ganze
Durcheinander. Mir ist ein Stein an den Kopf geflogen. Im Nebenhaus hat einer die Tür aufgemacht und mich reingelassen. Ich
hab dann hinterm Fenster gestanden, also nur so am Rand, falls
es zu Bruch geht, und geschaut, ob Lissi noch kommt. Zum Glück
war sie viel zu spät dran und kam nicht in dieses Gemetzel. Die
SA-Leute haben die Zuschauer in die Hinterhöfe gejagt. Da gab
es viele blutige Köpfe, und einige sind zu Boden gegangen, haben
sich wieder aufgerappelt und sind weitergerannt. Ich weiß ja, dass
mein Chef es mit den Nazis hält, aber am nächsten Tag hab ich
ihm gesagt, dass mir das ganz schön zugesetzt hat, wie die sich
benommen haben. Wer mit Karabinerhaken und Knüppeln auf
Frauen prügelt, ist doch kein Mensch!*

*Es war dann aber nach ein paar Minuten vorbei, da haben die
sich wieder ordentlich hingestellt auf der Kreuzung. Dann wurde
geschossen. Von zwei Seiten. Drüben vorm »Korkenzieher« hab
ich jemanden zielen sehen, mit einem Revolver. Wer das war, weiß*

ich nicht, will ich auch nicht wissen. Und ob er getroffen hat ... Aber wenig später schleppten sie den einen Mann in den Eingang unserer Schlachterei. Der ist hier gestorben ... Ich muss jetzt aber wieder an die Arbeit, entschuldigen Sie bitte.

Klara zu Hause am Schreibtisch, Zigarette im Mundwinkel, das rhythmische Tackern der Schreibmaschine, neben ihr das Magnetofon, weiterlaufen – stopp, weiterlaufen – stopp. Das Abtippen der Zeugenaussagen trieb ihr den Schweiß auf die Stirn, der Rauch der Zigarette die Tränen in die Augen. Gelegentlich hielt sie inne und dachte: Ist es nicht auch mal schön, den Fuß über das nackte Bein gleiten zu lassen?
Schwere Schritte auf der Treppe. Es klopfte an der Tür. Sie schaltete das Tonaufnahmegerät aus, breitete eine alte Ausgabe der *Volkszeitung* über die schon geschriebenen Protokolle und rief: »Herein!«
Sie stand auf.
»Guten Tag, Genossin!«
Weber. Meine antifaschistische Aktion, dachte sie und nickte knapp zur Begrüßung.
»Wie siehst du denn aus?«, fragte er mit ironischem Blick.
»Was ist denn?«
»Du trägst ein Kleid.«
»Na und? Es ist Sommer, es ist heiß.«
»Wohl wahr.« Er nahm die Mütze ab und fuhr sich mit dem Taschentuch übers verschwitzte schüttere Haar.
»Bist du weitergekommen?«, fragte er. Neugieriger Blick Richtung Schreibtisch.
»Ich hab den Oberleutnant gesehen.«
»Kosa? Hast du mit ihm gesprochen?«
»Ging nicht, mir ist vorher das Kotzen gekommen. Einer aus

seinem Trupp hat sich rührend um mich gekümmert. Behn.«

»Polizeiunterwachtmeister Behn.«

»Ein jüngerer.«

»Wo hast du sie ...«

»In ihrer Stammkneipe, nach Feierabend. ›Zur Hansekogge‹ heißt sie. Dort kann man sie besichtigen. Frei herumlaufende Raubtiere, Menschenfresser. Man sieht es seinen Leuten nicht unbedingt an, aber dem Oberleutnant schon. Dazu der Gestank der Abdeckerei, wie das zu ihnen passt!«

»Können wir uns nicht setzen? Ich bin schon den ganzen Tag auf den Beinen.«

Klara drückte die Kippe im Aschenbecher aus. »Es ist mir nicht recht, dass du mich hier besuchst.« Sie suchte nach dem Zigarettenetui.

»Immerhin sind wir schon beim Du«, stellte Weber fest.

»Aber bitte, gehen wir raus in ein Gasthaus.«

»Dann muss ich mich erst umziehen, ich kann doch nicht so ...«

»... als Frau verkleidet«, ergänzte Weber grinsend.

»Das Kleid ist nur geliehen, von einer Nachbarin, ich will es nicht schmutzig machen.«

»Dann setzen wir uns doch in die Küche. Wenn du Kosa gesehen hast, willst du vielleicht einiges über ihn wissen.«

Weber ging voran. Klara holte Zigarettenetui und Feuerzeug unter den Zeitungsblättern hervor und folgte ihm. Sie setzten sich.

»Ein Glas Wasser wäre mir angenehm«, sagte Weber.

Klara schenkte ihm eins ein.

»Kosa heißt auf polnisch Sense«, begann Weber, nachdem er das Glas in einem Zug geleert hatte.

»So?« Klara blies ihm den Rauch über den Tisch entgegen.

Weber holte seine Pfeife hervor, behielt sie aber in der Hand.

»Passt das nicht wie die Faust aufs Auge?«

»Wie die Kugel in den Kopf.«

»Er stammt aus Breslau, bürgerliche Familie, geboren 1898 ...«

»Kosa-Schokolade.«

»Bitte?«

»Süßwaren-Geschäfte. Gibt's hier nicht, aber da wo ich herkomme, schon.«

»Woher?«

Klara machte eine abweisende Geste. »Wie ein Süßwarenverkäufer sah er nicht aus, eher wie ein Schlachtermeister ...«

»Trat 1915 in die Kaiserliche Marine ein ...«

»Besoffen vom sogenannten Patriotismus wie alle!«

»... als Seekadett, erst Marineschule, dann Schulschiff ›Freya‹, ab Oktober 1915 bis März 1916 Linienschiff ›Lothringen‹, die übliche Beförderung zum Fähnrich nach einem Jahr, Einsatz auf dem Linienschiff ›Posen‹, Einsatz in Finnland, Norwegen und bei der Schlacht am Skagerrak. Schon 1917 Beförderung zum Leutnant. Mit dem Ende des Krieges verliert sich seine Spur für knapp zehn Jahre. Dann taucht er wieder bei der Hamburger Ordnungspolizei auf und wird zum Oberleutnant befördert ...«

»Und dazwischen die übliche Karriere blutgieriger Freikorps-Reaktionäre«, kommentierte Klara. »Direkter Weg in die Nazipartei.«

»Er ist kein Mitglied der NSDAP.«

»Dann eben ›Stahlhelm‹ oder eine sonstige Bande, davon hatten und haben wir ja genug.«

»Mag sein, aber ich kann ihn in dieser Hinsicht noch nicht einordnen.«

»Mir genügt, was ich weiß. Wenn einer unschuldige Menschen wie Vieh abknallen lässt ... blutgierig ... menschenverachtend und von barbarischem Hass getrieben!«

»Barbaren sind es nicht, Genossin, eher Soldaten, die nichts anderes kennen als das Töten.«

»Ist das nicht barbarisch? Ist es eine von diesen angeblichen soldatischen Tugenden, dass man auf wehrlose Personen anlegt, sie abschießt, aus dem Hinterhalt?«

»Nein.«

»Na bitte, aber genau das haben sie getan. Ich weigere mich, solche Dreckskerle als Menschen anzuerkennen.«

»Menschen als Tiere zu bezeichnen, ist die Sprache der Faschisten.«

»Gut. Wir wollen uns nicht mit den Feinden der Menschheit und der Menschlichkeit gemein machen. Aber verrate mir eins: Wie gehen wir mit ihnen um, Genosse Legalist? Lassen wir sie gewähren, aus Mangel an Beweisen?«

»Das darf nicht sein.«

»Bravo. Aber was darf denn sein?«

»Ich kann doch als Polizist nicht anders handeln als legal.«

»Und ich kann als Revolutionärin nicht anders handeln als illegal!«

»Wir müssen doch hier nicht die Debatten unserer Parteiführer wiederholen...«

»Nein, aber du wirst verstehen können, dass mein Vertrauen in die Polizei gering ist.«

»Ich bin Kriminalist und der Aufklärung verpflichtet. Und wenn ich genügend Beweise habe und einen Staatsanwalt finde, der das Verfahren eröffnet...«

»Das sind schon zu viele Wenns.«

»Beim ersten kannst du mir helfen, indem du mir deine Aufzeichnungen gibst.«

»Lieber wäre mir, ich könnte sie veröffentlichen.«

»Wo denn? In der VZ?«

Klara schwieg.

»Ich habe nichts dagegen«, fuhr Weber fort. »Aber es ist deine Pflicht, Beweismittel an die Behörden zu geben.«

»Ist es das?«

»Gesetzlich vorgeschrieben.«

»Gesetze werden nicht mal von denen geachtet, die sie machen. Warum soll ich mich an sie halten?«

»Weil unser Land sonst vor die Hunde geht, weil die Bluthunde vom Schlag eines Franz Kosa dann über uns alle herfallen werden!«

Klara sah dem Rauch ihrer Zigarette zu, der dünn und gerade nach oben stieg, in einer Spirale hängen blieb und zerstob.

»Ich gebe dir die Durchschläge von dem, was ich abgeschrieben habe, später vielleicht mehr ... wenn du einen Staatsanwalt findest. Aber ich werde mich weiter um eine Veröffentlichung bemühen.«

»Gut.« Weber begann, seine Pfeife zu stopfen.

Klara stand auf, um sich selbst etwas aus der Wasserflasche auf der Anrichte einzuschenken.

»Das Kleid steht dir gut«, sagte Weber.

»Du wirst mich kein zweites Mal so sehen.«

»Schade.«

Klara wirbelte herum und fragte mit funkelnden Augen: »Warum müssen Frauen Röcke tragen und Männer Hosen?«

Weber zuckte mit den Schultern und riss ein Streichholz an.

»Mir ist es gleich«, sagte er.

»Würdest du da herkommen, wo ich herkomme, und wärst du dort als Mädchen groß geworden, würdest du anders sprechen. Ich hab nichts gegen dich, Genosse Weber, aber der graue Schnauzer da in deinem Gesicht, der erinnert mich an einen Bart, der mir mal zu nahe gekommen ist.«

»So?« Der Rauch aus Webers Pfeife stieg wie Sommerwölkchen zur Decke.

»Wenn wir gemeinsam kämpfen ... Hör zu, ich werde dieses Kleid doch noch einmal tragen. Ich werde mir diesen Wachtmeister Behn vorknöpfen. Er hat keinen Ring am Finger, er ist ein bisschen jünger als ich und fühlt sich in Gesellschaft einer Frau, bei der er den Kavalier spielen kann, wohler als unter seinen Kameraden, wie mir scheint. Vielleicht braucht er jemanden, dem er sich anvertrauen kann ... jemanden, der keinen Schnauzbart trägt.«

Die Wölkchen aus Webers Pfeife gerieten in Turbulenzen.

»Ein Zeuge aus den eigenen Reihen wäre natürlich großartig.«

(Mitglieder einer Häuserschutzstaffel, Gaststätte »Korkenzieher«, Große Johannis-/Große Marienstraße)
– *Wir haben nicht geschossen, und gesehen haben wir auch nichts. Wir standen im Hausflur oder im Torbogen im Hinterhof.*
– *Wir wissen nur, was man so hört. Einer soll mit einer Knarre hier vorm Lokal gestanden haben.*
– *Es waren mehrere.*
– *Woher willst du das wissen?*
– *Frag doch den Wirt.*
– *Es war eine F-Gruppe.*
– *Halt bloß den Mund.*
– *Das ist doch eine Genossin, oder?*
– *Halt trotzdem den Mund. Wir haben niemanden erkannt.*
– *Der Genosse von der Eisernen Front möchte nicht, dass wir über F-Gruppen reden. Das ist ihm peinlich.*
– *Die F-Gruppe der SPD, das ist das Überfallkommando.*
– *Hör doch auf. Was soll das! Ich stand vorne an der Straße mit vier anderen. Wir haben versucht, die Dreckskerle abzudrängen. Noch mal will ich das nicht erleben, die hatten Schaum vorm Mund, denen stand die Blutgier im Gesicht. Und besoffen waren sie auch. Ich hab den Totschläger im Nacken gespürt, das tut mir heute noch weh. Und wenn Kalle nicht mit dem Knüppel dazwischen wäre, säße ich jetzt nicht mit euch zusammen. So läuft das nämlich bei uns, Genossin, hier funktioniert die Einheitsfront! Das will ich mal dazu sagen. Und wer auch immer geschossen hat, meinen Segen hat er.*
– *Die Nazis haben zuerst geschossen. In die Marienstraße rein!*
– *Die hatten Pistolen dabei, und als das hier losging, holten sie die raus.*

– Wir haben sie zurückgeprügelt. Aber bei uns im Hof ist kein Schuss gefallen.

– Die kamen zurück auf die Kreuzung, und da haben sie sich versammelt, standen da wie die Hasen, und dann hat's geknallt und zwei blieben liegen. Daraufhin sind sie auseinandergesprengt und in Deckung gegangen.

– Da waren sie auf einmal ruhig.

– Der eine von den Toten hatte Munition in den Taschen.

– Ich dachte, es hätte schon vorher geknallt, als die ausgeschwärmt sind.

– Klar, Holzknüppel auf Holzkopf, das knallt auch.

– Wie viele Schützengruppen es waren? Mädchen, was stellst du für Fragen!

– Von der Ecke zur Christianstraße schossen sie scharf.

– Du warst nicht im Krieg, Genossin, Kreuzfeuer ist eine ganz fiese Sache.

– Halt mal den Mund, sonst kriegt das noch irgendjemand in den falschen Hals.

– Mein Hals könnte noch ein Bier vertragen. He, Wirtschaft!

(Herr Freese, Handwerker, SPD-Mitglied, wohnhaft Bürgerstraße 66)
An der Straßenkreuzung Große Johannisstraße und Große Marienstraße war von Polizeischutz nichts zu sehen. Ich ahnte schon, dass es an dieser Stelle zu Reibereien kommen würde, und blieb stehen, um die weitere Entwicklung zu beobachten. Die Lieder der SA wurden hier mit besonders kräftigen Niederrufen beantwortet. Plötzlich, als ein Teil des Zuges vorbeimarschiert war, schnallten einige hundert SA-Leute ihre Koppel ab und stürzten sich, nachdem sie die Riemen zusammengewickelt und als Schlagwaffe in die Hand genommen hatten, auf die Zivilisten, die links und rechts die Straße säumten.

Ohne Rücksicht wurde auf jeden Zivilisten eingehauen, ich selbst erhielt mehrere Schläge in den Rücken und bemerkte, dass sogar Frauen und Kinder, also alles, was sich auf der Straße aufhielt, niedergeschlagen wurde, sodass gleich Blut floss. Ich flüchtete mit mehreren anderen Leuten in einen Hausflur und beobachtete von dort die Situation weiter. Dann erst fielen Schüsse, nachdem die SA-Leute in geradezu bestialischer Weise auf das Publikum eingeschlagen hatten. Anschließend kamen einige berittene Polizisten, die ebenfalls schossen, worauf sich dann das Feuergefecht entwickelte.

(Herr Nitsch, Arbeiter, wohnhaft Unzerstraße 13)
Ich wollte mir den Zug ansehen, weil ich mit den Nationalsozialisten sympathisierte. Ein Werbemarsch war angekündigt, aber das war etwas anderes! Noch nie habe ich solche Schmutzigkeiten gesehen. Ich gehöre noch keiner Partei an. Theoretisch hatten die Nationalsozialisten mich fast überzeugt, aber praktisch haben sie heute bewiesen, dass sie nicht die richtige Partei für mich sind. Ich war entsetzt, als ich sah, dass die SA und SS wie blutrünstige Wilde marschierten. Fast jeder SA-Mann hatte eine Waffe in der Hand und ging blindlings in die Zuschauermenge hinein. Es war reiner Terror.

Kosa bedeutet Sense, dachte Klara, aber was heißt Behn? Ein Schnaps aus Eckernförde. Aber wie ein Doppelkorn sieht der hier nicht aus.
Sie saßen in einem Café am Alsterufer. Auf dem Wasser Segelboote, Ruderboote, ein fröhliches Treiben. Unwirklich, wie in einem Bilderbuch für Kinder: Keine Angst, alles ist gut, und wer's nicht glaubt, der blättert um auf die andere Seite, aber die ist gerade herausgerissen worden, nur eitel Sonnenschein und Sonntagssommerfrischler unter der Spätsommersonne, angeglitzert vom quirlig plätschernden Wasser.
Sie waren mit einem Ruderboot auf dem Wasser gewesen und

saßen nun bei Kaffee und Kuchen. Was bist du jetzt, Klara, eine Mata Hari des Proletariats? Spionin im Dienst der Revolution? Oder nur ein Spitzel, geschickt von einem sozialdemokratischen Schnauzbart, der dir das Blaue vom Himmel erzählt hat von wegen Aufklärung und Anklage und Menschlichkeit.

Sie hatte sich Polizeiunterwachtmeister Behn gegenüber als Kollegin ausgegeben. Das war ihr im letzten Moment eingefallen, denn auf die Frage, was sie denn so tue, hatte sie sich gar nicht vorbereitet. Was für ein Leichtsinn. Aber dann war da die Erinnerung hochgekommen an ein Erlebnis im Frühjahr, als sie über die Auflösung der Weiblichen Kriminalpolizei in Hamburg berichtet hatte. Und warum sollte sie keine Beamtin sein? Einen Ausweis würde er wohl kaum sehen wollen.

Es war übrigens ganz leicht gewesen. Der Wirt in der »Hansekogge« wusste, wann die Herren von der Sipo üblicherweise auftauchten. Und als sie hinkam, saß als erster und einziger der junge Wachtmeister Behn am Tisch. Sie bedankte sich herzlich dafür, dass er sie neulich, als ihr plötzlich unpässlich geworden war, bis zur Straßenbahn gebracht hatte. Ob es ihr nun besser ginge.

Oh ja, jetzt sei sie wieder gesund, zumal sie sich vor allem eines vom Hals geschafft habe, nämlich den Grund für ihr Unwohlsein.

»Nanu?«, fragte der Polizist, »geht das denn so einfach?«
Und Klara schaute ihn mit wehmütigem Lächeln an: »Er war halt ein Schuft und wegen so einem soll man nicht an Gram sterben, nicht wahr?«

Nach einigem unschuldigen Geplänkel, als die Kameraden eintrafen, stand Behn auf und bot an, sie auch diesmal wieder, »aber nur zur Gesellschaft«, zur Tram zu bringen.

Sie hatte sich schüchtern bei ihm eingehängt, und zum Abschied hatten sie sich dann auf ein sonntägliches Kaffeetrinken verabredet.

Im Ruderboot hatte sie ihm dann »gestanden«, dass sie ja gewissermaßen Kollegen seien, wenngleich sie sich jetzt, nach Auflösung der WKP, eher im Bürodienst des Stadthauses langweile, wohingegen er sicherlich Aufregenderes in den Großstadtstraßen erlebe.

So hatte sie sich langsam an das Thema herangetastet und schnell gemerkt, dass dieser schüchterne Polizeiunterwachtmeister gar nicht glücklich war mit seinem Posten und der dazugehörenden Tätigkeit.

Für sich selbst erfand sie einen beeindruckenden Lebenslauf, der sie als Lehrertochter aus der Provinz zunächst nach Braunschweig in den Wohlfahrtsdienst und später zur Weiblichen Polizei nach Hamburg gebracht hatte. Ihre schwärmerischen Reformideen gefielen dem jungen Polizisten, der allen Ernstes glaubte, man könne diese Gesellschaft befrieden, indem man allen gut zuredete.

Wie lange man doch über Nichtigkeiten und dumme Ideen schwätzen kann, wenn man ein Ziel verfolgt, dachte Klara zwischendurch.

Als der Abend anbrach, war PUW Behn durchaus bereit, ein kleines Bier in einem Gartenlokal zu trinken. Klara bestand darauf, es am Tresen zu besorgen und tat so, als hätte sie versehentlich zu große Gläser bekommen. Und dass sie seinem den besagten Korn beigemengt hatte, verschwieg sie selbstverständlich.

Behn, der, nachdem das Glas zur Neige gegangen war, offenbar glaubte, er sei derjenige, der eine Strategie verfolge, bot sich an, ein zweites zu organisieren und machte sich den Spaß, trotz Klaras gespielten Protesten, mit ebenso großen Humpen zurückzukehren. Bestimmt verfolgte er nicht den Plan, sie zu verführen, vielmehr wollte er sie für sich gewinnen, denn ihre schwarzen widerspenstigen Locken und die vor Intelligenz sprühenden Augen beeindruckten ihn genauso wie die sanfte Stirn, der energische Mund (heute mit Lippenstift), die gerade geschnittene, durchaus feine Nase und das wunderbare Sommerkleid, dass ihre Schultern vorteilhaft zur Geltung brachte.

Nach dem zweiten Glas war er schon betrunken.

Sie saßen am Rand, ein Stück entfernt von den Lichtergirlanden, niemand konnte sie beobachten oder mithören. Mit ein paar unschuldigen Fragen bezüglich des Berufsalltags und dank ihrer Hand auf seinem Unterarm gelang es Klara, ihn zum Reden zu bringen.

Es ist nicht schwer, einen Unglücklichen auszuhorchen, und Polizeiunterwachtmeister Behn war unglücklich. Wie gut, dass er eine verständnisvolle Kollegin gefunden hatte.

Oftmals habe er den Eindruck, er sei der Einzige, der noch an Rechtmäßigkeit und Verhältnismäßigkeit interessiert sei in ihrem Beruf. Der Einzige, der noch so halbwegs an »unseren Staat« glaube, sei er jedenfalls, dabei »ist es doch ein großer Fortschritt für uns alle, dass das Volk über die Regierung bestimmen darf«. Nur seine Kameraden, die diesen Volksstaat doch verteidigen sollten, würden ihn gering schätzen, ja sogar ablehnen. Ehrlich gesagt, seien sie fast alle der Meinung, man müsse die jetzige Staatsgewalt bekämpfen und durch eine andere ersetzen. Ein starkes Volk brauche einen starken Staat, und der sei nur mit einem starken Mann an der Spitze zu haben, aber stärker als Hindenburg müsse er schon sein, am besten wäre wieder ein Kaiser, aber wenn der nicht zu haben sei, dann eben eine Art Napoleon. Dabei seien sie keine Nazis, sondern die Wortführer hielten große Stücke auf ihre militärische Vergangenheit, und die müsse man schon haben, wenn man in der Polizei Eindruck schinden wolle, so wie der Oberleutnant, von dem man sich sehr gut denken könnte, dass er nicht nur mit den Oberen in der Behörde, sondern auch mit ganz anderen starken Kräften außerhalb in gutem Kontakt stehe.

»Welcher Oberleutnant denn?«, fragte Klara.

»Unser Kommandant, Oberleutnant Kosa. Der ist aus hartem Holz geschnitzt.«

»War das nicht dieser stattliche Mann in der ›Hansekogge‹?«
»Stattlich? Mag sein.« Behn verzog das Gesicht. »Aber vor allem hartes Holz, unnachgiebig und unerbittlich.«

»Muss man das nicht sein, bei der Sipo, wenn's hart auf hart geht gegen die Staatsfeinde, so wie im letzten Monat in Altona, bei dem kommunistischen Überfall auf den Nazi-Umzug?«

»Das war...« Behn wurde still. Dann begann er wieder: »Das war ... wir waren mitten drin ... es war ... wir hatten Befehle ... nichts dem Zufall zu überlassen ... es war kein normaler Einsatz ... der Oberleutnant hatte schon darauf gewartet: ›Wenn es eine Provokation gibt, dann gehen wir da rein, und dann gibt es keine Rücksicht, dann wird dort aufgeräumt in diesem bolschewistischen Drecknest, wir machen kurzen Prozess mit dem Abschaum! Das sind allesamt keine Menschen, bestenfalls Untermenschen ... Pest und Cholera in einem für die deutsche Nation ... Die bloße Existenz dieser Menschen in unserer Mitte bedeutete Krieg, ein Krieg, der von Moskau ausgeht, ein Krieg, der mitten hineinzielt ins Herz des deutschen Volkes ... Das ist nichts weiter als lumpenproletarisches Zigeunerpack, wertloser Dreck, der wie Unrat verrottet und stinkt, Ratten, die uns ihr Siechtum aufzwingen wollen!‹«

So hätte er geredet vor dem Einsatz. Und da die Beamten ohnehin unzufrieden waren mit den rechtsstaatlichen Beschränkungen, die ihnen von der sozialdemokratischen Polizeiführung auferlegt wurden, hatten sie begeistert zugestimmt. Gerufen, geschrien, applaudiert. Und Schnaps hatte es gegeben. Was sonst nie der Fall gewesen war. Und er, Behn, musste mitsaufen, sonst wäre er unten durch gewesen. Dann kam der Einsatzbefehl: Ausrücken mit Gewehren zur Schauenburgerstraße, Ecke Unzerstraße, kommunistischer Aufruhr, Dachschützenüberfall auf SA-Zug, Feuergefechte mit der Polizei, dringende Unterstützung der preußischen Schutzpolizei angefordert, Straßen säubern, Gewalttäter und verdächtige Personen festnehmen, vor allem Straße säubern … mit allen Mitteln!

»Mit allen Mitteln! Keine Rücksicht, Männer! Dies ist ein Aufstand gegen die Staatsgewalt, und ihr wisst, was das heißt! Antreten! Gewehr bei Fuß! Gewehr aufnehmen! Legt an! Und schießt! Ihr seid in Feindesland, da gibt es keine Unschuldigen, kapiert? Und jetzt rauf auf den Wagen!« Mit gequältem Gesicht imitierte Behn die Stimme von Oberleutnant Kosa. Und dann war er mit einem Mal mitten drin gewesen im Gemetzel. Und hatte blind geschossen vor lauter Angst, denn überall lauerten die Kommunisten und hatten es auf ihn und seine Kameraden abgesehen. In drei Gruppen verteilte sich das Kommando Kosa und begann mit dem systematischen Beschuss der Straßen. Die anderen gingen kaltblütig zu Werke, und er bemühte sich, es ihnen gleichzutun. Was sich bewegte, wurde unter Beschuss genommen.

»Und vielleicht war es ja richtig gewesen, die Polizei behielt die Oberhand, der Aufstand wurde niedergeschlagen … Aber es gab sechzehn Tote … und wie viele davon habe ich erschossen? Vielleicht nur einen oder eine Frau … und ich weiß nicht einmal, wen.« Mehr konnte Polizeiunterwachtmeister Behn nicht dazu sagen, nur noch wirre Gedanken über Schuld und Sühne stammeln und beteuern, dass er nicht als Mensch, sondern nur als Staatsbeamter so gehandelt habe.

Sie waren besoffen gewesen, dachte Klara grimmig, da sieht man, dass dieser Behn doch etwas mit Schnaps zu tun hat, auch wenn er nicht aus Eckernförde kommt.

»Was glauben Sie, Fräulein Schindler, bin ich ein schlechter Mensch?«

»Idiot!« Zornig sprang sie auf und verließ das Gartenlokal.

Damit meinte sie sich selbst. Was wäre es für ein Erfolg gewesen, wenn sie diese Aussage auf dem Magnetofon festgehalten hätte. Aber das stand ja zu Hause.

Noch einmal wird dieser Jammerlappen dir nicht beichten, es war nutzlos, das ganze Spiel.

In ihrer Wohnung angekommen, setzte sie sich trotzdem hin und schrieb ein Gedächtnisprotokoll, notierte peinlich genau Datum, Ort und Uhrzeit.

Das war's, dachte sie befriedigt, als sie im Morgengrauen zum Ende kam, mit dem bin ich fertig. Soll doch Weber, die alte Pfeife, sich das nächste Mal an ihm versuchen.

(Schuhmacher Reents, Große Johannisstraße)
Ich gehöre zu keiner Partei. Ich wohne an der Kreuzung und saß am Fenster. Der Zug marschierte mit Musik und singend. Ich hörte nur Teile: ›Judenblut‹ ... Aus der Menge heraus wurde darauf die Internationale gesungen. Rufe wie ›Rot Front‹, ›Heil Moskau‹ und Ähnliches. Aus dem Zug heraus hörte ich dann den Ruf ›Straße frei!‹ oder ›Straße säubern!‹. Hierauf löste sich der Zug auf und die uniformierten Zugteilnehmer schlugen mit den abgeschnallten Schulterriemen auf das Publikum ein. Das Publikum wurde weit in die Große Marienstraße getrieben. Als die Zugteilnehmer zurückkamen, fielen aus der Großen Marienstraße heraus Schüsse. Auf der Kreuzung sind einige vereinzelt stehende Männer zu Boden gegangen. Es wurde weitergeschossen, da habe ich mein Fenster geschlossen.

(Herr Laske, von Passanten auf der Unzerstraße als SA-Mann bezeichnet)
Warum sollte ich nichts dazu sagen wollen? Ich wohne hier, wenn mich einer anschnauzt, dann schnauze ich zurück. Ich bin mit dem 1. Sturm marschiert, das muss ich gar nicht leugnen. Ich gebe auch zu, dass ich in eine Schlägerei verwickelt wurde. Ich kam zu spät zur Straße zurück. Auf der Kreuzung war kaum noch jemand.

Mein Zug war weitermarschiert. Der 2. Sturm hatte Halt gemacht und blieb in Deckung. Ich suchte Schutz und sah, wie drei Männer an der Ecke standen, die Kameraden Koch und Büddig und noch einer, dessen Namen ich nicht kenne. Ich sah, dass Koch stürzte, ebenso der andere, der einen Schuss ins Kreuz bekommen hatte, aber der zappelte noch. Vor der Gastwirtschaft »Korkenzieher« standen drei Leute, wovon zwei einen Revolver oder eine Pistole in der Hand hatten und auf uns schossen. Wo Büddig gefallen ist, kann ich nicht sagen. Aber es wurden noch zwei Kameraden verletzt und sogar ein Mädchen von uns, also insgesamt fünf...
Wieso zurückgeschossen? Wir hatten doch gar keine Schusswaffen.

(Genosse Schwarz, Arbeitersamariter, KPD-Mitglied, wohnhaft Unzerstraße 64)
Auf einmal wurde ein Nationalsozialist hereingebracht. Hinterher kam noch ein Nazi in Uniform. Dann bin ich nach Hause gelaufen, habe meinen Verbandskasten geholt und meine Mütze aufgesetzt. Ich habe den Nazimann verbunden. Die Hilfeleistung war schwierig, weil wir von jeder Ecke beschossen wurden, aber nicht von den Nazis, sondern von der Polizei.

(Passanten und Passantinnen, Unzerstraße)
– Ich war wegen der Schießerei in das Haus Nummer 55 in der Großen Marienstraße geflüchtet und habe vom zweiten Stock aus die Ereignisse beobachtet. Von dort sah ich, wie zwei Nazis an der Ecke Große Marienstraße/Große Johannisstraße in Richtung Gählersplatz Schüsse aus Revolvern abgaben.
– Ich sah, wie Nationalsozialisten an beiden Ecken standen und in die Große Marienstraße feuerten.
– Ich habe einen Mann beobachtet, der auf die SA-Leute schoss. Ein Nazi schoss von der Kreuzung aus zurück.
– Ich habe gesehen, wie mehrere Nationalsozialisten geschossen haben, und zwar schossen sie die Unzerstraße hinunter.
– Es wurde von beiden Seiten geschossen.

(Wilhelms, arbeitsloser Matrose, Untermieter Christianstraße 10)

Ich stand im Torweg. Die Polizei tauchte erst auf, als die Toten schon auf der Straße lagen. Drei Beamte zu Pferde sprengten heran und ballerten in die Luft und in die Seitenstraßen, brüllten, man solle die Fenster schließen. Der Sturmbannführer von der SA kam aus der Deckung, hat ihnen die Toten gezeigt und erklärt, woher seiner Meinung nach die Schüsse gekommen waren. Da haben die Berittenen dann versucht, die Große Marienstraße abzusperren, was nicht so recht gelingen wollte. Dann hat ein Pferd anscheinend eine Kugel abgekriegt und scheute. Daraufhin sind die Polizisten durch die Johannisstraße zum Gählersplatz galoppiert.

(Genosse Heins, Lehrling, KJVD-Mitglied, wohnhaft Schauenburgerstraße)

Ich war mit Freunden unterwegs. Natürlich wollten wir uns den Umzug anschauen und denen klar machen, wer hier im Viertel das Sagen hat. Als die Genossen sich wehrten, sind viele von diesen Bauerntölpeln aus der Provinz in Panik geraten. Damit hatten die nicht gerechnet. Etliche machten kehrt, andere drängten noch nach vorn, und es entstand ein gewaltiges Durcheinander. In der engen Johannisstraße versagte ihre Angriffsstrategie der größeren Anzahl. Sie waren sich selbst im Weg und fielen übereinander. Und dann ist der Zug auseinandergebrochen. Der hintere Teil hat den direkten Weg über die Große Bergstraße zurück zum Bahnhof genommen.

Wir standen an der Ecke Schauenburger- und Bürgerstraße. Die Nazis, die auf der Kreuzung ins Schwitzen gekommen waren, nahmen in unsere Richtung Reißaus. Als sie im Laufschritt auf uns zukamen, sind wir schleunigst in unserem Eiskeller verschwunden. Durch ein knapp über dem Straßenniveau liegendes Fenster sahen wir die Flüchtenden vorbeihasten. Damit war die Angelegenheit eigentlich beendet, dachten wir, und es kehrt wieder Ruhe ein. Aber das Gegenteil war der Fall, jetzt ging es erst richtig los!

»Damit kann ich nichts anfangen«, hatte der Redakteur gesagt. »Ich kann nicht die Kulturseiten mit der Abschrift eines Gesprächs mit einem Polizisten füllen. Das hat da nichts verloren. Wenn es authentisch ist, muss es woanders hin … Wenn es ein Theatermonolog sein soll, und so liest sich das hier, warten wir auf die Aufführung und bringen eine Rezension … Wenn es als Erzählung gedacht ist, gibt es literarische Zeitschriften … Ein Dokument? Ja schön, aber was soll ich damit?«

Auch der Chefredakteur hatte abgewiegelt: »Wo sind die Personen oder wenigstens eine, die bezeugen kann, dass der Mann das so gesagt hat? Das hast du versäumt, Genossin. Wenn er leugnet, steht Aussage gegen Aussage, das bringt uns nachher nur Ärger, und wir machen uns lächerlich. Wieso hast du niemanden mitgenommen? Weil er dann nicht geredet hätte? So was kann man doch vorbereiten! Im Übrigen ist die Frage, ob wir uns in diesem Moment mit der sozialdemokratischen Polizeiführung anlegen sollen, wo es doch darum geht, einen Generalstreik zu organisieren. Mit einer so windigen Sache will ich kein neues Verbot riskieren, in dieser Situation, in der es darauf ankommt, die Kräfte zu bündeln, mit Agitation und Propaganda in die Offensive zu gehen, um den um sich greifenden Faschismus in seine Schranken zu verweisen. Es wird noch ganz andere Schlachten geben als die vom Blutsonntag. Was interessiert mich da die individuelle Schuld eines Wachtmeisters oder eines Leutnants? Die ganze Bande muss ausgerottet werden! Die Urteile in diesem Fall werden von den Arbeitermilizen gesprochen, die Blutschuld auf den Barrikaden abgerechnet!«

Auch Alfreds Nachricht aus dem Universum-Verlag war entmutigend gewesen: »Es werden keine Sonderdrucke mehr genehmigt. Die Partei hat Propaganda-Broschüren in Auftrag gegeben, die antifaschistische Einheitsfront hat im Augenblick Vorrang vor allem anderen ... Obwohl ich meine, dass deine Protokolle perfekte Propaganda sind im Sinne der Antifaschistischen Aktion, weil sie doch auch beweisen, dass die Polizeibehörde längst so weit unterwandert ist, dass die SPD keine Macht mehr hat und ihre legalistische Politik verfehlt ist, aber ...«

Klara rannte gegen Mauern. Es ging mal wieder um Strategie, nicht um Wahrheit. Spricht die Wahrheit keine deutliche Sprache? Muss man Mörder nicht anklagen? Brauchen die revolutionären Massen nicht ein Ziel, müssen sie nicht aufgepeitscht werden in ihrem Gerechtigkeitsstreben, und hilft es da nicht, wenn man die Namen der Verbrecher nennt, denen das Blut der Arbeiter an den Händen klebt?

Du kennst die Namen, du weißt, was sie getan haben, aber keiner hört dir zu. Deine Stimme ist zu leise, und du hast keine Macht, sie lauter tönen zu lassen. Ohnmächtig ist der Einzelmensch im Taumel der Weltgeschichte, und voller Schrecken muss er zusehen, wie alles, was geschieht, nicht so geschieht, wie es geschehen sollte.

Vor dem Polizeipräsidium von Altona in der Victoriastraße. Düstere Backsteinmauern, Erker, Türmchen, es ist vor allem eine Kaserne, und die, die da drinnen sitzen, sind jetzt Schergen der Notverordnungsregierung, und vorher waren sie Schergen der SPD-Regierung, die es für legal hält, das Volk mit Todesschüssen in Schach zu halten – wessen Schergen sie auch immer sind, sie bahnen dem Faschismus den Weg. Der Anführer der Mörderbande ist da drin.

Klara stand auf der anderen Straßenseite gegenüber dem Portal. Wie eine mittelalterliche Burg sieht diese Festung des Staates aus. Früher waren Burgen dazu gedacht, den Bürgern Schutz zu bieten vor den Raubrittern, doch nun sind es

Bastionen von Söldnertruppen, die das Bürgertum auf die Massen hetzt, um ihren Widerstand zu brechen.

Der Mörder ist da drin.

Weber hatte erwirkt, dass er vorgeladen wurde. Kein Verhör, ein freiwilliges Gespräch, mehr sei nicht möglich. Ein kollegiales Plaudern unter Polizisten etwa, nach dem Motto: Hat es Spaß gemacht, Kamerad Kosa, den Roten zu zeigen, wer die Macht im Staat hat, wem die Straße gehört und wer in den schmutzigen Gassen der Kommune in Wahrheit das Kommando führt? Hat es Spaß gemacht zu morden, Herr Oberleutnant, auf wehrlose Menschen zu schießen wie auf Vieh bei einer Treibjagd?

Nein, so wird er natürlich nicht mit ihm sprechen, aber wie sonst? Wie spricht ein Kriminalinspektor mit einem Mörder im Staatsdienst?

Nur kurz offenbar, denn da tritt der Mörder wieder ans Tageslicht. Er verlässt die Söldnerburg, hält kurz inne auf den Treppenstufen, zieht sich Handschuhe über, schwarze Handschuhe, obwohl es Sommer ist, als wollte er ganz sicher gehen, dass im Falle eines Falles, wenn unvermutet wieder Blut fließen sollte, seine Hände sauber bleiben.

Mit schwerem Stiefelschritt auf genagelten Sohlen marschierte er übers Pflaster, und Klara stellte sich ihm in den Weg. Statt eines Schildes trug sie ein Tonaufnahmegerät, statt eines Schwertes hielt sie ein Mikrofon in der Hand. Die heilige Johanna von Altona, hatte Kurt unbarmherzig gelästert, als er sie so ausgestattet sah.

Klara bat ihn um eine Stellungnahme zu den Vorkommnissen am 17. Juli.

Der Oberleutnant mit den slawischen Gesichtszügen, Kosa wie Sense, der Sensenmann der gemordeten Arbeiter von Altona in der Uniform der demokratischen Republik, blieb abrupt stehen und ragte stocksteif vor ihr auf, groß und breit, eine Statue der Unmenschlichkeit mit einem Blick voller

Verachtung und Herablassung und einer rauen Kommando-
stimme.

»Was wollen Sie?«

»Sie waren Befehlshaber eines Polizeikommandos am Blutsonntag in Altona…«

»Was ist das für ein Gerät?«

»Ein Tonaufnahmegerät, ich sammle Aussagen…«

»Wer sind Sie?«

Trotzig dachte Klara: Er soll wissen, wer ich bin, dein Feind!

Sie nannte ihren Namen und den ihrer Zeitung.

»Eine Kommunistin?« Hass blitzte auf in den schmalen Augen.

»Sie haben den Befehl gegeben zur Ermordung von dreizehn
unschuldigen Menschen.« Klara hatte genau gezählt, die
anderen drei Todesopfer gingen auf das Konto der Altonaer
Polizei.

Er starrte sie verblüfft an.

»Eine Frau in Hosen!«, bellte er. »Sind wir hier im Zirkus?«

»Sie sind ein Mörder, Herr Oberleutnant!«

Kosas massiger Kopf ruckte zur Seite, er starrte zur Back-
steinfassade des Präsidiums. Hatte man ihm dort drinnen das
Gleiche gesagt? Hatte Weber Farbe bekannt?

Der Kopf ruckte zurück. »Das ist lächerlich!«

Er machte einen Schritt zur Seite. Wieder stellte Klara sich in
den Weg.

»Weg da! Scher dich zum Teufel, Bolschewistin.« Er drängte
sie mit dem Ellbogen zur Seite.

»Sie sind ein Mörder!«

Die geballte Faust traf Klara an der Schläfe, sie stürzte zu Boden, noch im Fallen hielt sie das Magnetofon fest, um zu verhindern, dass es zerschellte … und prallte mit dem Kopf aufs
Pflaster.

Die Stiefel des Leutnants entfernten sich.

Als Weber neben ihr kniete, murmelte sie: »Deshalb also trägt
er Handschuhe.«

Weber half ihr auf. Es war nichts kaputt gegangen.
»Er ist einfach rausmarschiert und hat mich niedergeschlagen.«
»Er wird protegiert«, sagte Weber. »Da ist nichts zu machen.«

Am späten Abend, mit schmerzender, geschwollener Wange, stellte Klara das Magnetofon auf den Schreibtisch, drückte die Knöpfe für die Aufnahme und begann:
Mein Name ist Klara Schindler, ich werde einen Menschen töten. Vorsätzlich, aber nicht aus niedrigen Beweggründen, es ist meine Pflicht ...

(Genossinnen und Genossen aus SJV und KJVD über die Verhaftung von Bruno Tesch)
– An diesem Tag trafen wir uns vor unserem Eiskeller an der Ecke Schauenburgerstraße und Bürgerstraße. Bruno sagte, er wolle sich den Nazi-Zug ansehen, weil da bestimmt einige Bekannte aus dem Freiwilligen Arbeitsdienst, wo er beschäftigt war, dabei sind. Und natürlich, um zu zeigen, dass wir die braune Horde nicht stillschweigend durch unser Viertel lassen. Käthe und Ilse sind dann mit ihm in die Große Johannisstraße gegangen.
– Er hatte keine Angst, hat er nie, obwohl er ständig mit den Nazis aneinandergerät, auch weil er sich für die Schwächeren einsetzt. Er ist sehr groß und kräftig. Man kennt ihn, und alle wissen, dass er zur kommunistischen Jugend gehört. Die Nazis haben ihm schon öfter aufgelauert. Deshalb trug er auch die KJ-Kluft, um zu zeigen, dass er sich nicht einschüchtern lässt.
– Wir, also Ilse und ich, blieben dann ein paar Schritte zurück, und Bruno ging nach vorn an den Straßenrand. Da kam der SA-Sturm, in dem seine Kollegen mitliefen. Die waren aus Altona und wurden dementsprechend zornig empfangen.

– Einige von denen haben einen persönlichen Hass auf Bruno, weil sie oft den Kürzeren gezogen haben. Er stand vor dem Schuhhaus Meyer, einer hat auf ihn gezeigt, Otto Drube heißt er, und hat gerufen: »Der gehört auch zur Kommune!« Daraufhin haben sich zwei SA-Leute namens Ewers und Anderson auf ihn gestürzt. Es kam zum Handgemenge, und Bruno hat eine Wunde am Kopf davongetragen.

– Das war zu dem Zeitpunkt, als auch die anderen SA-Männer ausschwärmten, und dann fielen Schüsse, und alle gingen in Deckung. Da hat es wohl auch die beiden Nazis erwischt.

– Wir sind alle geflüchtet, Bruno auch, und zwar in die Schauenburgerstraße. Dort ist er gestürzt, direkt vor einem berittenen Schupo. Der hat ihn aufgefordert mitzukommen, zurück auf die Kreuzung. Da war jetzt ein zweiter Polizist, aber beide bekamen Angst, weil es knallte. Bruno lief über die Straße zum »Korkenzieher«.

– Er hatte den Kinderwagen bemerkt, der da mitten in der Schießerei stand, eine Frau mit zwei Kindern. Die hat er gerettet und in ein Haus getragen.

– Und jetzt heißt es, er hätte geschossen, deshalb wurde er zum zweiten Mal verhaftet.

– Die Nazis haben ihn angeschwärzt und Lügen erzählt, weil sie sich dafür rächen wollen, dass er sie früher mal fertiggemacht hat.

(Frau Plambeck, Anwohnerin, Mutter von zwei kleinen Kindern, über Bruno Teschs Verhaftung)
Ich stand wie gelähmt vor der Gaststätte »Korkenzieher«, es war ein unglaublicher Tumult. Ich wusste nicht wohin. Hinter mir wurde geschossen. Die Schupos waren völlig durcheinander und galoppierten davon. Der Junge kam über die Straße gerannt und nahm mir das Kind ab, das ich auf den Armen trug. Dann half er mir mit dem Kinderwagen und führte mich in ein Haus in der Großen Marienstraße. Dort blieben wir bei Nachbarn. Bei den Durchsuchungen durch die Polizei fiel er auf, weil er verletzt war,

und wurde verhaftet. Falls jemand behauptet, er sei einer der Schützen gewesen, sage ich, das kann nicht sein, er hatte keinen Revolver und hätte auch keine Zeit zum Schießen gehabt. Er war die ganze Zeit ruhig und besonnen.

»Wir fahren in die Hölle mit Pauken und Trompeten!«, sagte Kurt und griff nach seinem Glas. Die Schnapsflasche war schon deutlich leerer geworden und kam nicht aus Eckernförde, sondern aus Hamburg: Niebuhrs »Steife Brise«, ganz bestimmt nicht das Richtige für einen lauen Sommerabend. Aber was heißt schon lauer Sommerabend, wenn eine modrige Brise, gar nicht steif, sondern eher schlaff, in dein Zimmer weht und es so heiß ist, dass du die Fenster offen stehen lässt, damit es über Nacht abkühlt.
Kurt weigerte sich, Klaras Aufzeichnungen zu lesen. »Man schlägt sich gegenseitig die Köpfe ein, wie man es seit eh und je tut. Das soll mich interessieren? Ist es ein Drama von Schiller oder Shakespeare? Dann könntest du mich vielleicht überreden ... Verzeih, dass ich deine poetischen Fähigkeiten in Zweifel ziehe.«
»Ich bin nur eine Berichterstatterin«, sagte Klara. »Aber es ist ein Drama! Eine Menschheitstragödie!«
»Oho! Das deutsche Volk mit der Menschheit gleichzusetzen, ist doch sonst nicht deine Art ...« Er grinste unverschämt.
»Du weißt genau, wie ich das meine! Was wird denn, wenn wir verlieren?«
»Wer wir? Du meinst ihr!«
»Ich zähle dich dazu, Kurt. Das Volk, die arbeitende Klasse, die fortschrittlichen Kräfte, alle, die vernünftig denken können und für eine gerechte Zukunft eintreten ...«
»Nimm mich raus, Klara. Ich bin nur ein kleinbürgerlicher

Individualist, einer, der vom Sturm der Geschichte hinweg-
gefegt wird wie ein welkes Blatt...«

»Doch nicht im Sommer«, murmelte Klara resigniert.

»Vertrocknet schon im Sommer«, sagte Kurt und griff nach
der Flasche.

»Du säufst dich noch mal tot.«

»Jeder begeht auf seine eigene Art Selbstmord.«

»Ich nicht. Niemals!«

»Was denn sonst?« Kurt schenkte sich mit unsicherer Hand
das Glas halb voll und hielt ihr die Flasche hin.

Klara schüttelte den Kopf.

Er stellte die Flasche neben sich auf den Boden. »Du fragst
mich nach einer Schusswaffe. Du willst jemanden umbringen. Was ist das denn anderes als Selbstmord? Und wenn du
es überlebst, begraben sie dich lebenslänglich hinter Git-
tern.«

»Es müssten noch mehr aufstehen und so etwas tun, es
müsste ein Fanal sein zum Aufstand gegen die hereinbre-
chende Barbarei!«

»Du sagst mir, sie haben den Staat schon erobert, und die
angeblichen Demokraten kollaborieren. Woher nimmst du
deine Hoffnung, es könnte einen Aufstand geben? Wie viele Aufstände wurden denn schon zusammengeschossen...«

»Und es muss ein Ende haben. Wenn der Mensch, dem die
Aufgabe zugetragen wird, nicht handelt, wer denn sonst?«

»Man hat dir die Aufgabe zugetragen, jemanden zu erschießen?« Kurts Lächeln schwankte zwischen Ungläubigkeit und
Belustigung. »Wer denn?«

»Das...« Beinahe hätte sie »Schicksal« gesagt, besann sich
dann anders und sagte: »Die Notwendigkeit.«

Kurt lachte höhnisch. »Was?«

Klara sprang auf. »Wenn die Mörder durch die Straßen ziehen und im Namen des Staates das Volk zusammenschießen
und wenn niemand etwas dagegen tut oder tun kann, dann
ist das revolutionäre Individuum aufgerufen...«

»Seit wann gibt es denn ein revolutionäres Individuum, ich dachte, es müssen Massen sein…« Kurts Frage endete mit einem Würgen. Er sprang auf und stürzte ans Fenster, wo er sich lautstark übergab.

Klara schüttelte traurig den Kopf. »Das geht nicht so weiter mit dir«, sagte sie leise.

Aschfahl im Gesicht drehte Kurt sich um: »Ich muss mich ausruhen. Du erlaubst.« Jetzt auf einmal lallte er. Er taumelte auf ihr Bett zu.

»Ja, ja.«

»Aber vielleicht hast du recht«, sagte er, nachdem er sich hingelegt hatte. »Wenn wir schon in die Hölle fahren, dann sollten wir wenigstens diejenigen mitnehmen, die dort schon lange hingehören … ein Höllenfahrtskommando…«

Nach einigen Minuten des Schweigens war er eingeschlafen und atmete ruhig und gleichmäßig.

Der Schlaf des Ungerechten, dachte Klara, was für ein Glück für ihn. Und es ist doch so, dass die Gerechten schlecht schlafen. Den Seinen gibt's der Herr im Schlaf und der Herr ist der Teufel. »Gegen IHN müssen wir angehen«, hatte Kurt in einem seiner Theaterstücke einmal ausgerufen. »ER ist an allem schuld! Tötet IHN!« Damals, als ihm Worte genügten, um sich zu berauschen. »Das Wort ist die Axt, die Peitsche, die Pistolenkugel, die Bombe, die ins Gesicht der Kleingeistigen explodiert!« Kurts Kampfparole aus alten Tagen. Und nun lag er da, von Niebuhrs »Frischer Brise« gefällt. Unsere Zeit in der Hölle, das ist doch jetzt.

Klara setzte sich an den Schreibtisch und tippte ihre Protokolle in die Torpedo-Maschine. Ein paar Seiten würde sie vielleicht schaffen, bis wieder einer aus der Nachbarschaft brüllte, sie solle mit dem Lärm aufhören.

Doch so kam es nicht. Sie hörte Schritte im Hof und dann die Treppe heraufkommen.

Sie drehte sich um und horchte. Es klang nicht nach genagelten Stiefelsohlen. Die hätten ihren Weg nicht durch die

Gänge gefunden, ohne dass es Aufruhr gegeben hätte. Es waren keine Polizisten oder Braunhemden, die da die Treppe hochstiegen.

Die Tür ging auf, und Elly trat ein. Sie trug Hosen, ein Baumwollhemd mit aufgekrempelten Ärmeln, die blonden Haare unter die Mütze gesteckt.

Wie schön, dass du mich besuchen kommst, hätte Klara beinahe gesagt. Aber Elly ging ohne ein Wort auf sie zu und klammerte sich an sie. Sie zitterte. Aber kein Schluchzen, keine Tränen.

»Was ist?«

Eine eigenartige Umarmung, die seltsam unschlüssig anmutete. Tastende Hände auf Klaras Rücken.

»Was ist passiert?«

Elly ließ von ihr ab, trat zwei Schritte zurück, knöpfte sich das Hemd auf, entblößte zarte weiße Brüste, Rippen unter der fast durchsichtigen Haut und blutige Striemen. Sie zog das Hemd aus und ließ es zu Boden fallen, drehte sich um – blaue Flecken, Abschürfungen.

Klara stand auf, getrieben von einem selbstlosen wie gleichzeitig selbstsüchtigen Bedürfnis, das gepeinigte Mädchen zu streicheln, da zuckte Elly mit einem leisen Aufschrei zusammen, bückte sich und hob das Hemd auf. Sie hatte den auf dem Bett liegenden Kurt bemerkt.

Sie drehte sich um und schaute Klara vorwurfsvoll an.

»Aber ... ich wollte doch hier bleiben.«

»Der schläft nur seinen Rausch aus«, antwortete Klara verlegen.

Und war das jetzt beim Zuknöpfen des Hemdes eine zufällige Geste, oder hob das Mädchen kurz die Hemdzipfel, damit Klara noch einen kurzen Blick auf die verführerischen kleinen Brüste werfen konnte?

Klara griff nach ihren Zigaretten. »Was ist passiert?«, fragte sie rau und schnippte das Feuerzeug an.

»Das war der ... Vater...«, sagte Elly.

»Ich dachte, du gehst nicht mehr nach Haus.«

»Nein.«

»Du kannst zu mir kommen.«

Elly warf einen zweifelnden Blick auf das besetzte Bett.

»Der hat seine eigene Wohnung, drüben am Hamburger Berg.« Klara blies den Rauch der Zigarette in Richtung der sommersprossigen Hände, die jetzt die oberen Hemdknöpfe schlossen.

»Ich kann dich auch bei Nachbarn unterbringen.«

»Aber das ist doch...« Elly brach ab, als Klara warnend die Hand hob.

»Da kommt jemand!«

Leise Schritte auf der Treppe, sie näherten sich der Tür, und dann schien der, zu dem sie gehörten, stehen zu bleiben.

»Bist du allein gekommen?«, flüsterte Klara.

»Ich ... weiß nicht.«

Klara schüttelte vorwurfsvoll den Kopf.

»Was soll denn das!«, beschwerte sich Elly. »Ich hab doch nichts...«

Die Tür ging auf. Der Junge, der beim Sparcassen-Überfall dabei war, der Anführer.

»Paul«, stellte Klara fest.

Der Junge blieb in der offenen Tür stehen. Er hatte eine geschwollene Nase, Kratzer im Gesicht und ein blaues Auge, das sich schon grünlich-gelb verfärbt hatte.

»Warum bist du mir nachgelaufen?«, rief Elly.

»Was willst du denn hier?« Paul trat zwei Schritte vor und sah sich neugierig um. Er bemerkte Kurt auf dem Bett, was ihn aber nicht weiter irritierte.

»Hast du Elly verletzt?«, fragte Klara, »die Striemen auf dem Rücken?«

»Was?«, fragte Paul begriffsstutzig. »Quatsch. Hat sie das erzählt?«

»Lass mich in Ruhe, Paul!«, sagte Elly.

»Sie soll mit mir kommen«, wandte Paul sich an Klara.

»Das ist ihre Entscheidung«, sagte Klara.

»Ich bin ein Junge«, sagte Elly trotzig.

»Das stimmt nicht«, widersprach Paul.

»Immerhin trägt sie Hosen«, warf Klara ein.

»Die hab ich ihr besorgt, das ist eine Tarnung«, erklärte Paul ernst.

»Dachte ich mir schon.«

»Ihr redet über meinen Kopf hinweg«, sagte Elly anklagend.

Klara drückte ihre Zigarette aus. Ihr war eine Idee gekommen.

»Paul, du hast doch eine Pistole, stimmt's?«

»Was?«

»Einen Revolver. Ich weiß, dass du einen hast. Von dem SA-Mann in der Kleinen Freiheit.«

Paul warf Elly einen bösen Blick zu: »Verräterin!«

»Ich bin keine Verräterin!«

»Ich will ihn dir abkaufen«, sagte Klara.

»Was? Was soll denn der Quatsch?«

»Ich kaufe ihn dir ab.«

»Nee, den brauchen wir noch.«

»Dann leih ihn mir...«

Elly sah Klara neugierig an. »Was willst du denn damit?«

»Schießen.«

In diesem Augenblick richtete sich Kurt auf und schaute die drei verwirrt an.

»Komm jetzt mit«, sagte Paul. »Die hat ja einen im Bett.«

»Ich will aber nicht.« Elly begann, sich das Hemd in die Hose zu stecken.

»Ich hab 'ne Schachtel Pralinen geklemmt...«

»Pralinen?«

»Die kannst du haben.«

»Was ist denn hier los?«, fragte Kurt mit stierem Blick.

»Ich will sie alle«, sagte Elly.

»Meinetwegen.«

Elly ging zur Tür, Paul folgte ihr hinaus.

»Was war denn?«, fragte Kurt.
Klara griff nach dem Zigarettenetui. »Nichts. Ich habe gerade mein Herz an eine Schachtel Pralinen verloren.«
Sie schnippte das Feuerzeug an und hielt die Flamme so lange unter ihren Handballen, bis sie es nicht mehr aushielt.
»So leicht brennen Menschen nicht«, sagte Kurt und ließ sich zurückfallen.
»Hast du eine Ahnung.«

(Herr Eichberg, ehemaliger Polizeibeamter, in seiner Wohnung, Holsts Passage)
Dann kam die Sipo endlich ran. Die mussten den Zug vor dem Angriff der Roten schützen. Major Wendt und Leutnant Schieritz, die kenne ich noch. Die kamen erst zu Fuß und dann mit Einsatzfahrzeugen und Sonderwagen. Jetzt prasselte Schnellfeuer in die Große Marienstraße rein. Die wurde systematisch gesäubert. Dann kamen Schüsse zurück, da sind die in die Hauseingänge gegangen, um sich zu schützen und haben die Balkone und Dächer unter Beschuss genommen. Jede Menge rote Transparente sind in Fetzen gegangen. Kann nicht verhehlen, dass ich dabei klammheimliche Freude empfand.

(Genossin Krause, KJVD, wohnhaft Schauenburgerstraße)
Wir sahen aus Richtung der Kaserne in der Victoriastraße mehrere Mannschaftswagen der Polizei durch die Bürgerstraße auf uns zukommen. Ein Wagen hielt direkt vor unserem Fenster. Ein Polizist, an seiner silbernen Schuppenkette am Tschako habe ich gesehen, dass es ein Offizier war, wies einen anderen an, auf den Stufen eines Lebensmittelgeschäfts gegenüber Posten zu beziehen. Offensichtlich wollte man den Ort des Zusammenstoßes an der Johannisstraße einkreisen. Was wir dann aber aus unserem Eis-

keller heraus sahen, verschlug uns den Atem. Der Polizist auf den Stufen des Lebensmittelgeschäftes hatte den Karabiner angelegt und schoss immer wieder in Richtung der Kreuzung Johannisstraße, auf der wir noch Leute vermuteten. Wir hörten auch aus der weiteren Umgebung deutliches Gewehrfeuer.

(Frau Janssen, Hausfrau, wohnhaft Annenstraße)
Ich war auf dem Weg zu einer Bekannten, Frau Hoffmann. Sie hat ein Papiergeschäft in der Kleinen Freiheit, direkt gegenüber der Großen Marienstraße. Kurz bevor ich ankam, schoss die Polizei eine Salve durch die Große Marienstraße. Die Kugeln schlugen durch Tür und Fenster des Papiergeschäfts. Frau Hoffmann stand gerade hinter der geschlossenen Ladentür. Durch die Fensterscheibe hindurch traf sie ein Schuss ins Bein. Als ich ankam, schrie ihr Mann um Hilfe. Aber es war nicht möglich, die verletzte Frau abzutransportieren, weil die Polizeibeamten immer noch schossen. Frau Hoffmann hat schrecklich viel Blut verloren. Als sie endlich vom Krankenwagen abgeholt wurde, hatten wir schon jede Hoffnung aufgegeben. Wie durch ein Wunder hat sie überlebt.

(Genosse Ahrens, KJVD)-1
Von der Holstenstraße her kam ich an der Ecke Bürgerstraße und Schauenburgerstraße an. Dort kamen mir Mannschaftswagen mit blauer Polizei entgegen, alles junge Leute, sie standen dicht gedrängt, mit Karabinern in den Händen. Wie ein Wagen an mir vorbeifuhr, erkannte ich einen der jungen Polizisten, und er erkannte mich; wir waren zusammen in der SAJ gewesen, und ich wusste von ihm, dass er erst kürzlich auf eine Polizeischule gekommen war. Er konnte noch gar nicht ausgebildet sein. Er ist nicht älter als ich. Und dem hatte man nun einen Karabiner in die Hand gedrückt und ihn mit den anderen Polizeischülern zum Einsatz in Marsch gesetzt. Er lachte mich an. Ich schüttelte nur den Kopf, und er zuckte verlegen mit den Schultern. In Höhe der Schauenburgerstraße verlor ich diesen Mannschaftswagen aus den Augen.

Die »Hatje-Diele« war ein schäbiges Loch mitten im Zentrum der Altonaer Kommune an der Schauenburgerstraße. Hier kam niemand rein, der nicht dazugehörte. Die Parolen an den fleckigen porösen Wänden, auf angeklebten, zerschlissenen Plakaten, und die Schlagzeilen herumliegender Zeitungen sprachen eine deutliche Sprache:
AUFRUF AN DIE DEUTSCHE ARBEITERKLASSE! TRETET EIN IN DIE ANTIFASCHISTISCHE AKTION! EIN FEIND, EINE FRONT, EIN KAMPF! SCHLUSS MIT DER MORDFREIHEIT FÜR DIE NAZIS! KÄMPFT IN DER ANTIFASCHISTISCHEN AKTION! NIEDER MIT DIKTATUR UND NOTVERORDNUNGEN! HER ZU UNS, WIR SIND DIE ANTIFASCHISTEN DER TAT! ROTER MASSENSELBSTSCHUTZ! EINHEITSFRONT DES PROLETARIATS! GENERALSTREIK! ALLES FÜR DEN SOZIALISMUS! ROT FRONT!
»Waffen?«, sagte der stellvertretende technische Leiter, »welche Waffen?«
Klara verzog das Gesicht und stellte das Glas mit dem lauen Bier auf den Tisch zurück. »Hör zu, Genosse, du musst mich weder für einen Spitzel noch für eine Verräterin halten. Ich hab dir meinen Parteiausweis gezeigt. Du musst nicht Formation sagen, wenn du den Roten Frontkämpferbund meinst. Du kannst Klartext mit mir reden, und ich bin offen zu dir.«
»Wir geben keine Waffen an Privatpersonen...«
»Würden keine geben, wenn wir welche hätten«, korrigierte der Genosse von der Roten Marine, ein gutmütig wirkender Matrose mit Bauchansatz.
»Richtig«, stimmte der technische Leiter zu.
»Es käme ja niemand auf den Gedanken, nach einer Waffe

zu fragen, wenn ihr eure Arbeit machen würdet«, entgegnete Klara.

»Wir gehen planvoll vor«, sagte der Matrose.

»So wie am 17. Juli?«

Der technische Leiter kniff die Augen zusammen: »Was willst du damit sagen?«

»War das ein planvolles Vorgehen der Häuserschutzstaffeln zum Schutz des Proletariats?«

Der technische Leiter hob die knochige Hand und drohte mit dem Zeigefinger: »Ich lasse mich von dir nicht provozieren!«

Klara ließ nicht ab: »Wenn die SA gewollt hätte, hätte sie die Häuser stürmen können!«

»Hast du eine Ahnung.«

»Und dann habt ihr die Mordpolizei aus Hamburg wüten lassen. Wo war denn da der Massenselbstschutz?«

Der technische Leiter sprang auf: »Ich lasse mich nicht provozieren!«, wiederholte er wild gestikulierend. »Glaub doch nicht, dass so eine wie du, in dieser bürgerlich-dekadenten Staffage, mir Vorträge halten kann. Das ist ja lächerlich. Wie komme ich überhaupt dazu, mich mit so einer an einen Tisch zu setzen? Zieh dich erst mal ordentlich an!« Beinahe hätte er seinen Stuhl umgeworfen, als er sich zum Tresen umwandte. Er zahlte und verließ das Lokal.

»Geschicktes Taktieren ist auch nicht gerade deine Stärke, Genossin«, sagte der Matrose amüsiert.

»Was ist daran witzig?« Klaras zorniges Gesicht verschwand hinter einer Wolke von Zigarettenrauch.

»Nichts.« Sein Lächeln erstarb. »Das, was du uns hier aufgetischt hast, ist auch nicht witzig. Wir sind keine Waffenausgabestelle für selbst ernannte Aktivisten. Die Partei lehnt individualistische Aktionen ab, das müsstest du wissen.«

»Es bleiben nur noch Individuen übrig, wenn die Partei es nicht schafft, die Massen zu organisieren.«

»Willst du die Führung kritisieren? Dann bist du bei mir an der falschen Adresse.«

»Nicht nur die Führung. Alle. Ihr gebt vor, gegen den Faschismus zu kämpfen, und wenn die Faschisten eure Leute ermorden, dann tut ihr nichts dagegen. Ich habe herausgefunden, wer die Opfer des Blutsonntags auf dem Gewissen hat. Ich weiß, dass der Mann, der die Mordbefehle gegeben hat, vom Staat gedeckt wird. Von dieser Seite hat er nichts zu befürchten. Von welcher denn sonst? Wir müssen zur Tat schreiten, unsere Feinde tun es jeden Tag aufs Neue!«

»Du musst einen klaren Kopf behalten, sonst ist er bald ab«, sagte der Matrose.

»Wenn ihr schon keine Volksbewaffnung hinbekommt, dann gebt wenigstens denen, die aufstehen und kämpfen wollen, etwas in die Hand.«

Der Matrose schüttelte den Kopf. »Genossin, du hast dich da in einen schrecklichen Irrtum verstiegen.«

»Schlagt die Faschisten, wo ihr sie trefft! Heißt es nicht so?«

»Ja, ja.«

Klara las von einem Plakat aus dem Kampfgelöbnis der Antifaschistischen Aktion ab: »Wir geloben mit Leib und Leben, mit unserer ganzen Kraft einzustehen für den antifaschistischen Kampf.«

»Da steht Massenkampf. Das ist das Gegenteil von dem, was du vorhast.«

»Folgt mir doch einfach nach, dann wird ein Massenkampf daraus.«

»Revolutionäre Ungeduld mag eine Tugend sein, aber sie taugt nicht, um die Macht zu erobern.«

»Ich merke schon, dass ihr vor allem Meister im Kampf um die besten Ausreden seid.«

Der Matrose stöhnte auf. »Hör zu, es reicht jetzt. Ich will dir nicht helfen. Und ich kann dir nicht helfen. Ich bin der politische Leiter und habe nichts mit der Verwaltung der Geräte zu tun.«

»Und wo ist euer technischer Leiter?«

»Im Knast.«

»Also ist keiner zuständig?«

»Doch, für solche Anliegen wie deins bin ich zuständig. Und ich kann dir dazu noch genau einen Satz sagen: Lass die Finger davon!« Der Matrose stand auf und ging zu einem Tisch, an dem Karten gespielt wurde.

Klara lamentierte halblaut: »Ihr spielt Karten und in der Sipo-Kaserne drillt der Leutnant seine Truppe, und bald schon kommen sie wieder mit ihren Maschinengewehren und Panzerwagen und schießen die Straßen endgültig leer...«

Sie trank das schale Bier in einem Zug aus, warf ein paar Münzen auf den Tisch und ging grußlos nach draußen.

Letzte Nacht, als sie schlaflos im Bett gelegen hatte, war es ihr vorgekommen, als würden leichte Stromstöße durch ihren Körper zucken und blaues Licht durchs Gehirn blitzen, nicht erhellend, nicht stimulierend, eher betäubend. So war es auch jetzt, als sie aus der Kneipe auf die Straße trat. Sie musste sich gegen die schmutzige Mauer lehnen, um Luft zu holen.

Um sie herum ging das Altonaer Proletariat seinen alltäglichen Verrichtungen nach, auf staubigen Straßen, in schmutzigen Gassen, in schäbigen Läden und engen Stuben, getrieben vom Kampf ums tägliche Brot. Und doch ist Sommer, und die Kinder rennen dem Eiswagen hinterher, die Frauen tratschen am Straßenrand und die Sonne scheint auf alle. Auf den Arbeiter, der müde von der Nachtschicht aus dem Hafen kommt und sein Fahrrad übers Pflaster schiebt, auf die Frau mit dem Kinderwagen, auf die zwei Jungs in kurzen Hosen, die sehnsüchtig auf die Kuchenstücke im Schaufenster der Bäckerei starren, und auf den Schuster in der Seitengasse, der sich vor seinen Laden gesetzt hat, um im Schatten Sohlen unter ausgelatschte Stiefel zu nageln. Und auf das Mädchen im dünnen weißen Sommerkleid auf der anderen Straßenseite, das im Eingang einer Schneiderei steht und herüberschaut. Helle blonde Haare, Sommersprossen, wie bei Elly ... vielleicht gerade mal fünfzehn

Jahre alt ... wenn das Leben beginnt ... oder sechzehn, vielleicht siebzehn ...

Und es ist Elly, doch ... sie ist es wirklich!

Noch immer durchströmte sie diese eigenartige Benommenheit. Leicht schwindelig stieß Klara sich von der Hauswand ab und schaute noch einmal genauer hin.

Jetzt hat sie dich doch auch gesehen. Sie hebt den Arm, natürlich will sie dir winken, vielleicht freut sie sich ja. Aber ihrem Gesicht nach zu urteilen, eher nicht. Sind ihre Freunde etwa in der Nähe, Paul? Führen die was im Schilde, doch hoffentlich nicht in dieser Gegend, was wäre das für ein Unsinn. Sie hat den Arm gehoben, aber sie grüßt nicht, der Arm sinkt wieder herab, sie schaut zur Seite. Was ist denn? Gibt es hier irgendwo eine Sparcassen-Filiale?

Klara kam sich lächerlich vor, als sie merkte, dass sie nach einem Objekt für einen Raubüberfall Ausschau hielt. In einem weißen Sommerkleid überfällt man doch keine Bank ...

Jetzt ist sie weg. Einmal zur Seite geschaut und schon hast du sie verloren.

Klara trat auf die Straße und sah in diesem Moment Elly fortgehen. Wo will sie denn hin? »He, Elly, warte doch!«

Als sie das hörte, rannte sie los und verschwand hinter der nächsten Straßenecke.

Was war denn das für ein dummes Spiel? Man freut sich doch, wenn man sich zufällig trifft.

Es sei denn, es war gar kein Zufall und man wollte nicht gesehen werden.

Müßige Gedanken.

Jetzt wäre es am vernünftigsten, einen Kaffee zu trinken, einen echten, mit Koffein, um dieses Kribbeln in den Gliedern loszuwerden. Dass ihr kalt war und sie zitterte, an so einem schönen Tag, war doch idiotisch. Bei Konditor Waldmann in der Großen Marienstraße, da gab's guten Kaffee.

Blöd, dass sie weggelaufen ist. Ihr hättet schwimmen gehen

können. Es war schön gewesen, das letzte Mal. Fast so wie vor zehn Jahren ... nein, so wie es vor zehn Jahren beinahe gewesen wäre ... ein Wunschtraum.

Die Brandwunde an ihrer linken Hand schmerzte.

(Genosse Ahrens, KJVD)-2
Bis dahin hatten ein paar Polizeischüler mit ihren Karabinern zu den Fensterreihen der beiderseitigen Häuserfronten hinaufgefuchtelt. Ich hörte die Rufe »Fenster zu«. Zusammen mit anderen Leuten blickte ich die Bürgerstraße hinauf. Auf einmal pfeifende Geräusche neben uns und im selben Augenblick krachende Einschläge hinter uns, wo an der Ecke eine Apotheke ist. Instinktiv sprangen wir alle zur Seite und suchten Schutz in Hauseingängen. Wir dachten zunächst, es wäre aus der Apotheke geschossen worden. Die Ursache sollte uns sogleich klar werden, denn nun folgte Schuss auf Schuss. Vorsichtig aus der Deckung lugend, konnte ich bald genau ausmachen: Quer über die Straße und Bürgersteige lagen blaue Polizisten und zielten Richtung Holstenstraße! Da also waren offenbar die Polizeischüler in Stellung gegangen und hatten »Feuer frei« bekommen. Hier bei uns an der Ecke gingen harmlose Sonntagsspaziergänger aus der Holstenstraße über die Kreuzung hinweg ... Und schon war es passiert. Die Leute hörten nicht auf unsere warnenden Rufe. Einige konnten wir zurückhalten. Andere hat's erwischt. Keine zwei Schritte vor mir ist ein Mann mit einem Aufschrei auf dem Straßenpflaster zusammengebrochen. Als der Krankenwagen kam, konnten die nur noch den Tod feststellen. Zu diesem Zeitpunkt peitschten immer noch Schüsse die Bürgerstraße hinunter.

(Herr Kastan, Rentner, ehemals SPD, Mitglied Rote Hilfe, wohnhaft Mörkenstraße)

Ich ging nach 4 Uhr nachmittags von meiner Wohnung fort und wollte ins Kino. Ich lief von der Mörkenstraße, über die Kirchenstraße und Bergstraße nach der Johannisstraße. Dort blieb ich stehen beim Schuhhaus Meyer. In diesem Moment kamen auch schon die Nazis. Ich ging weiter, wurde aber aufgehalten, da die Straßen abgesperrt waren. Dann kam die Kapelle. Der ganze Zug marschierte vorbei bis auf den letzten Mann. Das war wohl die SA. Das Publikum stimmte die Internationale an, sowie die SA herankam. Sie war noch nicht um die Ecke herum, da stürmte sie mit einem Schritt in die Marienstraße und schmiss mit Flaschen, die mit Salzsäure gefüllt waren, und die Schießerei ging los. Einige hatten Revolver oder Gummiknüppel in der Hand.

Die Nazis sind nicht bedroht worden, sondern eigenmächtig um die Ecke gelaufen. Ich blieb stehen, weil ich nicht wusste, wohin. Da sah ich noch, dass Nazis gefallen waren. Die wurden auf die Schultern genommen und fortgeschleppt. Ich sah auch einen Nazi mit einem Trommelrevolver neben einem Sipo stehen. Den Nazi haben sie unbehelligt gelassen. Die Schießerei ging weiter, und ich flüchtete in einen Hausflur. Das Überfallkommando kam und postierte sich an allen vier Ecken. Ein Autoführer kam zu uns in den Hausflur und sagte: »Was suchen Sie hier? Kommen Sie raus!« Ich sagte: »Ich habe keine Waffe. Was wollen Sie? Ich will ins Kino.« Darauf sagte der Sipo: »Kommen Sie mit!«, und ich musste ins Auto steigen.

Kurz darauf sollte ich vom kleinen Auto wieder runter und in das große, das gerade dem Kugelfeuer ausgesetzt war. Zwei Leute sagten: »Herr Wachtmeister, lassen Sie uns weiterfahren, wir sind Familienväter.« Wir fuhren direkt ins Feuer und blieben stehen. Woher die Kugeln kamen, weiß ich nicht. Dann endlich fuhren wir ab. Ein Polizeibeamter, der mit vorn saß, schoss auch in der Holstenstraße noch immer weiter, bis wir die Kaserne erreichten. Als wir an der Bodenstedtstraße waren und der Wagen eine Kurve passierte, musste ich mich festhalten. Da gab mir der Sipo einen

Schlag ins Gesicht. Ich sollte die Hände hochhalten. Ich musste mich aber doch festhalten! Bis zum Dienstagnachmittag bin ich dabehalten worden. Da hab ich dann verlangt, dass ich vorgeführt werde, weil ich ja überhaupt nichts ausgefressen hatte.

Hübsch. Hübsche Frau, hübsches Haus, hübsche Gegend. Wenn man es kleinbürgerlich mag. Fuhlsbüttel, Etzestraße. Ein Backsteinhäuschen mit spitzem Giebel, Garten drum herum, kleiner Balkon, darunter eine Terrasse, ein bisschen Gras und ein Gemüsegarten. Damit Madame sich nicht langweilt und in Krisenzeiten eigene Rüben und Kartoffeln aus der Erde ziehen kann. Aber wer wird denn an Krise denken, wenn man doch mit einem Hamburger Polizeioffizier verheiratet ist? Polizei hat Zukunft, besonders in schweren Zeiten. Auch wenn sie dann bangen muss um den Gatten, der in der Kaserne auf den Schießbefehl seines sozialdemokratischen Polizeiherrn wartet. Und während ihr Mann Proleten niedermetzelt, steht sie allein im Garten und erfreut sich an der selbst gebastelten Idylle – sieh nur, die roten Himbeeren, wie reif sie sind, du fasst sie an und schon fließt der Saft über die Finger wie frisches Blut.
Keine Kinder, sie haben keine Kinder. Nirgendwo ein Hinweis darauf. Keine Wiege auf der Veranda, kein Steckenpferd im Garten, kein Puppenwagen. Das ist gut so. Wie bitte? Sorgst du dich um die Nachfahren eines Verbrechers? Der Apfel fällt nicht weit vom Stamm, und wo ein Leutnant ist, da sprießen noch mehr, seit wann wird der Mensch unschuldig geboren?
Wer behauptete denn so was? Rousseau? Da war der Apostel Paulus ja weiter. Und wenn schreiende Ungerechtigkeit eine Sünde ist, dann sitzt uns die Erbsünde tief im Leib, statt ei-

ner Seele. Aber der Mensch bestimmt sein Schicksal selbst, und die Erbsünde muss rausgeschnitten werden aus dem Menschheitskörper. Und Freiheit, lieber Herr Rousseau, beschert uns nicht die Natur, sondern die frische Tat des zivilisierten Menschen. Und wenn's eine Bluttat sein muss, nun gut.

Das hat auch Jesus gewusst, nur dass er auf die irrwitzige Idee verfiel, es müsse sein eigenes Blut sein, das vergossen wird. Eben nicht! Wenn der Mensch sich bessern würde, indem er nicht nur die Wange, sondern den ganzen Körper hinhält, wenn die Schergen des Kapitals ihre Waffen in Stellung bringen, dann hätten wir dank der hingebungsvollen Fürsorge der Sozialfaschisten längst die Pforten ins Arbeiterparadies überschritten. Und du machst dir Gedanken über Kinder ... ha!

Klara stand mit ihrem Fahrrad auf der gegenüberliegenden Straßenseite vor dem Haus des Oberleutnants Franz Kosa und schaute seiner Frau bei der Gartenarbeit zu.

Ein schlankes Weibchen in Hauskittel und züchtigem Dutt und in dem Alter, wo Freunde und Bekannte es für eine ausgemachte Sache halten, dass da keine Kinder mehr kommen.

Vielleicht hat der Herr Oberleutnant ja keine Zeit gehabt, für Nachkommen zu sorgen, weil er lieber Bleikugeln in Straßenschluchten verspritzt.

Nun mach dir noch Gedanken darüber, was geht's dich an? Was ginge es dich an, wenn ein Faschistenkind den Vater verlöre? Muss es dich interessieren, wenn die graue Maus im taubenblauen Kittel da drüben hinterm Zaun das schwarze Kostüm anziehen und den dunklen Schleier übers blasse Gesicht werfen müsste? Wer einen Soldaten heiratet, weiß, dass er im Krieg fallen kann. Und dass wir einen Krieg haben, Klasse gegen Klasse, das weiß ja wohl jeder, vor allem, wenn er der reaktionären Bande angehört, die diesen Krieg angezettelt hat und täglich aufs Neue entfacht.

Und nun? Sollte man nicht hineingehen und mit ihr reden?

Sie ausfragen nach dem Mann und seinen Vorlieben? Ihr den Tipp geben, noch eine Henkersmahlzeit zu kochen, und gleich dableiben und auf ihn warten, ihn an der Tür empfangen und eine Kugel in den Kopf...

Noch hast du keine Waffe, Klara. Und willst du das wirklich tun? Bist du ausgesucht? Von wem? Ist es eine historische Notwendigkeit? Solltest du nicht auf die Genossen hören und die individuelle Tat verdammen? Aber wozu gibt es den Hass, wenn man von ihm keinen Gebrauch macht? Nur nicht feige. Du wirst ihm nicht das Haus anzünden oder ihn hinterrücks meucheln. Du wirst ihm gegenübertreten, die Waffe in der Hand, und ihm ins Angesicht blicken, wenn du abdrückst im Namen der Ermordeten vom 17. Juli, als Richterin und Henkerin im Auftrag der Erniedrigten und Beleidigten. Wenn du nur endlich eine Pistole hättest!

Wer hier länger steht, fällt auf. Da ist schon eine ältliche Dame im Nachbargarten, die scheel herüberguckt. Es genügt, du weißt nun, wo er wohnt.

Diese Möglichkeit liegt nahe: ihn des Nachts abzupassen, wenn er müde heimkehrt, in der Dunkelheit, sich sorglos der Idylle mit dem Dutt anvertrauen möchte – und dann ein Blitz und noch einer, und es ist erledigt. Kein Zweifel, wenn es genügend solche Blitze gäbe, dann hätten wir diese Welt zu einem besseren Ort gemacht, es wäre der Anfang.

Ein schwarzes Ford-Coupé mit geschlossenem Verdeck bog in die Straße ein und hielt am Straßenrand, etwa dreißig Meter von Klara entfernt. Das grelle Sonnenlicht spiegelte sich auf Karosserie und Windschutzscheibe, wer darin saß, war nicht zu erkennen. Niemand stieg aus, der Motor lief weiter. Klara hatte vorgehabt, mit dem Fahrrad zurück nach Ohlsdorf zu fahren und von dort mit der Ringbahn oder der Vorortbahn nach Hamburg rein.

Kein Problem, steig auf, du musst nur an diesem Ford vorbei. Was, wenn sich die Türen öffnen und dir jemand in den Weg tritt?

Gibt es denn einen Grund, Angst zu haben? Wer soll das sein? Ja, wer stellt sein Automobil an den Straßenrand, lässt den Motor laufen und bleibt drin sitzen?

Es wäre auch möglich, in die andere Richtung zu fahren, den Weg über die Alsterkrugchaussee zu nehmen und dann mit dem Fahrrad hinein in die Stadt, bis du die schützenden Gassen hinterm Valentinskamp erreicht hast. Also umdrehen und losfahren. Und wenn der Wagen hinter dir her kommt, wenn du nicht siehst, wie er Gas gibt und immer schneller rollt und dann noch mal Gas gibt und dich von hinten angreift, ummäht, überfährt? Nur, warum sollte jemand ... Wer denn?

Der Motor heulte kurz auf. Sicherlich war der Fahrer versehentlich ans Gas gekommen. Klara stellte das Fahrrad so, dass nicht ersichtlich war, in welche Richtung sie nun fahren wollte. Es gab keine enge Seitenstraße, in die sie flüchten konnte, keine Gasse, keinen Durchschlupf in einen Hinterhof.

Der schwarze Ford rollte an und fuhr langsam an der Bordsteinkante entlang auf sie zu. Klara stellte einen Fuß auf das Fahrradpedal. Der Wagen rollte in gleichmäßigem Tempo näher, hinter der Windschutzscheibe wurden die Konturen von Personen sichtbar. Viel war nicht auszumachen, die Andeutung von Schattenrissen, zwei Männer ohne besondere Kennzeichen.

Der Wagen schob sich in den Schatten eines Nachbarhauses, die gleißende Reflektion auf der Windschutzscheibe verblasste. Klara konnte einen Blick ins Wageninnere werfen.

Braunhemden auf Fahrer- und Beifahrersitz. Eine dritte Person, offenbar in Zivil, auf dem Rücksitz. Den kannte sie. Es war Polizeiunterwachtmeister Behn, ihr Zeuge, der sich nun anderen Kräften zur Verfügung gestellt hatte.

Klara nahm Schwung, stieg in die Pedale und fuhr los. Die Beifahrertür des Fords schwang auf, Klara wich aus, und schaute im Vorbeifahren in das selbstgefällig grinsende Ge-

sicht eines SA-Mannes, der überhaupt keine Anstalten machte, ihr hinterherzulaufen.
Sie war längst vorbei, da hörte sie die Wagentür zuschlagen. Ein kurzer Blick über die Schulter, der Ford wendete.
Sie fuhren ihr nach. Immer schön langsam mit Abstand. Begleitschutz, der hier wohl eher die Funktion einer Drohung hatte, bis zum Bahnhof Ohlsdorf. Dort blieb der Wagen stehen, aber niemand stieg aus und folgte, als Klara ihr Fahrrad auf den Bahnsteig schleppte und es zum Missfallen der zahlreichen Passagiere in den Hochbahnwaggon schob.
Zu Hause angekommen, klaubte sie einen Zettel auf, den jemand unter der Tür durchgeschoben hatte: »Wann kann ich die Zeugenaussagen haben? Die Zeit drängt! Weber.«
In der Tat, die Zeit drängt, dachte Klara, aber aus einem ganz anderen Grund, als du annimmst, Inspektor Schnauzbart!

(Genosse Fellenberg, Bezirkskomitee der Antifaschistischen Aktion)
Am nächsten Tag sprach die Polizei von einem organisierten Feuerangriff, einem Überfall von Dach- und Fensterschützen. Alles Unsinn! Es sind keinerlei schriftliche oder mündliche Anweisungen vom Komitee herausgekommen, gegen die Nazis vorzugehen. Auch nicht, den Nazis in den Rücken zu fallen, sondern wir haben nur die Parole ausgegeben, dass wir das Leben unserer Frauen und Kinder schützen müssen gegen den Terror der Nazibanditen.
Die Polizisten hatten keine Verluste! Wenn Dachschützen vorhanden gewesen wären und die Kugeln nur den Rock eines Polizisten getroffen hätten, ohne ihn selbst zu töten oder zu verletzen, so hat in dieser Uniform kein Mensch von Blut und Fleisch gesteckt, sondern ein Gespenst.

(Herr Evers, Anwohner Christianstraße)

Kaum hieß es »Fenster zu!«, da ging das Geballere auch schon los. Offene Fenster wurden beschossen, geschlossene auch, wenn ein Polizist glaubte, dahinter etwas gesehen zu haben. Aber was sieht man denn hinter einem geschlossenen Fenster schon? Die Scheibe reflektiert das Tageslicht, dahinter sieht man bestenfalls schemenhafte Gestalten, und wer schießt schon von innen durch ein geschlossenes Fenster? Trotzdem, in unserer Straße hat ein Beamter geglaubt, er sei vom Haus Nummer 20 aus unter Feuer genommen worden. Sofort gab er den Befehl an seine Leute draufzuhalten.

(Frau Gebhardt, Anwohnerin Große Marienstraße)

Wir haben im »Korkenzieher« Schutz gesucht, als es losging. Das Haus Große Marienstraße 55 liegt gegenüber. Es wurde besonders stark unter Beschuss genommen. Warum, weiß ich nicht. Die zahllosen Einschüsse kann man heute noch an der Fassade sehen. Es hat furchtbar laut geknallt in der schmalen Straße, ganz viel Pulverdampf, und der Putz ist von den Wänden gerieselt. Dazu noch Querschläger, die wild umherjaulten.

(Frau Ludwig, Große Marienstraße 62)

Schauen Sie sich das Loch ruhig an, in dem wir hausen. Mit fünf Personen! Die Küche ist zu klein, und die Kammer noch enger, und alle Wände sind schief. Und die Wanzen kriegen wir auch nicht mehr raus. Der Mörtel fällt von den Wänden, der Herd qualmt, aber er muss benutzt werden, weil Kochen auf Gas zu teuer ist. Für dieses elende Loch müssen wir achtzehn Mark Miete bezahlen und uns auch noch gefallen lassen, dass die Polizei reintrampelt!

Im Hausflur wurden zwei Schüsse abgegeben, dann die Tür aufgebrochen, und es kamen sechs bis acht Polizisten hereingestürzt. Ich war allein mit unseren drei Kindern im Alter von zehn, fünf und drei Jahren. Man hat uns mit gezogenem Revolver bedroht und verlangt, wir sollten die Hände heben. Ein Polizist hat mich ans Fenster gezerrt und zur anderen Straßenseite gedeutet: »Sehen Sie mal die Leute da, die wollen wir mal runterholen«, hat er gesagt. Gemeint waren die Nachbarn gegenüber, die an den Fenstern standen. Gleich darauf haben sie in unserer Gegenwart begonnen, die gegenüberliegende Häuserfront mit Maschinenpistolen zu beschießen. Später haben wir die Einschüsse drüben gezählt, es sind achtundzwanzig Stück! Man kann sie alle noch gut sehen.

»Lass dich überraschen«, sagte Kurt und stieß die Schwingtür der Hafenspelunke auf. Klara folgte ihm in einen muffigen Keller, in dem Fässer die Tische ersetzten und einfache Bänke an Wänden standen, von denen der Putz bröckelte. Ein Bänkelsänger mit Gitarre saß auf der Theke, hinter der ein flinker Mann mit Schürze hin und her rannte, um die Gäste mit frischem Bier oder Schnaps zu versorgen. Flaschen und Gläser wurden ihm durch ein Fenster zugeschoben. Auch das Geld, das der Wirt entgegennahm, legte er sofort dort hin, wo es von wulstigen Frauenhänden mit kurzen Fingern eingesammelt und in eine abschließbare Metallkassette gelegt wurde. Man sah nur die Hände und die dicken nackten Unterarme von ihr, mehr nicht.

Der Bänkelsänger gab Seemannslieder wie den »Hamburger Veermaster« oder »La Paloma« zum Besten, die allerdings im vorherrschenden Lärm untergingen. Die Gitarre hatte nur noch fünf Saiten, und der Musiker war so heiser, dass er krächzte.

Matrosen, Hafenarbeiter, Arbeitslose und vom Leben ausgemusterte Gestalten saßen, standen oder taumelten herum. Ein paar Frauen boten reizlose Reize feil und hängten sich an jene, die den Eindruck machten, als hätten sie noch mehr als zwei Groschen in der Tasche. Eine von ihnen schaute Klara höhnisch grinsend an und leckte sich die Lippen.

Kurt schob sie grob beiseite. Er grüßte hier und da jemanden und bahnte sich den Weg zu einer Tür neben dem Tresen.

»Bist du hier etwa schon mal gewesen?«, fragte Klara, die ihr Erstaunen nicht unterdrücken konnte.

»Ist praktisch meine zweite Heimat.«

»Aber das hier...« Sie kannte ihn als Gast in eher bürgerlichen Vergnügungslokalen auf St. Pauli oder als Kabarettist in kleinen Seitenstraßen-Theatern.

Kurt schaute sie ernst an: »Aber das hier...«, äffte er ihr Erstaunen nach.

»Ja, das hier«, sagte sie.

»Widert dich an?«

»Nein.«

»Ist der Abschaum der Gesellschaft, das Lumpenproletariat, das niemand braucht, mit dem man weder Staat noch Revolution machen kann...«

»Das meine ich nicht.«

»Aber ich. Deshalb fühle ich mich hier zu Hause. Außerdem kannst du saufen, bis du kotzt, und anschließend kriegst du wieder was.«

Klara schüttelte den Kopf.

»Und wenn ich hier auftrete«, ergänzte Kurt, »dann klatschen sie, obwohl sie wissen, dass sie nichts verstanden haben.« Er beugte sich zu ihr und hob den Zeigefinger, sein Atem roch nach Schnaps: »Die tun wenigstens nicht so, hier gibt's nichts zu heucheln.«

»Ach, Kurt...«

»Keine Angst, ich hab dich nicht hergebracht, um dich in die Gosse zu stoßen. Wir gehen jetzt in die Luxus-Suite.«

Er machte ein Klopfzeichen an der Tür, wartete ab und klopfte erneut. Es dauerte eine Weile, dann wurde die Tür aufgeschoben. Ein massiger großer Mann mit kariertem Hemd, einem rasierten Schädel und Hosen, in die ein Elefant gepasst hätte, ließ sie durch.

Sie folgten ihm durch einen kahlen Flur mit schimmeligen Wänden. Klara konnte einen kurzen Blick in den Raum werfen, in dem die dicke Frau das Geld kassierte und eine junge Frau in einem fleckigen Kittel unentwegt Bier und Schnaps abfüllte. In einem angrenzenden Raum stapelten sich Getränkekisten und Fässer.

Ein Stück weiter stand eine Tür offen mit der Aufschrift »Privat«. Der massige Mann blieb davor stehen und ließ seine Gäste vorangehen.

»Bitte sehr.«

Der Raum war eingerichtet wie ein Wohnzimmer, mit Sofa und Sesseln und einem Tisch, an der Wand lehnte eine Matratze, daneben stand ein Bücherschrank mit Türen, dessen Glas auf der rechten Seite Risse aufwies. Auf dem Tisch eine Flasche, das Etikett verhieß echten Cognac, daneben ein Glas mit einem kleinen Rest.

Auf dem Sofa schnarchte ein dünner Mann in grauem Anzug. Der massige Kerl ging zu ihm, rüttelte ihn wach und sagte: »Mach die Fliege!«, woraufhin der dünne Mann aufstand und grußlos aus dem Zimmer schlurfte.

Der massige Kerl schloss die Tür hinter ihm ab.

Dann wandte er sich an seine beiden Gäste, breitete die Arme aus und sagte: »Kurt! Was für eine Freude!«

Kurt deutete auf Klara: »Das ist sie.«

»Willkommen! Es ist mir eine Ehre.« Er packte ihre Hand und deutete eine Verbeugung mit Handkuss an. Klara ließ es wenig amüsiert über sich ergehen.

»Rinke, Ludwig Rinke«, stellte er sich vor. »Sie haben vielleicht von mir gehört.« Er zwinkerte ihr zu.

»Rinke?«, sagte Klara verblüfft. »Der Rinke?«

»Ganz recht. Sind Sie jetzt schockiert? Kurt meinte eher, ich würde von Ihnen schockiert sein. Und ich muss sagen …« Er musterte sie. »Ja, so jemanden wie Sie trifft man sonst nur im Lichtspielhaus...«

»So einen wie Sie doch auch.«

»Tja, wenn zwei Märchengestalten sich treffen...«

»Ich dachte als Platzanweiser«, warf Klara ein.

Rinke starrte sie verblüfft an und fing sich wieder: »Darf ich euch etwas anbieten? Ich hätte den zweitbesten Cognac der Welt da oder den drittbesten Whisky.«

»Cognac«, sagte Klara.

»Whisky«, sagte Kurt gleichzeitig.

»Seid ihr euch immer so einig?« Rinke ging zum Bücherschrank, öffnete die Glastür. Im nicht einsehbaren unteren Bereich, wo das Glas nicht hinreichte, stand ein ganzes Bataillon Spirituosenflaschen, dazu passende Gläser. Rinke suchte einen Cognacschwenker und ein Whiskyglas aus und trug sie zum Tisch. Die Schranktür blieb offen, sodass Klara die Buchrücken betrachten konnte. Es waren philosophische Werke: Machiavelli, Hobbes, Spinoza, Descartes, Fichte, Hegel, Schopenhauer, Kierkegaard, Nietzsche.

»Da fehlen Rousseau, Kant und Marx«, stellte sie fest.

Rinke entkorkte den Cognac, hob das Glas an und prüfte, ob es auch blank geputzt war. Während er vorsichtig einschenkte, sagte er: »Den Schwärmer, den Tugendbolzen und den Kirchenvater der Zwangsarbeit hab ich absichtlich liegen lassen. Lasse ich immer wieder liegen.«

»Ludwig stößt bei seiner Arbeit gelegentlich auf Bücher und nimmt mit, was ihm interessant erscheint«, erklärte Kurt.

»Ich denke, er ist Einbrecher«, sagte Klara.

Rinke schenkte das zweite Glas ein und verkorkte die Flasche sorgfältig. »Es ist doch interessant«, fuhr er fort, »dass in den Häusern mit den größten Panzerschränken auch die größten Bibliotheken stehen.«

»Wissen ist Macht, und Macht ist Wissen«, sagte Kurt.

»Es kommt immer darauf an, wer dafür zahlt. Philosophen sind käuflich«, entgegnete Rinke.

»Karl Marx war nicht käuflich.«

Rinke hob das Whisky- und das Cognacglas und hielt sie seinen Gästen hin. »Oh, das würde ich so nicht sagen. Er hat sich von seinen Proletenjüngern einen Scheck auf die Zukunft ausstellen lassen. Ruhm und Unsterblichkeit im ewigen Kommunismus, als Säulenheiliger des Paradieses, in dem alle arbeiten müssen, weil sie sonst nichts zu essen bekommen, und die Fabriken mit Stacheldraht umzäunt sind, während die Partei ihren Sklaven einredet, sie seien frei.«

»Darauf trinken wir«, sagte Kurt.

»Nein, darauf trinke ich nicht!« Klara stellte ihr Glas auf den Tisch.

»Oh, jetzt haben wir dich verärgert. Ich bitte um Entschuldigung. Ich nehme alles zurück.«

»So etwas Unsinniges kann man nicht zurücknehmen. Solche schwachsinnigen Gedanken sind das Produkt eines dekadenten Gehirns.«

»Na, Mädchen, dann sieh mal hier!« Rinke streckte Klara seine breiten Hände entgegen. »Das sind Arbeiterhände. Und glaub bloß nicht, dass ich nicht ins Schwitzen komme, wenn ich das durchführe, was ihr ständig propagiert. Ich praktiziere Enteignung.«

»Zum persönlichen Gewinn.«

»Na und? Wenn alle so beherzt zugreifen würden, dann wären eure Feinde bald mittellos. Meine Faust ist nicht leer, da steckt ein Schweißbrenner drin.«

»Sie propagieren planlose Anarchie!«

»Anarchie? Meinetwegen, aber weißt du denn, wie genau ich planen muss, bevor ich losschlage?«

»Es ist sinnentleerter Individualismus.«

»Ganz genau, bravo! Was bleibt mir denn übrig in einer sinnentleerten Welt? Ich hab mein Sach auf nichts gestellt.«

»Der Mensch gibt der Welt einen Sinn«, beharrte Klara.

»Dein Wort in Gottes Ohr«, sagte Kurt höhnisch.

Klara wirbelte herum. »Komm mir nicht damit, Kurt! Nicht

du, nicht so, wie du dich benimmst. Du hast nicht nur die anderen, sondern auch dich selbst aufgegeben.« Sie deutete auf Rinke. »Da ist er mir ja noch lieber. Er ist wenigstens auf sein eigenes Wohlergehen bedacht.«

Rinke verbeugte sich ironisch.

Kurt hob sein Glas. »Ich werde bei ihm in die Lehre gehen.«

Rinke trat auf Klara zu, mit ernstem Gesicht. »Glaub es oder glaub es nicht, aber dein Wohlergehen ist auch mir ein Anliegen. Ebenso wie seins.«

»Wieso das?«

»Eine schöne Frau ist ein Wert an sich, und ein Freund, mit dem man trinken und debattieren kann…«

»Vor allem trinken!«, warf Kurt ein.

»Sie haben ihn also verdorben«, stellte Klara anklagend fest.

»Oh, nein, ich versuche ihn zu bessern. Und jetzt, wo ich sehe, was ihn aus der Bahn geworfen hat…«

»Davon will ich nichts hören!«

Kurt ging zum Tisch und schenkte sich schweigend einen weiteren Whisky ein.

Klara drehte sich zornig zu ihm um. »Und was soll das nun alles hier? Warum hast du mich hergebracht?«

»Also gut«, sagte Kurt. »Bringen wir das Ganze wieder auf eine geschäftliche Ebene.«

»Was für Geschäfte denn?«

»Können wir uns zu diesem Zweck bitte setzen«, sagte Rinke. »Das wäre mir ganz lieb.«

Sie nahmen Platz, Kurt auf dem Sofa, Rinke und Klara jeweils auf einem Sessel.

»Also?«, fragte Klara ungeduldig.

Rinke schaute sie kurz an, schüttelte dann den Kopf und meinte: »Bleiben wir besser beim Sie. Es geht also um eine Schusswaffe. Sie müssten mir nur erklären, für welchen Zweck Sie sie benötigen, dann könnte man das passende Modell auswählen.«

Klara dachte eine Weile nach. »Für ein Attentat«, sagte sie dann.

»Aus dem Verborgenen heraus?«

»Nein, nicht heimtückisch, sondern von Angesicht zu Angesicht.«

»Ist der Gegner bewaffnet? Weiß er sich zu verteidigen?«

»Ja.«

»Die Distanz?«

»Ich muss nahe an ihn ran, sonst treffe ich nicht.«

Rinke schaute Klara skeptisch an. »Übung?«

»Bei der Jungfront hab ich mal … aber das ist lange her.«

»Also einen Revolver. Der funktioniert bei jedem Wetter und kann nicht blockieren. Leicht zu handhaben und sicher. Das Kaliber darf nicht zu klein sein, sonst bringt ein Treffer nicht das gewünschte Resultat. Sie werden kaum Zeit haben, mehr als drei Schüsse abzufeuern, erfahrungsgemäß.«

Klara nickte.

»Gut, abgemacht.« Rinke hob sein Glas. »Geben Sie mir ein paar Tage Zeit. Ich werde mich umhören.«

Auch Klara griff nach ihrem Glas. Sie hatte eine trockene Kehle.

»Und der Preis?«

Rinke zuckte mit den Schultern. »Darüber sprechen wir noch.«

»Gut.«

Sie stießen alle drei an und tranken.

»Haben Sie denn keinen Revolver hier?«, fragte Klara.

»Nein, so seltsam das klingt. Ich arbeite nie mit Schusswaffen, auch wenn das vielleicht eine romantische Idee ist in diesen Zeiten.«

»Aber Sie sind bereit, mir eine zu besorgen?«

»Ich weiß ja, um was es geht. Und ich habe durchaus Verständnis für bestimmte Anliegen. Ich bin ja nicht herzlos.«

Kurt lachte vor sich hin.

»Vor allem tue ich es«, erklärte Rinke, nachdem er sein Glas auf den Tisch gestellt hatte, »um meinem Freund Kurt einen Gefallen zu tun.«

(Anwohnerinnen, Große Marienstraße)
– *In unser Haus hatten sich viele Leute geflüchtet. Die mussten alle mit erhobenen Armen raus auf den Hof und sich mitten in den Kugelregen stellen.*
– *Ich hab mitgekriegt, was im Hinterhof los war. Die Polizisten, die ich gesehen habe, die waren alle besoffen. Die schlugen völlig grundlos mit ihren Gummiknüppeln auf die Verhafteten ein und schleuderten sie gegen die Wand.*
– *Eine solche Angst haben die Schupos gehabt, dass sie sich in die Hosen geschissen haben. Fünfzehn bis zwanzig Verhaftete haben sie in einer Reihe aufgestellt, dahinter Deckung genommen und die Häuser beschossen.*
– *Wenn sie nicht besoffen waren, waren sie blind und taub: Bei Frau Wagner in der Schauenburgerstraße 22 haben sie raufgeschossen, obwohl sie eingetragenes Mitglied der NSDAP ist. Da hieß es dann, Dachschützen hätte es dort gegeben.*
– *Das waren doch die Schupos selbst! Die sind an die Fenster und auf die Balkone und haben geschossen.*
– *In meine Wohnung flüchteten mehrere Menschen, weil es auf der Straße lebensgefährlich war. Dann kam die Polizei, und sie wurden verhaftet. Der Grund wurde nicht genannt. Sie wurden mit Kolbenschlägen die Treppe runtergejagt. Vorher schossen sie aus meinem Fenster. Dann wollten sie, dass ich es zumache. Da hab ich gesagt, ich bin doch nicht verrückt! Da krieg ich noch was ab! Schließlich hat einer von denen sich dazu bequemt. Geschwitzt hat er dabei und gezittert.*
– *Ich musste mit meinem Mann ins Eiscafé Waldmann flüchten.*

Dort sind wir bis kurz vor acht Uhr abends geblieben. Dann erst konnten wir ohne Gefahr für Leib und Leben nach Hause gehen. – Wir durften nicht aus dem Haus, auch als es schon ruhiger geworden war. Ein Posten stand davor, mit dem Karabiner im Anschlag.

(Genosse Niemann, KPD Altona)
Wenn wir den Nazis tatsächlich an den Fenstern und auf den Balkonen aufgelauert hätten, was wäre dann passiert? Schau dir die Straßen an, wie eng die sind. Da kannst du dem Nachbarn auf der anderen Seite die Hand reichen. Stell dir vor, wir hätten hier Schützen an den Fenstern und auf den Balkonen postiert gehabt. Die Sipo wäre nirgends reingekommen. Die wären alle auf dem Pflaster verblutet. Und? Gab es Tote bei der Polizei? Keinen einzigen! Irgendeinen soll es im Arsch erwischt haben. Den Streich hat ihm dann wohl ein Kollege gespielt oder ein Querschläger ... Außerdem, Genossin: Hier kennt jeder jeden, und ein Drittel der Leute hier im Viertel wählt die Nazis. Wenn von denen jemand einen kommunistischen Schützen sieht, dann zeigt er ihn an, das ist doch klar. Hier wird ständig jemand denunziert. Das weiß jeder. Also stellt sich keiner mit der Waffe hin und ballert auf die Polizei. Da könnte er ja gleich ins Stadthaus marschieren und auf den Polizeisenator anlegen.

(Herr Spohn, SPD-Mitglied und Häuserschutzstaffel Christianstraße)
Wir hatten keine Schusswaffen, nur Knüppel, Stangen und Gummischläuche. Vielleicht trug der eine oder andere ein Messer bei sich, aber das war's auch. Kann sein, dass eure Genossen von außerhalb Revolver dabeihatten. Ich hab keine gesehen. Aber ich hab ein paar junge Frauen bemerkt, die das Weite gesucht haben. Frauen wurden nicht durchsucht. Ich weiß ja nicht, ob die was weggebracht haben, keine Ahnung, geht mich auch nichts an. Bei uns im Hof jedenfalls wurden nur etwa zwanzig Schlagwaffen sichergestellt, oder was die Beamten dafür hielten.

Gustav stand mit den Hanteln am Fenster, mitten in der Nacht. Klara grüßte: »Guten Abend, Genosse. So spät trainierst du noch?«
Gustav setzte schnaufend seine Gewichte ab und richtete sich wieder auf: »Tagsüber ist es zu heiß, jetzt weht ein kühles Lüftchen.« Schweiß stand ihm auf der Stirn, sein freier Oberkörper glänzte feucht. Er lächelte verlegen, als würde er selbst nicht glauben, was er da gerade gesagt hat.
»Gustav ist zu Rotsport gewechselt«, sagte Klara zu Kurt, weil ihr sonst nichts dazu einfiel.
»Großartig! Rot Sport, Genosse!« Kurt hob die geballte Faust. Klara wollte ihn mit sich fortziehen. Kurt blieb stehen und hob beide Fäuste, als wären es Gewichte.
»Ganz und gar solidarisch. Darf ich mich vorstellen? Genosse Rotspon vom Roten Trinkerbund, am heutigen Abend leider Schnapsabweichler.« Er schaute auf seine erhobenen Fäuste. »Sind das nun die Rechten oder die Linken?«
Gustav sah ihn begriffsstutzig an.
»Lass das und komm jetzt mit«, schimpfte Klara. »Du musst nicht aus allem einen dummen Witz machen.«
»Das tue ich keineswegs!« Kurt stemmte abwechselnd die rechte und die linke Faust in die Höhe. »Der dumme Witz ist immer schon da, das ist ja das Merkwürdige.«
»Du bist nicht gemeint, Gustav. Er hat einen im Kahn«, sagte Klara entschuldigend und schob Kurt in den dunklen Durchgang.
»Pass auf, wenn du aufschließt, dass du nicht erschrickst«, sagte Gustav. »Da hat sich offenbar eine Katze in deine Wohnung verirrt.«
»Eine Katze?«

»Vielleicht ist sie ja durchs Fenster rein und kann nicht mehr raus. Jedenfalls wimmert sie die ganze Zeit schon.«

Klara war alarmiert. Sie stolperte hinter Kurt her durch die Toreinfahrt in den Hinterhof. Sie horchte, aber da war nichts zu hören.

»Warte mal, ich komme ja schon«, rief sie Kurt hinterher, der schon an der Haustür angekommen war und die Klinke runterdrückte.

»Ist doch auf«, brummte er vor sich hin und betrat das enge Treppenhaus.

Ich hab die Tür nicht abgeschlossen, die Fenster nicht zugemacht, bin ich denn von allen guten Geistern verlassen, dachte Klara und schämte sich gleichzeitig für ihre Panik. Aber immerhin, da oben waren Protokolle, Beweise, Ergebnisse einer mühseligen Ermittlung.

Kurt stieg nach oben, ohne die Glühbirne einzuschalten. Klara drehte den Knopf, die schwache Funzel strahlte auf. Kurt blieb einige Stufen unter dem Treppenabsatz stehen und rief: »Um Himmels Willen! Was ist denn da...«

Klara nahm zwei Stufen auf einmal. Kurt beugte sich über etwas, das auf dem Boden lag und wimmerte.

»O Gott, was ist denn da passiert? Was ist dir denn...« Kurt streckte die Hände aus, erstarrte hilflos und wusste nicht weiter.

Vor Klaras Wohnungstür lag Elly. Ihr Sommerkleid war zerrissen und ihre nackten Arme und Beine waren mit Prellungen und Schürfwunden übersät, Klara konnte auch eine Brandwunde erkennen, die von einer Zigarette stammen könnte. Elly hielt sich die Arme vors Gesicht.

»Mach doch endlich auf!«, rief Kurt ungeduldig. Er hob das verletzte Mädchen hoch.

Klara schob den Schlüssel ins Schloss und stieß die Tür auf. Licht an, Fenster zu, nicht wegen der Mücken, sondern ...

Sie schloss die Wohnungstür ab. Kurt legte Elly aufs Bett und bemühte sich um beruhigende Worte: »Ganz ruhig, nicht weinen, wir kümmern uns um dich ... Bleib da liegen ... Tut es sehr weh? Möchtest du etwas trinken? Klara! Gib mal Wasser!«

Klara goss Wasser in ein Glas und trat ans Bett. Kurt half Elly, sich aufzurichten, das Mädchen nahm die Arme vom Gesicht. Es sah noch schlimmer aus als beim letzten Mal, angeschwollen, aufgeschürft, Blutschorf in der Nase, aufgeplatzte Lippen, das eine Ohrläppchen angesengt.

»Oh nein, ist das furchtbar«, murmelte Kurt, »das ist ja grauenhaft, das ... Sieh dir das an, sie wurde...« Er zog ihr das Kleid von der Schulter und entblößte ihren Oberkörper. Weitere Brandwunden, verursacht von Zigaretten, waren zu sehen. »Aber das ist doch ... wer kann denn so etwas tun...« Einen Moment sah es so aus, als wollte Kurt sie an sich ziehen und trösten.

»He!«, sagte Elly mit rauer Stimme und stieß ihn von sich. »Lass das.«

»Bitte, Kurt!«, sagte Klara.

»Es ist nicht so schlimm, wie's aussieht«, murmelte Elly und grinste schief mit ihrem geschwollenen Mund.

»Was für ein Schwein war das?«, fragte Kurt.

Elly zuckte mit den Schultern und trank gierig das Wasserglas aus.

»Paul?«, fragte Klara.

Elly schien kurz zu überlegen und schüttelt dann den Kopf.

»Dein Vater?«

Elly zögerte und nickte dann.

»So ein Schweinehund ... den sollte man...«

»Sei mal ruhig, Kurt, sie muss sich doch erst mal waschen.« Elly ließ sich aufs Bett zurückfallen. »Ich will nicht ... ich bin müde...«

Klara holte eine Schüssel mit Wasser, Waschlappen und Handtuch. Als sie zum Bett zurückkam, zuckte Kurts Hand unter ihrem strafenden Blick zurück. Er hatte Ellys Hand gestreichelt.

»Schon gut«, sagte sie beschwichtigend. »Aber jetzt geh mal weg da.«

»Ich will nicht«, protestierte Elly.

»Lass sie doch«, murmelte Kurt, trat aber beiseite.

»Das Blut muss abgewaschen werden, damit wir sehen können, was sie sich getan hat.«

»Sie sich?« Kurt setzte sich auf den Stuhl vor Klaras Schreibtisch und suchte im Durcheinander der Papiere nach einer Zigarette. »Was redest du denn da!«

»Halt die Klappe, Kurt.«

Kurt rauchte und sah durch das Fenster in den schwarzen Himmel. Seine Hände zitterten leicht. Klara zog Elly das zerrissene Kleid aus und wusch ihr das Blut ab. Sie biss die Zähne zusammen und sagte nichts. Elly lag regungslos da, das Gesicht unter dem Arm verborgen. Als Klara fertig war, deckte sie das Mädchen zu, kippte das rötlich verfärbte Wasser in den Ausguss, wusch den Lappen aus und hängte das Handtuch auf.

Als sie ins Zimmer zurückkam, saß Kurt auf dem Bettrand und erzählte eine Geschichte. Er redete immer weiter, auch als Elly längst eingeschlafen war, bis Klara ihn anfuhr, er solle endlich aufhören.

»Und was nun?«, fragte Kurt, als sie rauchend nebeneinanderstanden und das schlafende Mädchen betrachteten.

»Ich habe Angst«, sagte Klara.

»Jetzt erst?«

»Kannst du bleiben?«

»Als Wachhund für das Kätzchen?«

»Ja.«

»Da ich nun mal nichts Besseres vorhabe …«

»Wir passen auch zu dritt ins Bett …«

»Lass mal, ich nehme den Stuhl. Setz mich hin, denk ein bisschen nach … Mir ist gerade etwas Eigenartiges widerfahren.«

Klara schaute ihn beunruhigt an, sagte aber nichts.

Im Morgengrauen, als sie aus einem unverständlichen und dennoch bedrohlichen Traum aufschreckte, lag er schlafend im Stuhl, mit herabhängenden Armen, zurückgelegtem Kopf und offenem Mund, schnarchend.

(Genosse Wichers, KPD-Mitglied, Häuserschutzstaffel Christianstraße)
Die Sipo hat völlig blind zugegriffen. Die haben jeden mitgenommen, den sie fassen konnten. Ungefähr hundert Personen wurden verhaftet, die meisten in der Großen Marienstraße und in der Christianstraße, vor allem in den Hinterhäusern. Die haben nicht viele Fragen gestellt. Bei uns kamen sie rein, wir saßen beim Skatspiel. Immer schön ruhig bleiben, lautete die Devise. Der Leutnant, der sich vor uns aufbaute, war weniger ruhig. Er brüllte: »Was tun Sie hier? – Skat spielen? Bei dem Lärm? – So? Sie haben auch schon gehört, dass geschossen wurde? Und spielen weiter? – Zeigen Sie mal das Kartenspiel! – Wie lange spielen Sie denn schon? Zwei Stunden, soso. – Das sind ja nur 31 Karten! Wie kann man stundenlang mit einer fehlenden Karte spielen? – Alle verhaften!« Er hatte sich verzählt, es waren 32 Karten. Für mich ging's glimpflich ab, ich kam drei Tage später schon wieder raus. Selbst wenn die Karte wirklich gefehlt hätte, wäre es kaum ein Grund für eine Anklage gewesen.

(Mertens, Gewerkschafter, Mitglied Eiserne Front, wohnhaft Christianstraße, über die Verhaftung von Walter Möller)
Ins Grüne, wie's die SPD-Führung wollte, ging nicht, wäre zu teuer geworden mit den Gören. Aber da ich nun mal da war, hab ich mich zur Häuserschutzstaffel gesellt. Viel mehr als in Deckung gehen war nicht. Als die Schupos reingestürmt kamen, sind wir getürmt. Wer zu lange zögerte, wurde eingesackt. Natürlich wa-

ren auch Leute aus anderen Stadtteilen hier. Dagegen hatte man nichts, im Gegenteil. Der eine oder andere hat's dann vielleicht bereut, wenn er auf dem Laster der Sipo gelandet ist. Einen vom Kampfbund, der kam aus Eppendorf, hat's besonders übel erwischt, Möller hieß der, Walter, so ein Blonder. Besonders helle war der nicht, aber zu allen freundlich. Der hat Schiss gekriegt, als das Geballere losging, und ist in eine Wohnung gerannt. Da haben sie ihn rausgeholt. Jemand sagte, unterm Bett hervorgezerrt. Und dann hieß es, er hätte eine Knarre. Die hatte er aber nicht, als er hier unten neben mir stand. Jetzt soll er wegen Mord vor Gericht. Wahrscheinlich weiß er gar nicht, wie so ein Ding funktioniert. Wo die Pistole herkam? Keine Ahnung. Es gibt ja Leute, die haben so was. Aber bestimmt nicht der Möller, der hat gezittert wie Espenlaub, als geschossen wurde, der hätte bestenfalls das eigene Knie getroffen. Behandelt wurde er wie ein Schwerverbrecher.

Ein grobknochiger, verhungert aussehender Mann mit eckigen Gesichtszügen öffnete Klara die Tür zum Hinterzimmer der Hafenspelunke. Er trug schwere Schuhe, grobe Arbeitshosen, einen nach Rauch riechenden Baumwollsweater und hatte einen stark ergrauten wirren blonden Haarschopf. Bartstoppeln und eine krumme Zigarette zwischen den Lippen, ungefähr fünfzig Jahre alt. Er blieb in der Tür stehen und musterte sie mit verkniffenem Gesicht.
»Ich möchte zu Rinke«, sagte Klara.
Der Mann nickte und blockierte weiter die Tür. Hinter ihm sah Klara die massige Gestalt des Einbrechers. »Wer ist es denn?«, hörte sie ihn fragen. Er machte sich an seinem Schrank zu schaffen und wandte der Tür den Rücken zu.
»Ja, wer ist es?«, fragte der Mann.

Klara schwieg.

»Laut Rinkes Beschreibung bist du die Kommunistin auf Abwegen.«

»Darf ich nun rein?«

»Klara Schindler.«

»Ich weiß selbst, wie ich heiße.«

Der Mann warf einen Blick an ihr vorbei. »Allein?«

»Offensichtlich.« Klara machte eine vage Geste in den leeren Flur hinter sich.

Er zog die Tür auf.

Klara bewegte sich nicht. »Und mit wem habe ich denn die Ehre?«

Der Mann kniff die Augen zusammen. »Ehre? Das ist was für Soldaten.«

»Lass sie doch endlich rein, Bandura«, rief Rinke aus dem Zimmer.

Der Angesprochene grinste und entblößte gelbe, schief stehende Zähne. Er trat beiseite, um ihr Platz zu machen. »Genossin ...«

Klara betrat Rinkes Zimmer. »Wer zum Teufel ist das?«

Rinke lachte vor sich hin. Der andere schloss die Tür.

»Bandura ist Aktivist im Hafen, besser gesagt in den Häfen der Welt. Er kommt viel herum.«

»Und weiter?«

Rinke machte eine abschätzige Handbewegung. »Und was schon? Er organisiert den Widerstand der Arbeiter und Matrosen gegen Ausbeutung und Unterdrückung – seine Worte.«

»Er allein?«

»Er allein und mit seinen Freunden von den Industrial Workers of the World zum Beispiel.«

»Sektierer«, sagte Klara abfällig.

»Achte darauf, welche Sprache du sprichst, Genossin«, sagte Bandura. »Und wessen Sprache es ist. Es gibt viele Wege zur Freiheit, aber nur einen in die Unfreiheit, und der ist gesäumt mit Stacheldraht. Dein Gefängnis baust du dir schon, indem du die Sprache der Gefängniswärter benutzt.«

Klara drehte sich zur Tür um. »Damit kann ich nichts anfangen. Ich bin nicht hergekommen, um mit einem Anarchisten über seine verqueren Ideen zu debattieren. Dafür habe ich keine Zeit.«

»Oh, oh«, rief Rinke. »Setzen Sie sich doch erst mal hin, Gnädigste. Hören Sie ihn an. Er hat Ihnen was zu bieten.«

Klara musterte den ärmlich aussehenden Mann, der zwar recht linkisch wirkte, aber doch einen verwegenen Eindruck machte.

»Du sagtest, es gäbe Gemeinsamkeiten zwischen uns«, beklagte sich Bandura.

»Nun, zumindest seid ihr beide Verfechter der direkten Aktion ... Wie wäre es also mit einem Cognac? Setzt euch doch endlich mal hin!«

Klara schüttelte den Kopf und blieb stehen.

»Wir haben dir deinen Revolver besorgt!«, sagte Rinke. »Eigentlich er, ich bin ja zu so was nicht mehr in der Lage. Komme hier nicht weg. Der letzte Bruch ging schief, jetzt sind sie hinter mir her. Bandura ist viel besser. Er bewegt sich durch die Gewässer der Illegalität wie ein Fisch im Wasser.«

»Der Hering schwimmt geschützt im Schwarm, der Wal ist leichte Beute für den Harpunier«, sagte Bandura.

»Ich bin so wenig Wal wie du ein Hering«, brummte Rinke. »Zeig ihr endlich die Waffe, sonst rennt sie doch noch weg.«

»So einfach ist das nicht.« Bandura setzte sich aufs Sofa und verschränkte die Arme. »Ich muss erst wissen, wozu sie sie benutzen will.«

»Also läuft es doch auf einen Cognac hinaus, Gott verdammt noch mal! Das ist ja schlimmer als eine Eheanbahnung.«

Klara setzte sich zögernd auf einen Sessel.

»Wenn ich eine Waffe weitergebe, will ich wissen, wen die Kugel treffen soll.« Bandura nahm sein Cognacglas entgegen und nickte Klara auffordernd zu: »Also?«

Klara nahm einen Schluck aus dem Glas, das Rinke ihr reichte, und erklärte, um was es ging. Als sie fertig war, stand Bandura auf, schob den Sweater hoch, zog einen Revolver aus dem Gürtel und legte ihn auf den Tisch. Dann nahm er eine Patronenschachtel aus der Hosentasche und schob sie daneben.

»Wie viel?«, fragte Klara.

»Unverkäuflich«, sagte Bandura. »Du bekommst ihn nur geliehen. Er hat einen weiten Weg hinter sich, wurde um die halbe Welt von einer Hand zur anderen gereicht. Alle, die damit geschossen haben, hatten einen guten Grund.«

»Und wen hast du damit erschossen?«, fragte Klara.

»Es war nur Notwehr. Dafür ist er eigentlich nicht gedacht. Ein Politkommissar auf einem sowjetischen Frachter, der nicht einsehen wollte, dass die Seeleute auf seinem Schiff die gleichen Freiheitsrechte haben wie alle anderen.«

»Einen russischen Kommunisten!« rief Klara alarmiert aus.

Bandura lachte. »Ich habe ihn nur ins Bein geschossen. Er wollte nicht, dass wir Flugblätter verteilen und zum Streik aufrufen.«

»Warum sollte jemand auf einem sowjetischen Schiff streiken? Sowjetrussland ist das Vaterland der Proletarier. Der Staat gehört den Arbeitern.«

»Ha!«, rief Bandura aus, »ich bin für eine freie Gesellschaft der Arbeiter, aber in Russland haben die Arbeiter keine Macht und keine wirkliche Freiheit! Keine Partei kann den Arbeitern Freiheit geben, denn die Freiheit müssen sie sich selbst erkämpfen. Dafür brauchen sie weder Partei noch Staat.«

»Aber der Staat gehört den Arbeitern ...«

»Irrtum. Das in Russland ist kein Sozialismus, sondern die Diktatur einer konterrevolutionären Bande von Eunuchen. Stalin muss gehen, ehe die Macht der Arbeiter wieder aufgerichtet werden kann!«

»Jetzt geht's wieder gegen Stalin«, kommentierte Rinke amüsiert. »Du vergisst immer wieder, dass es Trotzki war, der auf

Befehl Lenins die aufständischen Matrosen von Kronstadt niedergemetzelt hat.«

»Ich vergesse nichts!«, rief Bandura. »Diktatur ist immer das Gegenteil von Freiheit, egal in wessen Namen sie errichtet wird.«

»Und was ist, wenn dem Volk meine Art von Freiheit nicht schmeckt…«, fragte Rinke.

»Es gibt ein allgemeines menschliches Interesse…«

»…oder wenn das Volk sich nach Unfreiheit sehnt?«

»…und das ist die Freiheit, kein Mensch legt sich freiwillig die Ketten der Knechtschaft um.«

»Und da bist du dir so sicher?«

Klara stand auf und trat an den Tisch. Sie streckte die Hand aus und strich mit den Fingern über den kalten Stahl des Revolvers. Die Waffe war nicht gerade eine glänzende Erscheinung und wirkte mit dem kurzen Lauf und dem dicken Griff schlecht proportioniert. »Webley No. 2« stand neben der Trommel eingraviert. Darunter ein Symbol, das wie eine geflügelte Kugel aussah. Die Seriennummer war unkenntlich gemacht.

Klara nahm ihn in die Hand, und da stand auch schon Bandura neben ihr und erklärte: »The British Bulldog, sehr gut auf kurze Distanz zu benutzen, Kaliber .450 mit solider Durchschlagkraft. Der ist klein genug, um ihn in deiner Mantel- oder Jackentasche zu verbergen. In die Trommel passen fünf Patronen. Sie ist jetzt leer. Lade alle fünf Kammern, auch wenn du nur einen Schuss abgeben willst.«

»Der ist schwer…«

»Eher leicht. Andere Revolver wiegen fast doppelt so viel. Dieser hier hat den Vorteil, dass er klein ist und trotzdem schwere Munition abfeuern kann.«

Klara legte die Waffe auf den Tisch zurück, unschlüssig, was sie damit anfangen sollte.

»Wenn du ihn laden willst…« Bandura öffnete die Patronenschachtel und demonstrierte, wie die Trommel ausge-

187

schwenkt und bestückt wurde. »So, klein und fein, für Damenhände wie geschaffen.« Er hielt Klara die Waffe hin. Sie streckte unschlüssig die Hände aus, und er legte sie hinein. »Du solltest vorher üben, irgendwo draußen im Wald.«
Klara spürte, wie ihre Hände leicht zitterten.
Bandura wandte sich ab und suchte nach seinem Cognacglas.
Mit einem Mal stand Rinke vor ihr und sagte mit ernstem Gesicht: »Bedenke, dass du allein die Verantwortung trägst und niemand sonst ... egal in welchem Namen du zu handeln glaubst ...«
Sie nickte mechanisch.
»Nimm die Patronen raus«, sagte Rinke zu Bandura. »Dann kann sie Knarre und Schachtel in ihrer Jacke verstauen.«
Klara schaute zu und nahm den Revolver entgegen. Er wog schwer in ihrer Tasche.
Hoffentlich zerreißt dir das Innenfutter nicht. Sicher sieht man dir an, dass du etwas Verbotenes mit dir herumträgst. Überreicht von einem Konterrevolutionär. Es ist unmöglich, es wird niemals funktionieren. Vielleicht ist es ohnehin falsch. Aber es nicht zu tun, wäre ebenso verkehrt, eher schlimmer.

(Fräulein Erlenbach, Arbeiterin in einer Fischkonservenfabrik, wohnhaft Finkenstraße, über die Verhaftung von Kurt Wolff)
Ich kam vom Städtischen Krankenhaus, wo meine Mutter liegt. Hier bin ich zufällig reingeraten, denn als der Zug kam, konnte ich nicht weiter, und dann fingen die an zu prügeln und zu schießen, da musste ich Schutz suchen. Ich war sehr aufgeregt. Im Hinterhof hat mich ein sehr eleganter junger Herr beruhigt.

Tatsächlich kannte er mich. Aus einer orthopädischen Schuhma-
cherei. Dort hatte meine Mutter sich Schuhe machen lassen, sie
hat ein kurzes Bein und einen Klumpfuß. Er hatte uns bedient.
Kurt Wolff heißt er, hat man mir gesagt. Ich war nämlich später
im Laden, um die neuen Schuhe abzuholen, und hab gefragt, wie
es ihm ergangen ist. Da sagten sie mir, er sei noch immer in Haft.
Er soll einen SA-Mann erschossen haben. Das hat mich sehr
empört. Ein so höflicher Mensch! Wie ein Kommunist sah er nicht
aus: Blauer Anzug, geplättet, Krawatte und Hut. Und Manieren
hatte er! Er hat sich um Leute gekümmert, die verängstigt waren,
und ihnen geholfen, Schutz zu suchen. Ich hab ihn die ganze Zeit
über beobachtet, weil ich ihn ... na sagen wir mal, er hat mir
schon gefallen ... Deswegen frag ich auch jetzt ab und zu nach,
ob er schon raus ist. Die können ihn ja nicht ernsthaft vor Ge-
richt bringen!

(Genossin Erna Senf, wohnhaft Schauenburgerstraße 12,
über die Verhaftung von August Lütgens)
... wenn das so eine Art Protokoll ist, möchte ich lieber nichts
über den RFB sagen ... Ich bin verwitwet, meine Tochter ist er-
wachsen, und seit August wieder in Deutschland ist, haben
wir ... na ja, eine Beziehung. Ich weiß, dass er noch Familie in
Russland hat, aber das ist jetzt erst mal ... weit weg. Ist ja auch
so schon kompliziert genug ... meine Tochter ... sie ist August
auch zugetan, aber sie ist ja an diesen Nazi geraten, Bertel Stern-
kopf, vielleicht, um zu zeigen, dass sie nicht so will wie die
Mutter...
Wie auch immer, es gefällt ihr nicht, das mit mir und August,
und sie hat den Sternkopf angestachelt, nachdem sie einen Zettel
gefunden haben, August anzuzeigen. Dass er für die Revolution
arbeitet, ist ja kein Geheimnis, also ist er auch bekannt bei den
Vertretern der Klassenjustiz. Und da passt ein angeblicher Plan
für den sogenannten Feuerüberfall auf den Nazi-Zug gut rein.
Dabei war es nur eine Skizze mit ein paar Straßen drauf, die ha-
ben sie bei mir zu Hause gefunden. Scheinbar hat jemand von der

Polizei noch was dazu gemalt, und jetzt heißt es Aufmarschplan von Rotfront und Roter Marine.
Außerdem hätten wir hier in meiner Wohnung Feuergruppen beherbergt, wird behauptet, es waren aber nur Personen, die von der Straße ins Haus geflüchtet sind, weil geschossen wurde. Wenn einer hier wohnt, das muss doch auch der Dümmste wissen, nimmt er nicht eine Waffe in die Hand und schießt vor seinem Haus herum, wo alle ihn kennen. Da kann er sich ja gleich selbst anzeigen.
Aber es geht wohl darum, einen Revolutionär aus dem Verkehr zu ziehen. Und für Sternkopf sicher nur ums Geld – der will natürlich die 5000 Mark Belohnung kassieren, die auf die Verhaftung eines angeblichen Rädelsführers gezahlt werden. Der Schweinehund kommt mir nicht mehr ins Haus, und meine Tochter kann mir auch gestohlen bleiben.

»Na, hast du Bandura kennengelernt?«, raunte Kurt ihr zu.
»Ja.« Klara spürte einen leichten Schwindel und lehnte sich gegen den Tresen. Neben ihr versuchte eine zahnlose Alte, einem dicken Mann den Bierkrug aus der Hand zu reißen. Das Bier schwappte auf seinen Bauch, er fluchte und jagte sie davon.
Kurt schnippte mit den Fingern. Ein Glas wurde neben sie gestellt.
»Du siehst blass aus. Trink. Echter Jamaika-Rum.«
Klara schüttelte den Kopf. »Wieso wollt ihr mich alle betrunken machen.«
»Ist er nicht großartig?«, fragte Kurt.
»Ich hab noch gar nicht probiert.«
»Ich meine Bandura!«
»Was soll an dem denn großartig sein?«

Die zahnlose Alte näherte sich, die Augen starr auf Klaras Rum gerichtet. Kurt scheuchte sie mit einer herrischen Geste fort.

»Er ist eine Legende!«

»So?«

»Zu Hause in allen Häfen, auf allen Schiffen. Seit er aus der Ukraine geflüchtet ist, organisiert er Seeleute und Hafenarbeiter im Kampf gegen die Unterdrückung.«

»Wieso musste er aus der Ukraine flüchten?«

»Er war an der Bauernrebellion beteiligt, zuerst gegen die Großgrundbesitzer, dann gegen die Bolschewisten…«

»Ein Konterrevolutionär also.«

»Sie wollten eine unabhängige freie Bauernrepublik, die Russen wollten ihren Weizen und haben ihn sich mit Gewalt geholt … wer ist hier denn konterrevolutionär?«

»Wer nicht in geschichtlichem Maßstab denken kann, ist es«, sagte Klara müde.

»Bandura wurde Matrose«, fuhr Kurt fort. »Und organisiert seitdem die revolutionären Seeleute auf allen sieben Meeren, und nun ist die GPU hinter ihm her, weil er die Führungsrolle der Kommunisten ablehnt.«

Klara nippte an ihrem Rum. Er schmeckte ihr besser als Rinkes Cognac. Sie suchte in ihrem Jackett nach dem Zigarettenetui, spürte das kalte Eisen in der Tasche, und ihre Hand zuckte zurück.

Etui und Feuerzeug fand sie in der Innentasche. Kaum hatte sie eine Zigarette angezündet, näherte sich die Alte wieder. Klara schob ihr die brennende Zigarette in den zahnlosen Mund und nahm sich eine zweite. Die Alte lachte lautlos und bedankte sich mit übertriebenem Kopfnicken.

»… wenn die Arbeiter sich selbst organisieren, schickt die KP ihnen ihre Agenten auf den Hals. Sie haben ihn bedroht, sie wollten ihn bestechen, haben ihm großartige Posten versprochen, aber Bandura lässt sich nicht unterkriegen…«

»Weißt du, was eine Bandura ist?«, unterbrach Klara seinen

Redefluss, »das ist eine Art Zither, nach der die Kosaken tanzen. Und das ist es, was dein ukrainischer Bauer macht: Er tanzt der Partei auf der Nase herum, als Hofnarr der Arbeiterbewegung, das ist alles!«

»Ein Narr am Hofe des Tyrannen Stalin! Was für eine großartige Idee für ein Theaterstück!« Kurt grinste verkniffen, griff nach seinem Rumglas und trank es mit einem Zug leer. Dann beugte er sich zu ihr und flüsterte: »Aber er hat dir besorgt, was du brauchst, oder? Ihr seid Verbündete. Und was bist du nun, Klara, eine Närrin?«

Er fuhr zurück, bevor sie ihm eine Ohrfeige verpassen konnte. Sein Blick glitt zur Tür, er reckte neugierig den Hals, und Klara bemerkte zu ihrer Verwunderung, wie sich seine Gesichtszüge entspannten und so etwas wie der Anflug eines Lächelns sichtbar wurde.

»Da ist meine kleine Aktrice.«

Was hat er nun wieder für ein Flittchen aufgetrieben, dachte Klara und merkte erst dann, dass er Elly meinte, die, diesmal wieder wie ein Junge gekleidet, das Kellerlokal betrat. Kurt bahnte sich den Weg zwischen den betrunkenen Gästen hindurch zur Tür und fasste das Mädchen mit einer beinahe scheuen Geste am Arm. Der hat's ja eilig, dachte Klara, und beobachtete, wie die beiden sich in einer Ecke auf eine Bank setzten und miteinander redeten. Elly war noch immer gezeichnet von den Prügeln, die sie eingesteckt hatte.

Klara erkannte die Art der Gesten, den Ausdruck von Trunkenheit und Begeisterung auf Kurts Gesicht wieder. Er redete sich in Rage wie früher, als ein anderes junges Mädchen ihm so gegenübergesessen hatte, auch in Jungskleidern, das es damals aber nicht zugelassen hatte, dass er sie ständig am Arm fasste oder ihr die Hand auf den Oberschenkel legte ...

Klara kramte nach Kleingeld in ihrer Hosentasche. »Gib mir noch einen Rum!«

Eine Frau in einem abgetragenen schwarzen Musselin-Kleid, die gut fünfzehn Jahre älter war als Klara, trat neben sie und

sagte mit bemüht rauchig klingender Stimme: »Hello, boy –
was hast du denn da Schweres in deiner Tasche?« Sie ergriff
Klaras Arm und versuchte, sie zu sich zu ziehen.

Klara stieß sie fort: »Lass das!«

Die Frau taumelte gegen den Tresen und sagte erschrocken:
»Entschuldige, ich dachte, du suchst Gesellschaft.«

»Wohl kaum.«

Der Rum brannte das Gefühl der Beklemmung in ihrem Ma-
gen nieder. Die Süße der Eifersucht verwandelte sich in Bit-
terkeit wie Karamellzucker, der zu lange auf dem Feuer steht.
Manchmal sieht man Sachen, die gar nicht passieren. Kurt
hat nicht versucht, seine Hand unter Ellys Jacke zu schieben,
es wirkte nur so, aus dieser Perspektive, als er ihre Schulter
anfasste. Aber vielleicht tut er es ja gleich oder nachher in
einer dunklen Ecke. Und sie lässt es bestimmt zu, das sieht
man ihr doch an. Ein bisschen Haut auf Haut als Trost für
erlittene Schmach. Raue Hand streicht über glatte Rundun-
gen, ein bisschen Wärme nur, durch die Reibung, mehr ist
es sowieso nicht. Warum sich darüber aufregen? Ich bin allein, worauf kommt es noch an? Allein mit einem viel zu
schweren Gewicht in der Jackentasche…

Elly sprang von der Bank auf und kam auf sie zu. Immer das
Gleiche, Kurt ist kein Mann, dem man sich einfach so an-
vertraut, es sei denn die Verzweiflung nimmt überhand,
dann kann er durchaus so etwas wie eine Heimstatt bieten,
für kurze Zeit.

Ohne zu fragen, nahm Elly ihr das Glas aus der Hand, trank
es aus und gab ihr das leere Glas zurück. »Er ist ein Idiot. Er
will, dass ich in einem Theaterstück auftrete. Er hört gar
nicht auf, davon zu reden.«

»Das ist so seine Art, Mädchen auf die Bühne zu stoßen, und
dann, wenn die Buhrufe kommen und die Gläser fliegen,
haut er ab durch die Hintertür.«

»Und mit so einem Spinner gibst du dich ab.«

»Ja, dafür liebe ich ihn. Aber wenn du keine Lust hast,

dich für Kurt zu blamieren, dann lass uns doch einfach gehen.«

»Wohin denn?«

»Nach Hause.«

»Darf ich mitkommen?«

»Ja, komm.«

Sie winkten Kurt zu, der ihnen apathisch hinterherstarrte.

Was für ein albernes Pingpong-Spiel, dachte Klara, das Mädchen mal zu ihm und mal zu mir schubsen.

Ein Stück weit folgten sie der Hochbahnbrücke.

»Du magst also kein Theater«, sagte Klara, nur um irgendetwas zu sagen.

»Ich will keine Mädchen spielen.«

»Und er nicht mit Jungs.«

Elly stutzte, brach dann in Lachen aus und hängte sich bei Klara ein.

Zu Hause angekommen, zogen sie sich ganz selbstverständlich aus. Es war ja warm. Bevor sie sich unter das kühle Laken legten, sagte Elly scherzhaft: »Zwei Männer im Bett ist bestimmt komisch.«

Sie lachten, und für eine Weile war es schön.

Als Klara aufwachte, saß Elly an ihrem Schreibtisch, das Jackett der Freundin um die Schultern geworfen, und untersuchte den Revolver. Die Trommel hatte sie schon ausgeschwenkt, die Schachtel mit der Munition lag bereit. Klara sprang auf und nahm ihr die Waffe weg.

»Du hast sogar Patronen dafür«, stellte Elly fest.

»Sei still.«

Viel wurde nicht mehr geredet in dieser Nacht, und auch am Morgen waren beide sehr schweigsam. Elly schüttelte den Kopf, als Klara anbot, Kaffee zu kochen. Sie zog sich hastig an und ging.

Klara legte Revolver und Munition in einen Holzkasten, schnürte ihn zu und ging ins Vorderhaus, wo sie Gustav bat, ihn für sie aufzubewahren.

(Herr Raeschke, Ehemann des Opfers Anna Raeschke, 34 Jahre, Hausfrau, Kleine Marienstraße 23a, 3. Stock)
Als ich am 17. Juli abends nach Hause kam, lag meine Frau im Sterben. Sie hatte einen Schuss in den Kopf bekommen, als sie gerade am Tisch saß und zu Abend aß. Sie fiel vom Stuhl und lag da, bis ich kam ... Ein Stückchen Brot hatte sie noch im Mund. Ich hab gleich um Hilfe gerufen. Ein Wachtmeister kam hoch, da war sie schon tot. Der Polizist sagte, der Schuss müsse von der Friedrichsbaderstraße gekommen sein, das war ihm ganz wichtig, aber ich hatte doch gar nicht behauptet, dass es die Polizei war. Später hieß es dann, es sei ein Geschoss aus einem Militärgewehr gewesen, wie es Polizisten haben. Aber warum sollte die Polizei meine Frau totschießen? Mit der Kommune hatte sie nichts zu tun, sie war eine strenggläubige Christin ... jeden Donnerstag ist sie zum Handarbeitskränzchen bei Pastor Siegmann gegangen...

(Herr Sommer, Arbeitsloser, Vater des Opfers Erna Sommer, 19 Jahre, Dienstmädchen, Große Marienstraße 7)
Meine Tochter war mit dem Jungen allein bei uns zu Hause, er ist zwei Jahre alt. Als die Schießerei auf der Großen Johannisstraße losging, bekamen beide Angst und liefen nach oben in die Wohnung einer Nachbarin. Als sie im zweiten Stock durch das geschlossene Fenster nach draußen schaute, wurde sie getroffen. Sie war nicht gleich tot, sondern ist verblutet mit dem Kind in den Armen, weil niemand zu ihr konnte wegen der Schießerei. Es dauerte lange, bis die Sanitäter kamen, sie ist dann auf dem Transport ins Krankenhaus verstorben. Ich bin nicht politisch organisiert, meine Tochter war es auch nicht, aber die Rote Hilfe hat die Beerdigungskosten übernommen, weil ich Wohlfahrtsempfänger bin und die Mittel aus eigener Tasche nicht aufbringen konnte.

Ich hab dann gesagt: Sie ist mit den anderen gestorben und soll mit den anderen zusammen unter roten Fahnen beerdigt werden.

(Frau Miersch, Ehefrau des getöteten Melkers Willi Miersch, Mitglied der KPD, 25 Jahre, Holstpassage 12, 2. Stock)
Mein Mann war unter der Woche auf dem Land und wollte das Wochenende bei uns verbringen. Als er ankam, war die Schieße-rei schon im Gang. Ich saß mit den beiden Kindern im Hinter-zimmer. Das Fenster war auf. Mein Mann ging ans Fenster und schaute raus. An der Unzerstraße ständen Menschen im Keller, die nicht weiterkonnten, sagte er, als unten einer rief »Fenster zu« und sofort schoss. Nachbarn haben gesehen, dass der Sipo in Knie-stellung ganz genau gezielt hat. Willi hatte keine Zeit mehr, das Fenster zu schließen, er wurde seitlich in die Brust getroffen und brach zusammen. Ich hab furchtbar laut geschrien, die Kinder fin-gen an zu weinen. Der Älteste weint immer noch, will gar nicht aufhören, wo es doch schon ein paar Wochen her ist ... und ich bin schwanger ...

(Herr Zehe, Anwohner, Unzerstraße 58, zum Tod von Karl Rasch, Arbeiter, Gewerkschafter, ehemals Mitglied des Reichs-banners, 28 Jahre)
Aus der Holstpassage hörte man einen schrecklichen Schrei, und sofort eröffneten die Polizisten, die an der Kreuzung Bürgerstraße standen, in diese Richtung das Feuer. Dabei kam unser Haus an der Ecke unter Beschuss. Vier Kugeln flogen in die Wohnung im ersten Stock, eine davon erwischte den Rasch im Genick. Sein Schwiegervater hat Strafantrag wegen Mordes gegen die Polizei ge-stellt. Da hat er sich was aufgeladen, wo er doch jetzt die zwei Kinder von Karl auch noch durchbringen muss. Er meint, die Be-weise seien klar: Eine Kugel, die einen Hinterkopf durchschlägt, aus der Kehle austritt, die Küchentür durchschlägt und dann im anderen Zimmer in der Wand stecken bleibt, kann nicht aus ei-ner Pistole kommen. Da kommt nur ein Militärgewehr in Frage, und solche hatten die Sipos in der Bürgerstraße.

Sie kamen in der Nacht und brachen die Tür mit einer Axt auf. Als Proleten verkleidet schlichen sie durch die Gänge, und niemand schöpfte Verdacht. Einer von ihnen baute sich vor Klaras Bett auf und hielt ihr seinen Ausweis hin. Staatspolizei. Vier Männer.
»Sind Sie Klara Schinder?«
»Schindler heiße ich.«
»Meinetwegen.«
Einer blieb an der Tür stehen, einer schloss das Fenster und postierte sich davor, einer wühlte den Schrank durch und warf einen Rock und eine Bluse auf die Bettdecke. Klara darunter nackt.
»Sie glauben doch nicht im Ernst, dass ich mich vor Ihnen anziehe.
»Nehmen Sie die Decke um und versuchen Sie's. Wir schauen weg.«
Klara deutete auf den Stuhl vor dem Schreibtisch: »Das da sind meine Sachen.«
»Dann los!«
Klara stand auf, die Bettdecke um sich geschlungen. Ihre wütende Hilflosigkeit verwandelte sich in Resignation.
Der Wortführer nahm ihr schließlich die Decke ab und hielt sie so, dass sie sich dahinter in der Nische zwischen Schreibtisch und Kommode ankleiden konnte.
Als sie fertig war, ließ er die Decke zu Boden fallen und herrschte sie an: »Wo ist die Pistole?«
»Wie bitte?«
»Die Schusswaffe, der Revolver!«
»Wovon reden Sie?«
Er drehte sich auf dem Absatz um und kommandierte:

»Alles durchsuchen!« Den Beamten vor dem Fenster winkte er zu sich: »Handfesseln anlegen!«

»Ich protestiere! Sie haben nichts gegen mich vorzuweisen.«

Der Stapo-Mann zog einen zusammengefalteten Zettel aus der Jackentasche und hielt ihn ihr hin. Klara las: Durchsuchungsbefehl, verdächtige Person, Gefahr im Verzuge, Beschlagnahme einer Schusswaffe. Sie bekam einen zweiten Zettel, darauf stand: dringender Tatverdacht, Fluchtverdacht, vorläufige Festnahme.

Sie rief: »Was soll das?«

Der Beamte nahm ihr die Zettel weg und sein Untergebener legte ihr die Fesseln an.

Die anderen beiden waren bereits damit beschäftigt, alles in Unordnung zu bringen. Der eine riss die Kleider aus dem Schrank, der andere leerte die Bücherregale und warf achtlos die auf dem Schreibtisch liegenden Papiere und Zeitungsausschnitte auf den Boden. Klaras gesammelte Zeugenaussagen lagen in einem Pappkarton unter dem Tisch mit einem irreführenden Deckblatt: »Märchen der Brüder Grimm – neu erzählt«. Einer der Stapo-Männer beugte sich keuchend unter die Tischplatte und holte den Karton hervor, ging die Blätter hastig durch, er suchte eine Waffe, kein Material, das die Polizeibehörde belastete.

Motorengeräusch näherte sich, ein kurzes Hupen.

Der Anführer kommandierte: »Weitermachen!« und nickte dem Beamten zu, der Klara gefesselt hatte. Sie schoben sie die Treppe hinunter. Einer ging voran, einer hinter ihr. Draußen hatten sie es eilig, in den wartenden geschlossenen Wagen zu steigen.

Klara bemerkte ein bekanntes Gesicht hinter dem Fenster des Vorderhauses, dann wurde ihr Kopf nach unten gedrückt, und sie bekam einen Stoß, der sie auf den Rücksitz warf. Gut, Gustav wusste Bescheid, er würde hoffentlich die Rote Hilfe informieren.

Der Untergebene setzte sich neben Klara, sein Chef ging zurück in die Wohnung.

Der Wagen rollte wie ein feindlicher Panzer durch die engen Gassen, erreichte eine breite Straße und stand schon nach wenigen Minuten im Innenhof des Stadthauses.

Über mehrere Treppen und durch verwinkelte Flure wurde Klara in ein Verhörzimmer geführt. Darin stand ein breiter Tisch mit zwei Stühlen auf der einen und einem Stuhl auf der anderen Seite, vor einer Wand ein kleinerer Tisch mit einer Schreibmaschine darauf, davor ein Hocker. Die Beamten, die sie gebracht hatten, blieben draußen stehen. Hinter ihr fiel die Tür ins Schloss.

Neben dem großen Tisch stand ein kleiner, breitschultriger Mann mit hoher Stirn, tief liegenden dunklen Augen und straff zurückgekämmten Haaren. Er trug einen nagelneuen dunklen Anzug, und die Pomade in seinem Haar verströmte einen Geruch nach Tannennadeln.

»Guten Abend«, sagte er. »Ich bin Inspektor Kraus.«

»Ich protestiere gegen diese Verhaftung!«, erklärte Klara.

Kraus deutete auf eine silberne Zigarettendose, die neben einem Aschenbecher auf dem Tisch lag: »Rauchen Sie?«

»Ich habe meine eigenen!«

»Wie Sie wünschen.« Er griff nach dem Etui, nahm sich eine Zigarette mit Goldmundstück heraus und suchte in seinem Jackett nach Feuer. Kopfschüttelnd stellte er fest, dass er keins bei sich hatte. Klara hatte unwillkürlich ihr eigenes Etui herausgeholt und steckte sich eine ihrer Selbstgedrehten in den Mund. Mechanisch schnippte sie das Feuerzeug an, hielt es an ihre Zigarette, inhalierte und stieß den Rauch aus.

Kraus sah sie durch die blauweiße Wolke hindurch auffordernd an: »Darf ich ...?«

Sie stellte das Feuerzeug auf den Tisch.

»Danke.« Er nahm es, zündete sich seine Zigarette an, hielt inne und betrachtete verwundert das Feuerzeug mit dem eingravierten Blitz. Er trug mehrere Ringe an den Fingern.

»Sieh mal an«, sagte er. »Genau so eins hatte ich auch mal ... und dachte, ich sei der Einzige damit ... Ist mir abhanden gekommen ... Schade, es war ein Geschenk. Aber bitte, nichts für ungut.« Er gab ihr das Feuerzeug zurück.

Klara merkte, wie ihre Knie weich wurden.

Kraus lächelte kalt. »Setzen wir uns doch, Fräulein Schindler.«

Im weißlichen Licht der Deckenlampe wirkte das Zimmer winterlich. Klara fröstelte, obwohl sie eine Jacke trug. Sie wollte nicht, aber sie musste sich setzen.

Kraus nahm sich einen der gegenüberstehenden Stühle, beugte sich zur Seite und hob eine Flasche und zwei Gläser hoch, die er auf den Tisch stellte.

»Mögen Sie Apfelsaft?«

Klara schüttelte den Kopf.

Kraus stellte die Flasche wieder neben das Tischbein, die Gläser blieben oben.

»Was wollen Sie von mir?«, fragte Klara.

Kraus schien zu überlegen.

Klara deutete auf den kleinen Tisch vor der Wand. »Wieso sitzt da niemand und protokolliert? Ich verlange ein Protokoll!«

Kraus wehrte nachlässig ab. »Dazu haben wir später noch Zeit.«

»Ich habe ein Recht darauf. Es muss ein Zeuge anwesend sein!«

Kraus lachte vor sich hin. »Sie berufen sich auf Rechte, als Kommunistin?«

»Sagen Sie endlich, was das hier alles soll.« In ihren eigenen Ohren klang ihre Stimme brüchig, weinerlich.

Kraus' Augen glitzerten hinterlistig. »Sie sind es, Fräulein Schindler, die sich erklären muss. Sie wandeln auf kriminellen Pfaden. Und ich meine nicht diese ... männliche Staffage.« Er deutete auf ihre Kleidung. »Auch wenn das Anlass zu einigen Vermutungen bietet, aber wir sind hier nicht bei der Sitte.«

Wut, es darf nichts anderes sein, warum deine Hand zittert, sagte sich Klara, als sie die Zigarette zum Mund führte. Dieser Gartenzwerg hat gar nichts zu melden. Er traut sich noch nicht mal, ein Protokoll schreiben zu lassen. Wahrscheinlich hat er nichts gegen dich in der Hand.

Kraus schlug mit der flachen Hand auf den Tisch. »Wir haben einen Revolver bei Ihnen gefunden!«

»Haben Sie nicht.«

»Leugnen Sie nicht … sogar ein Päckchen Munition…«

»Ihre Leute haben nichts gefunden und werden nichts finden. Fragen Sie doch nach.« Klara deutete zur Tür.

»Ich weiß doch…«

»Wenn Sie etwas zu wissen glauben, dann irren Sie sich.«

Kraus sprang auf, seine rechte Hand sauste durch die Luft und traf Klara an Mund und Nase. Dafür also waren die vielen Ringe an seinen Fingern da … Klara fuhr erschrocken zurück.

»Oh, das tut mir leid, sie haben sich verletzt.« Kraus zog ein säuberlich zusammengefaltetes weißes Taschentuch aus der Tasche und legte es vor sie hin.

Klara schmeckte Blut, es lief warm über ihre Finger, als sie die Hand gegen die aufgesprungenen Lippen presste. Ein pochender Schmerz, ein Brennen, aber sie ließ das Taschentuch liegen.

»Sie müssen besser auf sich aufpassen, sonst macht man mir noch Vorwürfe.« Kraus trat neben sie und legte seine geballte Faust gegen ihre Schläfe. Sie spürte drei kalte kantige Ringe auf der Haut. Die Faust ruckte zurück und wieder vor und gab ihr einen Schubs.

Nun baute er sich hinter ihr auf. »Unsere Dienststelle wurde zur Bekämpfung des Kommunismus eingerichtet. Sie sind Kommunistin, also ist es meine Pflicht, Sie zu bekämpfen, das verstehen Sie doch?«

Klara starrte schweigend auf die Tischplatte.

»Darüber hinaus haben Sie Umgang mit Gewohnheitskriminellen und Berufsverbrechern, mit anarchistischen Aufrührern. Planen Sie einen Überfall, einen Anschlag auf den Staat und die Volksgemeinschaft? Müssen wir Sie vor sich selbst schützen, Fräulein Schindler?«

Mit zwei kurzen Schritten war er neben ihr auf der anderen Seite. Klara zuckte zusammen.

»Ihre Bluse ist beschmutzt. Das Jackett auch. Wie schade.« Er beugte sich zu ihr und raunte in ihr Ohr: »Nun müssen Sie wieder ein Kleid tragen. Aber unterstehen Sie sich, sich noch mal an Wachtmeister Behn heranzumachen. Angehörigen der Orpo ist der Umgang mit staatsfeindlichen Elementen verboten, egal ob sie Röcke oder Hosen tragen. Verstanden!«, fügte er brüllend hinzu.

Es ist nur ein Trick, er will dich einschüchtern, dachte Klara. Und dass du jetzt zitterst, hat nichts zu bedeuten.

Er ging um den Tisch herum und baute sich jetzt ihr gegenüber auf. Mit ruhiger Stimme, als wäre er durch nichts aus der Fassung zu bringen, fuhr er fort: »Auch dieses gewisse Spionieren in einer Siedlung in Fuhlsbüttel hat zu unterbleiben. Es würde im Wiederholungsfall ernste Folgen haben, das kann ich Ihnen versichern. Fassen Sie das als gut gemeinte Warnung auf, nicht alle sind so geduldig wie wir.«

Kraus blickte eine Weile vor sich auf die Tischplatte, warf einen Blick zur Tür und ging schließlich wortlos hinaus.

Er blieb länger fort. Klara saß da und rauchte. Noch immer lag das blütenweiße Taschentuch vor ihr. Die Wunde hatte aufgehört zu bluten.

Durch das Fenster, das zum Innenhof ging, konnte sie sehen, wie es hell wurde. Sie stand auf und ging zum Fenster. Sie befand sich im dritten Stock. Wenn das erst der Anfang war, wenn sie dich richtig quälen wollen, dann springst du raus, nahm sie sich vor.

Lautes Schimpfen draußen im Gang drang zu ihr. Schritte näherten sich. Sie widerstand dem Drang, sich eilig wieder hinzusetzen, und blieb am Fenster stehen.

»Nichts, nichts? Was heißt nichts?«, hörte sie Kraus brüllen.

Die Tür wurde aufgerissen, und er trat ein. Hinter ihm bemerkte sie den Anführer der Truppe, die bei ihr zu Hause eingedrungen war. Er sah nicht gerade glücklich aus.

»Hinsetzen!«, blaffte Kraus sie an. »Wer hat dir erlaubt aufzustehen?«

Klara setzte sich wieder auf den Stuhl. Kraus nahm seine Position gegenüber wieder ein und griff zornig nach dem Feuerzeug, das sie auf dem Tisch liegen gelassen hatte.

»Ich gebe dir noch eine Chance, du Flittchen«, sagte er. »Wo hast du den Revolver versteckt?«

»Ich hab keinen Revolver.«

»Verdammte Thälmannschlampe!« Er hob den Arm und warf ihr das Feuerzeug mit voller Wucht ins Gesicht. Tränen schossen aus den Augen, Blut aus der Nase.

Kraus stapfte zur Tür, riss sie auf und schrie: »Bringt sie weg, los!«

Der Beamte, der hereinkam, wollte Klara das Taschentuch reichen, aber sie wandte sich ab und vergrub das Gesicht in der Armbeuge.

»Jetzt seht euch das an, wie ihr mir die Leute zum Verhör bringt«, sagte Kraus. »Ab zur Toilette. Und wenn sie wieder sauber ist, dann schmeißt ihr sie raus!«

Der Beamte wollte sie hochziehen. Klara riss sich los und blieb sitzen.

»Wenn sie Zicken macht, nimm einen Schlauch und spritz sie ab, Kreuzdonnerwetter!«

Damit verließ er den Raum.

Der Stapo-Beamte murmelte: »Entschuldigen Sie, die Toilette ist gleich nebenan ...«

Klara stand auf.

Im Hinausgehen bemerkte sie Tropfen ihres eigenen Blutes auf dem Fußboden. Dazwischen lag das Feuerzeug mit dem eingravierten Blitz.

(Herr Dreier, Augenzeuge des Todes von Franz Kalinowski, erwerbsloser Arbeiter, 48 Jahre)
Wir standen an der Bürgerstraße Ecke Mühlendamm und sahen etwa zweihundert Meter entfernt zwei Polizeibeamte in die Dennerstraße schießen. Dann drehten sie sich nach links herum und ich rief: »Sie schießen hierher!« Da lief ich in den Mühlendamm hinein, aber Franz schaffte es nicht, weil ihn im gleichen Augenblick ein Schuss in den Oberschenkel traf, der ein faustgroßes Stück Fleisch rausriss. Er lag drei bis vier Minuten auf der Straße. Es konnte ihn keiner wegholen, weil immer noch Schüsse fielen. Er hat gebrüllt vor Schmerzen. Als ihn endlich eine Ambulanz ins Krankenhaus bringen konnte, war es schon zu spät. Er ist verblutet. Warum die Polizisten geschossen haben, weiß ich nicht. In unserer Nähe ist nicht auf die Beamten geschossen worden. Und wenn schon: Franz war nicht mal Kommunist, sondern ein frommer Katholik. Er ist jeden Morgen in die Kirche gegangen. Jetzt steht seine Frau mit den beiden Kindern allein da. Der kann wirklich nur noch der liebe Gott helfen.

(Frau Hoyer, Passantin, zur Erschießung der Hausfrau Emma Würz, 33 Jahre alt, Bürgerstraße/Mühlendamm)
Ich weiß nicht, was da los war, als der Umzug stattfand, es ist mir auch egal. Und für die Kommunisten hab ich schon gar nichts übrig. Aber was nützt es denn, wenn die Polizei da reingeht und wie wild um sich schießt? Da passieren so schreckliche Sachen wie an diesem Tag, und das darf doch nicht sein! Es darf nicht sein, dass eine unbescholtene Hausfrau mit ihrem Mann aus der

Straßenbahn steigt und aus heiterem Himmel von einer Kugel ge-
troffen wird. Im Unterleib hat es sie erwischt. Sie ist gleich zu-
sammengesackt, hing am Arm ihres Mannes, und der wusste zu-
erst gar nicht, was los war ... Wie soll man auch ahnen, dass vor
der eigenen Haustür scharf geschossen wird, wenn man vom Sonn-
tagsspaziergang heimkommt?

(Fräulein Schreiber, Apothekengehilfin, Holstenstraße, zum
Tod von Emil Fühler, 72 Jahre, und Franz Schmitz, 79 Jahre)
Wir hatten an diesem Sonntag Notdienst, deshalb war ich da. Als
die Knallerei losging, haben wir, also der Chef und ich, am Fens-
ter gestanden und geguckt, was los ist. Dann spritzte draußen der
Putz ab, und wir sind schnell nach hinten. Als wir uns wieder raus-
trauten, lag vor dem Haus ein älterer Herr. Er hatte drei Schüs-
se abbekommen, wollte aber trotzdem unbedingt was sagen. Er
meinte wohl, er sei von Schützen aus einem Taubenschlag auf
dem Dach über dem Wirtshaus dort beschossen worden. Aber da
oben ist gar kein Taubenschlag. Die Schüsse kamen aus der Bür-
gerstraße, die meisten sind gegen unsere Hauswand, die Löcher
können sie jetzt noch sehen, sie sind sehr groß. Falls es die Poli-
zei war, die gefeuert hat, dann ist das tragisch, weil der Mann,
der dann später im Krankenhaus gestorben ist, noch sagte, er sei
selbst pensionierter Polizist.
Ein Kunde von uns ist drüben an der Ecke zur Wilhelmstraße um-
gekommen, Herr Schmitz, 79 Jahre alt. Was müssen das für Un-
menschen sein, die einen Greis einfach über den Haufen schießen!

(Herr Schröder, Friedrichstraße 27, Vermieter des erschosse-
nen Walter Jackisch, 46 Jahre)
Herr Jackisch war politisch nicht organisiert. Er wohnte bei mir
seit 24 Jahren, da weiß man so was. Er arbeitete als Tischler. Was
er an diesem Sonntag in Altona gemacht hat? Keine Ahnung,
wahrscheinlich hat er Bekannte besucht. Mir wurde gesagt, er hat
auf offener Straße einen Bauchschuss abbekommen, in der Bür-
gerstraße, als die Polizei das Viertel säuberte. Mehr gibt's dazu

nicht zu sagen, jetzt ist er unter der Erde. Seine Sachen haben wir auf den Speicher gestellt, und nun suche ich einen neuen Untermieter. Wird schwer, wieder einen Netten zu finden...

Du siehst nicht viel mit Tränen in den Augen, aber die Umrisse eines bekannten Gesichts mit Schnauzbart genügen, um dich wütend zu machen.

Weber stand am Ende der Durchfahrt, durch die Klara aus dem Stadthaus auf die Straße stolperte. Sie tat so, als würde sie ihn nicht bemerken, während kalter Zorn von ihr Besitz ergriff.

Hat er es gewusst? Gehört er auch zu dieser Bande? Ist das mal wieder die typische sozialdemokratische Fürsorglichkeit, eine Frau, die man vorher noch »Genossin« titulierte, den Faschisten von der Stapo auszuliefern? Ja, natürlich, was regst du dich auf. Doch wohl nur, weil er die Frechheit besitzt, dir jetzt in den Weg zu treten, nachdem er zu feige war, diesem Kraus in den Arm zu fallen. Und so läuft es schon seit Beginn dieser sogenannten Republik, die Faschisten schlagen zu und die Sozialdemokraten stehen verschämt grinsend daneben.

»Klara...«

»Lassen Sie mich bloß in Ruhe!«

Und nachher behaupten sie, sie wollten das Verbrechen, bei dem sie tatenlos zugesehen haben, sühnen.

»Klara... ich bitte Sie...«

»Still!«

»Ich habe zu spät davon erfahren... ich konnte nichts tun.«

»Ha!«

Er lief hinter ihr her wie ein Hund, ein Schnauzer, ein SPD-Pinscher, winselnd, jetzt auf einmal wieder bei Fuß, nachdem er sich im Unterholz verkrochen hat, als Gefahr lauerte.

»Hören Sie, es steht nicht in meiner Macht, mich der Staatspolizei entgegenzustellen. Aber dennoch, wir sollten…«

Klara blieb stehen. »Genau das nennt man Sozialfaschismus, Herr Weber, wenn man prügeln und morden lässt und anschließend den reuigen Sünder und obendrein auch noch den Beichtvater herauskehren will. Sie kotzen mich an!«

Sie ging weiter.

»Wir haben doch eine Vereinbarung, Fräulein Schindler.«

»Aufgekündigt! Alles vorbei!«

Weber hielt sie am Arm fest. »Was ist mit den Zeugenaussagen. Haben die Ihre Aufzeichnungen konfisziert?«

»Nein, ich glaube nicht.«

»Gut, dann müssen wir jetzt zur Tat schreiten.«

»Sie merken nicht einmal, wie lächerlich Sie sind.« Klara versuchte, ihre Schritte zu beschleunigen, strauchelte, als ihre Beine versagten, und wurde von Weber aufgefangen, der sie nun stützte.

»Gehen wir einen Kaffee trinken, Sie brauchen einen Kaffee.«

»Eher einen Magenbitter…«

»Meinetwegen auch das. Kommen Sie.«

Klaras Knie zitterten. Allein kam sie nicht weiter.

So ist es also, wenn du den Terror am eigenen Leib spürst, und dabei war es gar nicht mal so schlimm gewesen.

Weber bugsierte sie in ein kleines Café mit runden Tischen.

»Dafür müssen Sie einen Cognac springen lassen.«

Weber nickte.

»Zwei Kaffee, einen Cognac.« Die Kellnerin nahm die Bestellung entgegen und schaute Klara irritiert an.

»Ich sehe sicher fürchterlich aus.«

»Inspektor Kraus ist bekannt für seine Wutausbrüche, besonders Kommunisten gegenüber.«

»Dafür seid ihr doch alle bekannt.«

»Hören Sie doch auf damit! Wir müssen zusammenstehen.«

Klara stand schwankend auf. »Sie glauben gar nicht, wie dringend ich zur Toilette muss.«

Als sie zurückkam, standen zwei Tassen Kaffee und ein Cognacglas auf dem Tisch.

»Ist leider nur Weinbrand«, sagte Weber.

»Und wenn schon.«

Sie trank den Schnaps in einem Zug, musste husten und würgen, aber dann ging es besser.

»Es wäre jetzt dringend notwendig, dass Sie mir die Zeugenaussagen überlassen«, drängte Weber erneut.

Klara schüttelte den Kopf. »Nein.«

»Aber die Zeit drängt. Sie haben es doch eben selbst erlebt, wie weit die schon gekommen sind!«

Klara warf Weber einen mitleidigen Blick zu und schwieg.

»Kosa, Kraus und ihre Hintermänner! Wir müssen sie stoppen!«

»Es ist euer Staat, eure Regierung und eure Polizei, warum tut ihr es dann nicht einfach?«

»Das braucht seine Zeit, man muss hieb- und stichfeste Beweise in der Hand haben.«

»Schmeißt sie doch einfach raus. Die Arbeiter werden euch unterstützen …«

»Dazu kann man doch keinen Generalstreik machen.«

»Nein? Wäre doch nicht das erste Mal, dass die revolutionären Massen für euch die Faschisten stoppen.«

»Die Zeiten haben sich geändert! Die Nazis haben Einfluss!«

»Weil ihr ihnen Einfluss gewährt.«

»Nein! Weil sie den Staatsstreich von innen planen und sogar schon die Staatspolizei übernommen haben! Wir haben bereits im letzten Jahr Beweise vorgelegt, dass Inspektor Kraus Kontakte zum Gauleiter der NSDAP hat.«

»Und?«

»Er wurde gerügt.«

»Sonst nichts?«

»Wir bräuchten mehr Beweise, zum Beispiel dafür, dass Inspektor Kraus und Oberleutnant Kosa mit Bruno Streckenbach von der SS bekannt sind und aus diesem Kreis Befehle bekommen, wie sie sich zum Beispiel im Fall eines Massenaufmarschs der SA am 17. Juli zu verhalten haben.«

»Dass sie die Nazis unterstützen sollen, indem sie Antifaschisten abknallen.«

»So könnte man es verkürzt sagen. Und deshalb brauche ich die Zeugenaussagen!«

»Um streng legal gegen die Putschisten vorzugehen, die schon den halben Staatsapparat kontrollieren – unter der segnenden Hand von Senator Schönfelder.«

»Hören Sie doch auf zu streiten! Es ist nicht zu spät!«

Klara lachte auf. »Merken Sie nicht, wie Sie sich ständig umschauen. Fürchten Sie Spitzel oder dass die Nazis mithören? Ist es schon so weit, dass Polizisten Angst haben müssen?«

»Können Sie nicht oder wollen Sie mich nicht verstehen?«

Klara schaute auf den schwarzen Grund ihrer Kaffeetasse und dachte nach. Schließlich schüttelte sie den Kopf und erklärte: »Es ist vorbei für eure legalistischen Sperenzien, zu spät. Das Einzige, was euch noch helfen kann und was uns noch helfen kann, ist der Generalstreik. Und dann die Revolution, die den Dreck hinwegfegt. Das habt ihr euch selbst eingebrockt, dass es keinen anderen Weg mehr gibt.«

»Ich sehe nirgendwo die revolutionären Massen gegen die Nazis aufstehen ...«

»Sie warten nur darauf. Es braucht bloß ein Fanal ... und dann vielleicht noch eins ... Jemand muss voranschreiten, und dann ...«

Weber war bleich geworden. »Geben Sie mir die Beweise gegen Kosa und seine Truppe, bitte.«

Klara stand auf. »Nein. Es ist zu spät ... Wer sitzt denn in den Gerichten und fällt die Urteile? Wes Geistes Kinder sind denn die Herren Richter in Preußen, hm?«

»Sie wollen einen Bürgerkrieg ...«, murmelte Weber vor sich hin.

»Ihr habt ja nur Angst davor, dass er diesmal endlich bis zum Schluss ausgefochten wird. Danke für den Kaffee und den Weinbrand.«

Im Hinausgehen sah Klara in einem Wandspiegel, wie Weber sich nervös über den Schnauzbart strich.

Wirklich ein Pinscher, dachte sie, ohne Mumm.

Zu Hause angekommen, fand sie ihre aufgebrochene Wohnung völlig verwüstet vor. Das Magnetofon war auseinandermontiert worden und funktionierte nicht mehr, die Schreibmaschine lag zwischen den durcheinandergeworfenen Sachen auf dem Boden. Die Schachtel mit dem Deckblatt »Märchen der Brüder Grimm – neu erzählt« war mit einem Fußtritt quer durchs Zimmer befördert worden und lag, abgesehen von einer Delle im Karton, unversehrt in einer Ecke. Aber was waren schon Worte auf Papier?

Völlig erschöpft und von einer nagenden Verzweiflung erfasst, legte sie sich ins Bett. Durch das geschlossene Fenster hallte das Geschrei der im Hinterhof spielenden Kinder herein.

(Arbeitersamariter Stolte, Bürgerstraße 43, zum Tod von Hermann Ragotzki, Arbeiter, 48 Jahre)

Hermann Ragotzki wohnte im Hinterhaus 5 im zweiten Stock. Er beschäftigte sich gerade am Vorplatzfenster mit seinen Tauben, da war so ein Käfig, den hat er sauber gemacht. Offenbar bemerkte er nichts von dem drohenden Unheil. Vermutlich hatte er sich hingehockt oder runtergebeugt. Als er wieder hochkam, kriegt er was in den Bauch. Scheinbar waren es Geschosssplitter. Jemand hat es gesehen und uns darauf aufmerksam gemacht. Es war aber unmöglich, ihm Hilfe zu leisten, da die Polizei das Haus ständig unter Feuer hielt, frag mich nicht, warum ... Die benahmen sich wie die Berserker. Ich bin dann unter Lebensgefahr über eine Hinterwand und eine Laube nach oben geklettert. Als ich bei ihm ankam, war es schon zu spät. Ich hab dann nur noch gehört, dass er seit Jahren an Magenkrebs litt und hinfällig war, also ein gefährlicher Fensterschütze kann er wohl nicht gewesen sein...

(Gaststätte an der Holstenstraße, Gäste über den Tod von Adolf Hagen, Maurer, 35 Jahre, SPD-Mitglied)
– Kurz nach fünf wollte er nach Hause, Radio hören, das hat er sonntags immer so gemacht.
– Er war gerade raus, da hörten wir Gebrüll und Motorgeräusch, jemand rief »Straße frei!«, dann mehrere Schüsse. Wir sind natürlich ans Fenster.
– Ich bin dann raus und sah eine Frau zu einem am Boden Liegenden rennen. Ich bin hin, und sie schrie mich an, obwohl ich nichts dafür konnte, was denn das für eine Schweinerei sei, ein Polizeitransporter, von dem aus geschossen wird...
– Im Echo *war dann ein Nachruf, er war ja in der SPD. Aber da haben sie nicht geschrieben, wie er immer auf die eigenen Genossen gewettert hat, weil er mit deren Politik unzufrieden war.*
– Na, deshalb werden sie ihn wohl kaum erschossen haben.
– Aber verrückt ist es doch. Die Polizei untersteht den Sozis. Seine Frau war fassungslos: »Den eigenen Genossen haben sie erschießen lassen, das versteh ich nicht«, hat sie gesagt.
– Die steht jetzt allein da mit den Kindern, die sind elf und sieben Jahre alt.
– Wir leben in schlimmen Zeiten.
– Das kannst du wohl sagen. Aus der Polizei ist eine Mordbande geworden.
– Sie wurden von der Rotfront überfallen!
– Ach ja? Hier vor der Kneipe haben wir aber keine gesehen.

(Genosse Schubart, KPD Altona, zum Tod des Genossen Emil Fydrich, Seemann, 29 Jahre)
Ich weiß nicht, wie viel Plan dahintersteckte. Sie wollten uns pro-

vozieren, das ist klar, aber wenn die Sipo mit den Nazis gemeinsame Sache machen wollte, dann war das Ergebnis erbärmlich. Gut, sie haben einige Genossen verhaftet, aber die meisten sind wieder raus. Falls sie es darauf abgesehen hatten, die Angehörigen der Kommune zu dezimieren – das wäre dann gescheitert. Aber immerhin, zwei unserer Genossen wurden erschossen, Willi Miersch und Emil Fydrich.
Mit Emil war ich befreundet, das tut mir schon weh. Er stand in der Schauenburger an der Ecke zur Weidenstraße, als die Sipo die Straße für die Nazis frei geschossen hat. Sie haben ihn von hinten in den Kopf geschossen. So viel zum Thema Notwehr! Er war ein fähiger Mann, hat eine ganze Reihe Streiks organisiert. Natürlich war er hier, um uns zu unterstützen, aus proletarischem Pflichtbewusstsein, keine Frage.

(Anwohner Schauenburgerstraße, zum Tod seines Nachbarn Erwin Gess, Arbeiter, 23 Jahre)
Nein, ich möchte nicht, dass mein Name genannt wird, wer weiß, wo der dann auftaucht. Ich wohne hier. Erwin ist ein Nachbar, wir sind miteinander bekannt, Freundschaft wäre wohl zu viel gesagt. Wir waren auf der Straße und hatten uns den Teil des Nazi-Zugs angesehen, der hier vorbeikam, erst ordentlich, dann ziemlich aufgelöst. Einige von denen, auch SA-Leute, haben in den Hauseingängen Schutz gesucht, als geschossen wurde. Ich bin ins Haus, Erwin wollte noch kurz schauen, was genau eigentlich los war. Dann hat er einen Schuss in den Hals bekommen. Er wurde ins Krankenhaus gebracht und ist vier Tage später gestorben. Er gehörte keiner Partei an und war nicht beteiligt. Ich weiß nicht, ob's ein Querschläger war oder gezielt geschossen wurde, aber wie man dann feststellte, wurde die Kugel aus einer Polizeiwaffe abgegeben.

Der Blitz. Das Feuerzeug mit dem Blitz! Elly und Inspektor Kraus. Eine Verbindung. Eine Verschwörung gegen dich und deine Pläne. Das ist mehr als Verrat!

Schweißgebadet, mit Herzklopfen und pochenden Kopfschmerzen quälte Klara sich aus dem Bett und zog sich an. Es war später Nachmittag. Sie öffnete das Fenster. Ein kühler Wind wehte herein. Draußen wirkte alles so wie immer. Schmutz, Unrat, zerlumpte Gestalten, kaum bekleidete Kinder im Schatten der windschiefen Häuser, umgekippte Fässer, ein kaputter Leiterwagen, wo kommt nur all dieses Gerümpel immer her?

Mach das Fenster zu, bald kommen sie wieder, um dich zu holen. Wie willst du dich schützen? Du musst untertauchen. Wer kann dir helfen? Die Genossen? Aber was willst du denen erzählen ... von Inspektor Kraus, Elly, Kurt ... Oberleutnant Kosa ... Schnauzbart Weber ... den Tonbandprotokollen ... dem Revolver?

Im Spiegel über dem Ausguss in der Küche ein verunstaltetes Gesicht. Kein Lächeln mehr möglich mit diesem angeschwollenen schiefen Mund. Und schau genau hin, wer steht hinter dir? Niemand. Vielleicht könnte man sich an Rinke wenden. Aber ... ich hab mein Sach auf nichts gestellt ... wie falsch das klingt. Oder Bandura, dieser Romantiker im Gewand eines Lumpenproletariers. Ein Bauer, ein Zigeuner, ein Pirat auf dem Maskenball der Romantiker, ein Märchenonkel des Syndikalismus, der fliegende Ukrainer auf allen Weltmeeren ...

Was soll das, Klara! Willst du einen Leitartikel verfassen? Leere Worte aus einem leeren Kopf, ein leeres Gesicht mit ein bisschen Farbe, und das sind blaue Flecken und Beulen. Mit leeren Händen stehst du da, ratlos und entsetzt, ja, und jetzt reißt du die Augen auf, Angst, wirklich, aber Angst hat man besser um einen anderen ... Kurt.

Er weiß nichts von den falschen treuherzigen Augen der verdorbenen Unschuld und den Schlangenarmen, die sich um seinen Nacken legen, und der scheinheiligen Glätte der weißen, mit Sommersprossen übersäten Haut und dem unsichtbaren Netz, das die Nixe mit sich führt, um den Verführten in schwarze Untiefen hinabzuziehen, nachdem sie ihn mit ihren zarten Händen, mit lüsternen Liebkosungen betäubt hat...

Kurt, Elly, Kurt und Elly ... da ist etwas, das nicht sein darf, nicht einmal in Gedanken, nicht einmal in meinen Gedanken. Aber trotzdem muss er gewarnt werden. Ich darf doch nicht zulassen, dass diese hinterhältige Nymphe ihn in den Abgrund stößt. Dort hinein, wo Untiere wie dieser Kraus lauern, die Menschen wie Vieh behandeln. Nanu, Tränen in den Augen, Klara? Mach dich nicht lächerlich! Man weint um Menschen, nicht um böse Geister.

Sie trank ein Glas Wasser, fuhr mit dem Kamm durch die widerspenstigen Locken, schloss alle drei Knöpfe ihres Jacketts und stieg die Treppe hinunter. Jemand machte sich an dem Leiterwagen zu schaffen, zwei Kinder hockten auf Treppenstufen und versuchten, eine Katze anzulocken. Klara ging durch die Toreinfahrt und klopfte an Gustavs Fenster. Er öffnete und sah sie erschrocken an.

»Verhör bei der Stapo«, sagte sie. »Ist nicht so schlimm.«

»Hab die Rote Hilfe alarmiert, hat sich jemand...?«

Sie schüttelte den Kopf. »Noch nicht. Es ist auch ... egal. Darf ich kurz reinkommen?«

In seinem Zimmer gab es mehr Hanteln als Bücher, neben dem abgenutzten Sofa ein selbst gefertigter Sandsack, an einem Nagel an der Wand Boxhandschuhe.

»Die Schachtel, ich möchte sie wiederhaben.«

Gustav nickte und zog sie unter dem Bett hervor.

Klara setzte sich aufs Sofa, das Kästchen auf dem Schoß. Sie band die Schnur auf und nahm den Deckel ab. Gustav sah die Pistole, ging zum Fenster und zog den Vorhang zu. Klara begann, die Waffe zu laden.

Gustav sah zu. Die Trommel rastete ein. »Brauchst du Hilfe?«, fragte er.

»Nein.« Sie schaute auf. »Danke.«

»Ich bin auch besser mit Fäusten«, sagte er entschuldigend. »Ich weiß ja ... und wenn ich dich brauche ...«

Sie stand auf, schob den Revolver mit der kurzen Schnauze in die Jackentasche und ging zur Tür.

»Du sollst nicht ...«, sagte Gustav. »Die sollen dich nicht noch mal ... so eine schöne Frau ...«

»Ich hab jetzt zu tun ... tschüß, Gustav.«

Sie dachte kaum mehr nach, es war auch nicht so, dass sie noch in der Lage gewesen wäre, ihre Gedanken zu lenken.

Sie ging runter zum Hafen, erreichte den muffigen Kneipenkeller, in dem nur wenige verfilzt wirkende Gestalten herumlungerten.

Rinke, im Blaumann wie ein Handwerker, klappte einen Werkzeugkoffer zu, als sie bei ihm eintrat. Er schien überrascht, sie zu sehen, war abweisend und unwirsch.

»Hab keine Zeit, muss los, es gibt zu tun. Fehlt noch, dass jemand wie du mir die Arbeit verdirbt.«

»Wo ist Bandura?«, fragte sie.

»Was willst du denn von dem?«

»Ich weiß nicht ... Elly, das Mädchen ...«

»Die kleine Schlampe hängt jetzt Kurt am Hals.«

»Aber ...«

»Sie hat ihn bequatscht. Ich weiß ja nicht, mit was für Kerlen sie zu tun hat oder was ihr Vater für ein Drecksack ist. Leichtgläubig sollte man bei so einer nicht sein. Aber ich weiß ja, wie das ist ... unsereiner sehnt sich danach, Anker zu sein, obwohl man selber einen bräuchte.«

»Was?«

»Ach lass mich in Frieden! Ich muss Leute treffen. Dienst ist Dienst, und Schnaps ist Schnaps. Los, raus hier!«

Er nahm den Koffer und drängte sie in den Flur. Wortlos verschloss er seine Zimmertür und ging.

»Hören Sie, Elly ist ...«

»... ein Miststück, und wenn schon.« Rinke hob eine Hand zum Abschied und ging mit dem schwankenden Gang eines Ringers zur Hintertür.

Auf nichts gestellt ... Kein Petrus, auf den du die Kirche der Attentäter bauen kannst ... Wo ist Bandura?

Und Elly? Was ihr Vater für ein Drecksack ist ... Falls es überhaupt ihr Vater war, der die Hand gegen sie erhoben hat, wer weiß ... aber ... Kurt!

Man darf einen Freund nicht in den Abgrund stürzen lassen ... Nimm die Leidenschaft beiseite, dann hast du etwas, das wirklich zählt. Nimm deine Leidenschaft beiseite, wenn du den Revolver in die Hand nimmst, denn mit heißen Gefühlen will der kalte Stahl nichts zu schaffen haben, er will ein Werkzeug sein in den Händen eines Menschen, der planvoll vorgeht und sein Ziel anvisiert.

Nur vorher muss Kurt noch vor dem Verderben gerettet werden.

Geh zu Fuß, es ist nicht weit nach St. Pauli, zu Fuß kannst du den Menschen ausweichen. Besser, man fährt nicht mit der Tram. Man will nicht angerempelt werden, wenn man ein Schießeisen in der Tasche trägt ... he, Herr Schaffner, die Dame dort hat ein Gerät, das größere Löcher in die Billetts knipst!

Die Tür des Hauses, in dem Kurt wohnte, war halb offen, Klara schlüpfte hindurch, nahm zwei Stufen auf einmal, kam atemlos im zweiten Stock an und hörte ein Lachen hinter der Tür. Glockenhell, überschwänglich, vergnügt, mehr noch vielleicht.

Sie hämmerte gegen die Tür und rief: »Kurt! Aufmachen! Kurt!«

Wovor willst du ihn eigentlich bewahren?, schoss es ihr durch den Kopf.

Stille. Wieder schlug sie mit geballter Faust dagegen.

»Ich bin's, Klara!«

Seine dumpfe Stimme dicht hinter der Tür: »Geh, ich kann jetzt nicht!«

»Es ist wegen Elly!«

»Lass doch.«

»Kurt, mach jetzt sofort auf!«, rief sie mit schriller, sich überschlagender Stimme.

Die Tür öffnete sich einen Spaltbreit. »Mensch, du trommelst noch das ganze Haus zusammen.«

»Weil du mit einem minderjährigen Flittchen...«

»Klara!«

Sie drückte ihm mit voller Wucht die Tür ins Gesicht. Er prallte zurück. Sie war schon drin, ehe er sich wieder gefasst hatte, stand im Schlafzimmer, ohne genau zu wissen, was sie da tat. Hielt zu ihrer eigenen Überraschung den Revolver in der Hand und richtete ihn auf das blasse Mädchen, das kaum Zeit hatte, sich die Decke über den nackten Körper zu ziehen.

»Raus aus dem Bett und raus aus dem Haus!«

»Klara, um Himmels Willen!«, rief Kurt in der Tür, eine lächerliche Gestalt in ausgeleierter Unterwäsche.

»Dein Flittchen ist ein Spitzel!«

Elly zitterte. »Klara, ich ... entschuldige...«

»Entschuldigen? Wofür? Dafür?« Klara deutete auf ihre Verletzungen im Gesicht. »Dafür, dass du mich an Kraus verraten hast? Und was ist mit Kurt, kommt der als Nächster dran? Warum die Mühe, dich nackt auszuziehen? Fühlt es sich gemeiner an, wenn man diejenigen verrät, die man geküsst und gestreichelt hat? Ist es das, was dir besonders gefällt, Nazi-Schergin?«

»Klara, es ist alles anders als du denkst«, stammelte Kurt hilflos.

»Sei still! Du weißt doch gar nicht, um was es geht. Los, raus, du Schlampe! Verräterin!«

Elly starrte mit weit aufgerissenen Augen auf den Revolver

und brach in Tränen aus. »Ich konnte doch nicht anders ... er hat mich gezwungen ...«

»Verschwinde, sonst erschieße ich dich ... und das wäre wirklich schade, denn ich habe Wichtigeres vor«, sagte Klara kalt.

»Nein!«, rief Kurt. »So geht das nicht. Sie bleibt hier!« Er trat zwei Schritte auf sie zu.

Klara richtete die Waffe auf ihn.

Er lachte ungläubig. »Das meinst du nicht ernst.«

»Kurt«, wimmerte Elly.

»Ruhig, Kleines«, sagte er, und dann sprang er auf Klara zu. Sie drückte ab. Es knallte ohrenbetäubend. Der Rückstoß riss ihr beinahe die Waffe aus der Hand, die durch den Druck nach links oben geschleudert wurde. Die Kugel traf den Spiegel über dem Waschbecken, der in ein Netz verzweigter Risse zerbarst und ihr Spiegelbild, in Fragmente zerschnitten, zurückwarf.

Elly kreischte auf wie ein verängstigtes Äffchen im Zoo. Klara starrte Kurt an, der kreidebleich vor ihr stand und sinnlos stammelte: »Wie ... siehst du ... überhaupt aus.«

»Sie ist ein Stapo-Spitzel!«, stieß Klara hervor, schob ihn beiseite, rannte aus dem Zimmer, riss die Wohnungstür auf und hastete die Treppe hinab.

Unten angekommen, blieb sie stehen, steckte den Revolver zurück in die Jackentasche und zog die Haustür auf.

Ganz langsam ging sie die Straße entlang. Sie wusste, dass sie einen Fehler begangen hatte, sie hatte sich verwirren lassen. So spielst du nur dem Feind in die Hände. Das soll dir kein zweites Mal passieren.

Sie spürte die Hitze des Revolverlaufs, zog die Hand aus der Tasche und roch an ihren Fingern. Verbranntes Pulver.

Ein Gefühl glasklarer Beherrschtheit durchströmte sie. Die Welt hatte deutlichere Konturen bekommen.

(Arbeitersamariter Schwarz zum Tod von Emil Kerpl, parteilos, Anstreicher, 57 Jahre)
Ich war nach der Blücherstraße gerufen worden, da lag einer mit schwerem Bauchschuss. Ein Kollege war auch noch dabei. Ich habe den Verletzten verbunden und wollte einen Krankenwagen holen. Das dauerte. Die Kugel war von hinten eingedrungen. Der arme Mann hatte schlimme Schmerzen und wimmerte vor sich hin. Dann kam eine Ambulanz der Feuerwehr. Trotz der Sanitäterfahne wurden wir beschossen. Wir waren noch nicht um die Ecke herum, als ein Schuss meine Jacke traf.

(Anwohner Blücherstraße, zum Tod von Walter Gehrke, Bote, 21 Jahre)
Der wohnte nicht hier, vielleicht war er zufällig da oder wollte sich den Zug anschauen. Später hieß es, er sei der Sohn eines Mitglieds der NSDAP. Aber erschossen wurde er von der Polizei. Die haben von der Großen Bergstraße aus hier reingefeuert. Warum, ist mir nicht bekannt. Klar hat es überall geknallt, aber in unserer Straße konnte ich keine Schützen feststellen.

(Frau Lorenzen, Schwester in der Diakonissenanstalt Blumenstraße, zum Tod von Helene Winkler, Hausfrau, 44 Jahre alt, Mitglied der NSDAP)
Es war gegen halb sechs. Wir hatten schon Schüsse gehört. Vor unserem Haus wurde eine Frau von einer Kugel getroffen. Sie war mit zwei anderen Frauen unterwegs, die sofort bei uns Alarm schlugen. Wir ließen sie herein, legten die Verwundete auf ein Sofa und holten den Erste-Hilfe-Koffer. Eine Schwester wollte zum Telefon. Ich weiß noch, dass es Unsicherheit gab, ob wir 01 wählen sollen, weil es ja vielleicht ein Überfall war, oder die Nummer vom

Krankenwagen. Die Begleiterinnen der Verwundeten meinten, es sei ein Überfall der Kommunisten, man hätte sie beschossen, weil ihre Männer im SA-Zug mitmarschiert seien. Ich fragte mich dann, wieso jemand ihnen das angesehen hatte, sie trugen ja kein Abzeichen oder so etwas. Die Verwundete gehörte allerdings wirklich der NSDAP an, das war auch später in der Zeitung zu lesen, nachdem sie gestorben war. Ihr Mann ist nach der Beerdigung hier gewesen und hat sich bedankt, dass wir versucht hatten zu helfen. Er war fest davon überzeugt, dass seine Frau von der Kommune umgebracht wurde. Ich war am Tag nach den schrecklichen Ereignissen im Krankenhaus, um mich zu erkundigen, was aus der armen Frau geworden ist. Da war sie schon tot. Und der Arzt sagte, sie hätten eine Gewehrkugel aus ihrem Rücken geholt. Militärkaliber, sagte er, das kenne er noch aus dem Krieg.

Die roten Himbeeren sind abgepflückt worden. Der Apfelbaum trägt rotwangige Früchte. Äpfel bluten nicht, wenn man auf sie schießt. Das Blut aller Menschen ist gleich rot, daran darf man nicht denken, wenn man im himmelblauen Kleid an einem Spätsommerabend in einer kleinen Straße in Fuhlsbüttel vor einem Haus mit Garten steht, im Schatten des Apfelbaums.
Der Baum gehört zum Garten nebenan, und in diesem Garten liegt tatsächlich ein Steckenpferd. Dort zwischen den Büschen haben die Kinder es vergessen, der hölzerne Kopf eines Schimmels glänzt im Licht, das aus einem geöffneten Fenster dringt. Werden die Kinder aufwachen, wenn sie den Schuss hören? Werden die Nachbarn auf die Straße laufen und nachschauen, was passiert ist? Oder werden sie geduckt in ihren Zimmern horchen und hoffen, dass sie verschont

bleiben? Vielleicht glauben sie auch nur, der Reifen eines Automobils ist geplatzt. Oder denken erst mal an den Flughafen, man hört doch ständig Motorgebrumme und sonstige Geräusche in der Luft. Wenn nur der schwarze Ford nicht irgendwo in der Nähe lauert.

Denk nicht weiter nach, sonst wird nichts mehr daraus. Du hast genug überlegt. Geh jetzt!

Klara nahm den Rucksack vom Rücken, holte die Strickjacke hervor, faltete sie zusammen und verbarg den Revolver darunter. Den Rucksack setzte sie wieder auf. Dann öffnete sie das Vorgartentor. Fast war es, als würde sie schweben, als wäre keine willentliche Bewegung mehr nötig.

Den Zeigefinger der linken Hand auf dem Klingelknopf, die rechte unter der Jacke.

Die Frau mit dem Dutt öffnete.

»Guten Abend, bitte entschuldigen Sie die Störung. Ist Ihr Mann zu Hause?«

Überraschter Blick. »Guten Abend.« Sie hat ein Hasengesicht. Der Wolf hat sich einen Hasen gefangen. »Mein Mann ist noch im Dienst. Um was geht es denn?«

»Oh, das ist schade. Ein Streitfall in der Nachbarschaft...«

»Da wäre wohl eher ein Schutzmann gefragt. Um was handelt es sich denn? Wer...« Die Frau schaute über Klara hinweg zu den Nachbarhäusern.

»Ach, dann muss ich eben...«

»Ist es dringend? Möchten Sie telefonieren? Wir haben einen Apparat.«

»Nein, ich glaube nicht, es ist nicht ... Wann kommt er denn zurück?«

Die Frau überlegte. »Heute hat er Schichtende, da kann er nach Hause. In einer Stunde hat er Feierabend. Aber meist beschließt er den Dienst mit Kameraden in einem Lokal. Es kann noch dauern. Wirklich, wenn Sie telefonieren möchten ... es ist kein Aufwand.«

»Nein, danke. Ich werde ... ich werde dann sehen, was ich mache ... Auf Wiedersehen!«

»Guten Abend.«

Klara drehte sich um und ging. Hinter ihr schnappte die Tür ins Schloss. Witwe, dachte Klara, es wird nicht schön für sie, aber sie ist es ja gewohnt, allein zu sein.

Sie schob die Jacke mit der eingewickelten Waffe in den Rucksack zurück. Keine Sorge, du wirst ihn schon erwischen. Auf dem Weg nach Eimsbüttel empfand sie es als glückliche Fügung, ihn nicht dort gestellt zu haben. Vor dem Lokal der Sipo-Leute, in direkter Nähe zur Kaserne, hat ein Schuss auf einen Mörderpolizisten eine deutlichere Wirkung. Warum soll es nicht ein Signal werden? Greift die Polizeikasernen an! Beendet den Sipo-Terror! Das wäre der richtige Weg. Jemand muss vorangehen, es ist nur ein Zufall, dass gerade ich es bin.

Der süßliche Gestank der Abdeckerei? Nein, das ist nur eine Erinnerung. Hier ist alles sauber, und die Luft ist rein. Hinter den Gardinen der »Hansekogge« schummriges Licht. Es war nicht viel los auf der Straße. Nur ab und zu kam oder ging ein Kneipenbesucher. Polizeibeamte nach Dienstschluss.

Klara stellte das Fahrrad an einer Wand schräg gegenüber in den Schatten. Sie überquerte die Straße und blieb vor der Tür der Gaststätte stehen. Durch halb geöffnete Fenster drangen Stimmengewirr und Tabakrauch ins Freie.

Und wenn er jetzt herauskommt, genau in diesem Augenblick?

Sie trat in den Schatten, nahm den Rucksack vom Rücken und holte die Strickjacke hervor. Was, wenn Jacke und Waffe zu Boden fallen und du weglaufen musst? Was, wenn der Rucksack im Weg steht, wo ist er denn überhaupt? Ach da. Er muss auf das Fahrrad.

Klara kehrte zum Fahrrad zurück und befestigte den eingerollten Rucksack sorgfältig auf dem Gepäckträger.

Nun wieder zur Tür der »Hansekogge«, die Hand fest um den

Knauf des Revolvers geschlossen, den Zeigefinger am Abzug, die Jacke nur lose darüber gelegt.

Die Tür ging auf und ein Schwall Bierdunst, durchsetzt mit grölendem Gelächter, schwappte ihr entgegen. Zwei Beamte in Uniform.

»Na, Fräulein, auf der Suche?«

»Ich ... äh, mein Mann ... entschuldigen Sie bitte.«

»Na, um was geht's denn?«

»Mein Mann gehört zum Kommando von Oberleutnant Kosa ... Ich warte auf ihn ... Ich will nicht rein. Ob Sie wohl mal schauen könnten? Vielleicht, wenn der Herr Oberleutnant kurz rauskommen möchte ...«

»Kosa? Der will sowieso gerade gehen. Nur Geduld, Gnädigste.«

Sie marschierten im Gleichschritt davon.

Klara wartete.

Die Tür wird erneut aufgezogen. Es ist Behn. In Uniform, den Tschako mit der einen Hand vor die Brust gepresst. Krebsrotes, verschwitztes Gesicht, leicht schwankender Gang. Hinter ihm Oberleutnant Kosa, der gerade den Tschako auf den Kopf setzt.

Behn bleibt abrupt stehen, als er Klara bemerkt. Kosa stößt gegen ihn, flucht, fährt ihn an: »Mensch, Behn, verdammter Trottel!« und schiebt ihn mit dem Ellbogen beiseite.

Klara hebt den Arm und zielt. Die Strickjacke gleitet über ihren Unterarm, fällt zu Boden und gibt den Revolver frei.

»Herr Oberleutnant, Achtung!«

Kosa erstarrt, als er die Waffe sieht.

Behn wirft sich gegen ihn, als Klara abdrückt.

Der Rückstoß reißt die Waffe hoch, die Kugel trifft das Modell der Kogge über dem Eingang und bohrt sich dahinter in die Mauer. Das kleine hölzerne Schiff schaukelt heftig hin und her, aufgepeitschter Mörtel sprüht durch die Luft.

Kosa und Behn prallen gegen den offenen Türflügel. Klara drückt erneut ab. Behns Tschako fällt zu Boden, hinter den beiden Polizisten zersplittert das farbige Fensterglas. Kosa stößt Behn mit beiden Armen von sich auf die Straße und greift nach seiner Pistole. Klara zielt direkt auf seinen Kopf. Er duckt sich in den Windfang, stolpert und stürzt zu Boden, wobei er den Schirmständer umstößt. Klara drückt ab, ein Knall mit metallischem Nachhall, und der Schirmständer hat ein Loch.

Behn ist auf dem Pflaster gelandet und kommt mühsam auf die Knie.

Kosa stöhnt gurgelnd auf, rappelt sich hoch und versucht den Knauf der Innentür zu packen. Klara umklammert den Revolvergriff mit beiden Händen und zielt. Der Türrahmen splittert, Kosa taumelt in den Gastraum, prallt rücklings gegen einen Tisch, wirft sich zur Seite und mäht mit den Armen zwei Stühle um. Halb unter den Tisch gerollt bleibt er liegen, während einige Gäste entsetzt aufspringen, andere sich zu Boden werfen.

Hinter Klara ein Knall, das Gefühl, als würde ihr jemand gegen die Wade treten. Sie wirbelt herum. Behn kniet auf dem Pflaster, die Pistole im Anschlag. Als sie den Revolver auf ihn richtet, knickt er ein und fällt hin. Klara drückt ab. Es klickt nur. Ein zweites Mal … klick … die Trommel ist leer.

Um zu ihrem Fahrrad zu gelangen, muss sie an Behn vorbei. Sie wirft ihm den Revolver an den Kopf. An Schläfe und Auge getroffen, bricht er zusammen.

Die Waffe schlittert übers Pflaster. Sie hebt sie wieder auf, humpelt hastig zum Rad, stolpert damit los und gerät ins Trudeln, als sie im Laufen aufsteigt. Der verdammte Revolver behindert sie, aber sie lässt ihn nicht los. Hinter ihr ein wütender Aufschrei und drei Schüsse in kurzer Folge. Querschläger jaulen übers Pflaster.

»Herr Oberleutnant, ich hab sie erwischt!«

(Herr Ohde, Rentner, nicht politisch organisiert, wohnhaft Bürgerstraße 37)
Man war gut beraten, nicht ans Fenster zu treten, aber ich hab mich in die Ecke gestellt und ein Loch in die Gardine gemacht. Meine Frau schimpft heute noch mit mir, aber ich wollte sehen, was unten los war. Sie fragen nach dem Polizeieinsatz. Ich will es mal so sagen: Zu Anfang herrschte ein ziemliches Durcheinander, die Schupos, auch die Berittenen, wussten nicht so recht wohin. Die hatten Schiss, klar. Auch die Bereitschaft aus Altona hat ziellos rumgeballert, vor allem nach oben. Aber dann kam das Kommando aus Hamburg, und denen sah man gleich an, dass sie sich nicht ins Bockshorn jagen lassen wollten. Die sind an drei Kreuzungen strategisch in Position gegangen mit achtzehn Mann, Karabiner im Anschlag.
Ich war im Krieg, wissen Sie. Ich weiß, wie man sich auf feindlichem Terrain bewegen muss. Auf alles schießen, was sich bewegt! Das haben die getan. Diszipliniert. Ruhig. Die wollten die Straße frei kriegen und haben Sperrfeuer organisiert. Dann sind sie vorgerückt. Die Sipo wird darauf trainiert, kommunistische Aufstände niederzuschießen. Die wissen, wie das geht, und das haben sie getan. Als sie damit fertig waren, sind sie in die Häuser und in die Hinterhöfe und haben die Leute rausgetrieben.
Es wurde übrigens von vielen Leuten gerätselt, woher die Geschosse kamen, die neben ihnen einschlugen oder einen erwischten, der neben ihnen stand, wo doch kein Schütze in der Nähe war. Die Karabiner der Polizei haben eine enorme Reichweite und die Geschosse, die sie verwenden, eine gewaltige Durchschlagskraft!
Später kamen dann noch Panzerwagen zum Einsatz und haben in den Straßen patrouilliert.

Mit den Schmerzen steigert sich der Hass. Es ist vorbei, aber dennoch ... Müsste man nicht jetzt erst richtig anfangen? Wenn man ein Schwert hätte, würde man dreinschlagen wie ein Berserker! Jetzt sofort weitermachen ... Aber das Blut rinnt am Bein herab und tropft aufs schmutzige Pflaster.

Klara schob humpelnd ihr Fahrrad weiter, das Gesicht schmerzverzerrt. Immerhin, Kosa war gefallen, sie musste ihn getroffen haben. Wenn er nur liegen bleibt, nicht mehr aufsteht, für immer ... Wenn nun alle losgingen und es ihr gleichtäten, unter der wehenden roten Fahne ...

Klara strauchelte. Zum Donnerwetter, wie schwer kann es denn sein, ein Fahrrad zu schieben?

»Entschuldigen Sie, haben Sie sich verletzt?«

»Danke, es geht schon ...«

Sie kommt kaum noch weiter. Wie soll man auch gehen mit einem glühend heißen Eisen, das im Bein steckt und pocht. Obwohl, eigentlich ist da nichts, es fehlt da eher was, ein Stück vom Strumpf, ein Stück Haut, ein Stück Fleisch. Es sieht hässlich aus, besser, man schaut gar nicht hin.

Je schmaler und dreckiger die Straßen wurden, umso weniger beachtet man sie oder stellt lästige Fragen. Vor der Kellerspelunke nahe am Hafen ließ Klara ihr Rad gegen ein Geländer fallen und quälte sich die Treppenstufen ins Souterrain. Der säuerlich-muffige Geruch nach Bier und Menschenausdünstungen ließ sie würgen, als sie hereintaumelte und sich an einem der herumstehenden Fässer festhalten musste.

Auf einem Bein stand sie da, und das Blut tropfte auf die

Sägespäne. Hinkend bewegte sie sich von einem Fass zum nächsten, erreichte die Hintertür und schlug dagegen. Niemand öffnete. Mit letzter Kraft schaffte sie es bis zum Tresen, aber da war kein Wirt. Drei qualvolle Schritte zum vergitterten Fenster.

»He, macht die Tür auf, ich muss zu Ludwig, Ludwig Rinke…«

Sie brach zusammen und blieb liegen.

Die rissige, löchrige Decke wird unscharf, die Konturen der aufragenden Theke verschwimmen. Ein großer Schatten beugt sich über sie und reißt sie hoch.

»Mensch, Mädchen, du hast mir gerade noch gefehlt.«

Rinke schleppte sie in sein Kabuff, legte sie aufs Sofa, zog ihr die Schuhe und Strümpfe aus.

»Baah!«, rief er erschrocken aus.

Er ging zum Schrank und holte eine Flasche. Als die kalte Flüssigkeit sich glühend heiß über ihre Wade ergoss, verlor Klara das Bewusstsein.

Als sie aufwachte, lag ein warmer rauer Handrücken an ihrer Wange.

»Wirklich schade, dass du von der anderen Insel bist, die reine Verschwendung. Ich schicke dir mal ein Boot, denk darüber nach, bei mir fließen Milch und Honig, bei dir nur Blut…«

Sie öffnete die Augen und ruckte mit dem Kopf zur Seite. Rinke zuckte zusammen. »Entschuldige, du bist bleich wie eine Wachspuppe. Hab dich verarztet, Verband drum, wirst Fieber bekommen, ich kenn so was, besser wäre ein Krankenhaus, aber…«

Klara bewegte verneinend den Kopf hin und her.

Rinke nickte. »Dachte ich mir. Dann musst du halt allein klarkommen. Ich hab noch einen Termin…«

Er trug jetzt einen schwarzen Overall, hob einen Rucksack hoch, in dem es metallisch klimperte, und nahm ihn auf den Rücken.

»Will mir ein paar neue Bücher besorgen.« Er zwinkerte ihr zu.

»Wann?«

»Weiß nicht, wie lange ich brauche, aber länger als bis zum Morgen geht meine Schicht nicht.« Er reichte ihr den Revolver. »Ich hab ihn geladen, für den Fall der Fälle.«

Sie sah die Waffe apathisch an.

Er seufzte und schob sie unter das Kopfkissen.

»Falls du es nicht mehr aushältst, nimm noch was davon.«

Er deutete auf ein kleines Glasfläschchen mit Pillen, auf dem in geschwungenen Buchstaben der Schriftzug »Heroin« zu lesen war.

Das tat sie irgendwann, nachdem er gegangen war, und dämmerte in fiebrigem Halbschlaf mit zusammenhanglosen Traumbildern im Kopf dahin. Bilder, die mit einer anderen Klara etwas zu tun hatten, einer, deren Welt längst untergegangen war.

Irgendwann trampelte Rinke herein und schaltete die Stehlampe ein.

»Entschuldige ...«

Er warf den Rucksack in die Ecke, nahm eine Matratze von der Wand und legte sie auf den Boden, wickelte sich in eine Decke und begann kurz darauf zu schnarchen.

Klara wälzte sich hin und her, der Schmerz wurde stärker. Die Stimmen im Schankraum schienen lauter zu werden, je mehr Zeit verging. Gelegentlich wurde gesungen, manchmal rumpelte und polterte es. Das Klirren von Glas hielt ununterbrochen an wie der Singsang eines mechanischen Monstrums, das keine Ruhe findet.

Sie dämmerte weg und schreckte hoch, als gegen die Tür gedroschen wurde. »Ludwig! Aufmachen! Ludwig!«

Klara hatte kaum genug Kraft sich aufzurichten.

»Ludwig, verdammt, hör doch!«

Sie war völlig orientierungslos. Das Zimmer schien sich in seinen Proportionen verändert zu haben, alles wirkte verschoben. Der Schrank stand an einer falschen Stelle. Entweder die Möbel waren verrückt oder sie war…

Es gelang ihr, vom Sofa aufzustehen und zur Tür zu humpeln. Sie drehte den Schlüssel um und öffnete.

Draußen stand Kurt, ja natürlich, das hatte sie erwartet, sie hatte seine Stimme erkannt, ohne es sich bewusst zu machen. Er schaute sie erstaunt an, kniff die Augen zusammen.

»Was ist denn mit dir?« Er bemerkte den blutgetränkten Verband.

»Hast du etwa…?«

»Geschossen … das hab ich.«

»Und?«

»Mich hat's auch erwischt.«

Kurt zog die Tür hinter sich zu. »Du siehst schlimm aus, Klara.«

»Alles ist schlimm.«

»Aber dann musst du hier auch weg! Wo ist Ludwig?«

»Ich weiß nicht. Er war hier, nachdem er von … der Arbeit kam. Ist wohl weggegangen.« Sie ließ sich erschöpft auf das Sofa fallen.

Kurt deutete auf die Tür. »Du hast doch hinter ihm abgeschlossen.«

»Daran kann ich mich nicht mehr erinnern.«

»Egal, du musst sofort verschwinden, die Polizei…«

»Ich kann nicht, zu schwach.«

»Aber du hast doch … Wenn es stimmt … Ist der Kerl tot? Dann werden sie dich … Du musst weg!«

»Wieso denn?«, fragte Klara benommen.

»Elly hat uns alle verpfiffen. Die kommen jetzt hierher!«

»Dann ist es halt zu Ende.« Klara sank zur Seite. Das Kissen rutschte zu Boden.

»Nee! Das ist es nicht!« Kurt riss sie hoch, wollte sie zum Aufstehen bewegen, aber sie blieb schlaff und willenlos. Sie zitterte, als wäre ihr kalt. Er zog ihr die Schuhe an, dann bemerkte er den Revolver und nahm ihn an sich.

Er zerrte sie vom Sofa und schleppte sie zur Tür. »Mensch, Klara, hilf mir doch.«
»Warum sagt ihr alle Mensch zu mir, das ist ja eine Beleidigung.«
Er schaffte sie in den Schankraum. Niemand nahm besondere Notiz davon, dass ein Mann eine halb willenlose Frau herumschubste und sich mit seiner Last den Weg durch die abgehalfterten Gestalten zur Tür bahnte.

(Herr Kümmel, Inhaber eines Kohlenlagers, Kleine Freiheit)
Lassen Sie mich bloß damit in Ruhe. Ärger hatte ich an dem Tag, nichts als Ärger, und später auch noch mit der Polizei, weil ich angeblich die Wagen nicht gesichert hätte.
Kohlenwagen, richtig.
Was? Ja, wie denn bitte? Sie standen im Hof, wie immer, und bestimmt renne ich nicht raus und fange eine Schlägerei mit den Jungkommunarden an. Schon gar nicht, wenn die Kugeln pfeifen und Panzerwagen die Straße entlangrollen. Meine Frau hätte das gar nicht zugelassen.
Nein, das Tor war zu, anfangs, dann wurde es aufgemacht. Gefragt hat keiner.
Nee, verschlossen war es nicht. Die sind gekommen und haben drei Wagen rausgezogen. Ich weiß nicht warum, hier sind gar keine Nazis marschiert. Aber da sollte unbedingt eine Barrikade hin. Ein Wagen hätte gereicht, so eng ist der Fahrdamm. Nur, so recht wollte das nichts werden. Die Sipo hat die Straße geräumt, mit dem Panzerwagen. Eine Weile später fingen sie wieder an mit der Blockade, auch die wurde geräumt, dann haben sie sich so gegen sieben Uhr noch mal rangemacht. Das Pflaster wurde auch aufgerissen. Die Wagen sind ziemlich ramponiert. Und wer ersetzt

mir den Schaden? Die Kommune? Die Sipo? Die Einschusslöcher jedenfalls stammen von denen. Die haben ganze Magazine leer geschossen.

(Straßenbahnschaffner der Linie 29)
Am 17. Juli, da sind wir praktisch gekapert worden, in der Kleinen Freiheit, kurz nach fünf war es, wir haben ja Protokoll schreiben müssen, daher weiß ich es genau: siebzehn Uhr acht. Junge Leute stellten sich in den Weg, wir kamen nicht weiter. Die Fahrgäste hatten sich geduckt, wegen der Schießerei draußen, oder auf den Boden gelegt. Ein paar Kugeln hatten sich in den Waggon verirrt. Die Blockierer sind eingestiegen. Knüppel hatten sie teilweise und haben schon mal jemanden am Kragen gepackt. Die Fahrgäste mussten alle raus, wir auch. Einer ist in den Fahrerstand, stellte den Hebel zurück. Der Wagen fuhr allein rückwärts, langsam mit angezogener Handbremse. Dann ging die Kontaktstange runter, der Strom war weg, der Wagen hielt. Wir haben zwei Polizisten in der Nähe alarmiert. Die kamen angerannt und dachten, es wird geschossen, aber das war woanders. Jedenfalls haben sie Schüsse abgegeben und zwar nicht zu knapp. Da sind die Kerle abgehauen. Zwei Stunden später wurde ein anderer Straßenbahnwagen ungefähr an der gleichen Stelle angehalten. Wieder mussten alle raus und dann haben die Kommunisten versucht, den Wagen umzuschmeißen. Das ging aber nicht. Dann kam ein Panzerwagen und hat dem Spuk ein Ende bereitet.

Draußen war ein bläulich-grauer Tag angebrochen. Kurt war völlig außer Atem, als er Klara die Treppe aus der Kneipe hinauf auf den Gehsteig bugsiert hatte. Er knickte ein und im selben Moment sah er den Mannschaftswagen der Ordnungspolizei um die Ecke biegen. Er drehte sich mit seiner

Last einmal um die eigene Achse und suchte nach einem Fluchtweg, aber da war nichts, nur eine schmale Gasse, hinter der auch schon ein Einsatzfahrzeug auftauchte. Halblaute Kommandos waren zu hören. Der Mannschaftswagen hielt an, die Polizisten saßen ab.

Kurt holte tief Luft und schleppte Klara wieder nach unten. Erneut durchquerten sie den Schankraum.

Jetzt zerrte er sie durch den Flur, vorbei an Rinkes Zimmer zur Tür, die in den Hinterhof führte. Draußen blieb er neben dem Abtritt stehen. Klara hing an seinem Hals wie eine Puppe.

»Durch den Bretterzaun«, murmelte er. Er drückte sie gegen das Toilettenhäuschen. »Kannst du jetzt endlich allein...?«

Klara sackte zusammen.

Er verpasste ihr eine Ohrfeige. Dann noch eine. Jetzt war sie wach.

Sie folgte ihm mit unsicheren Schritten. Im Nachbarhof herrschte ein heilloses Durcheinander aus Müll und Schutt. Sie stiegen darüber hinweg, durchquerten ein überraschend akkurat gepflanztes Gemüsebeet und erreichten den Durchgang zur Straße.

»Los, komm!« Kurt fasste ihre Hand und zog sie hinter sich her.

Sie traten durch die Einfahrt auf den Gehweg – und standen einem uniformierten Polizisten gegenüber.

»Stehen bleiben! Hände hoch!«

Der Polizist zog seine Waffe und legte an. Kurts rechte Hand steckte schon in der Tasche. Blitzschnell zog er den Revolver heraus, zielte und schoss.

Das Mündungsfeuer des Polizisten blitzte gleichzeitig auf. Er schoss zwei Mal, Kurt gab vier Schüsse in kurzer Folge ab, die seinem Gegner den Tschako vom Kopf, die rechte Wange und das rechte Auge wegrissen. Der Polizist wurde herumgeschleudert und stürzte zu Boden.

Kurt glückste und schien einen Lachanfall zu bekommen, fiel

aber jäh gegen Klara und glitt an ihr herunter. Sie versuchte, ihn zu halten und wurde mit zu Boden gezogen.

Fassungslos starrte sie ihn an. Aber er lachte gar nicht, er hustete und spuckte Blut.

»Na bitte«, stieß er hervor, während sein Hemd sich dunkelrot verfärbte.

»Geh jetzt!«, ächzte er.

»Nein!«

»Nur ein Kuss, und dann ist Schluss.« Er zwinkerte ihr zu.

»Du Spinner.«

Es gelang ihm, sie an sich zu ziehen. Sie schmeckte das Blut auf seinen Lippen.

»Siehst du«, röchelte er. »Jetzt konnte ich dir doch noch was Gutes tun. Schnell weg!« Wieder grinste er und erstarrte dabei. Und hielt ihr den Revolver hin.

Es war wie die Fortsetzung der nächtlichen Traumbilder. Sie nahm die Waffe, stand auf und drehte sich um, wie eine Schlafwandlerin. Schnell weg? Wohin? Sie humpelte durch die Toreinfahrt zurück in den Hinterhof, kletterte über den Schutt, schlüpfte durch den Bretterzaun, taumelte an der Latrine vorbei in den Flur der Kneipe. Rinkes Zimmer! Ein ruhiger Ort, dann den Revolver an die Schläfe gesetzt und fertig…

Sie stürzte in das Zimmer und schrie laut auf vor Schreck, als sie die massige Gestalt des Einbrechers unerwartet vor sich hatte. Er wandte ihr den Rücken zu und hob etwas an. Er drehte sich um, sah mit einem Blick, wie es um sie stand und rief: »Tür zu! Abschließen!«

Sie warf die Tür ins Schloss, drehte den Schlüssel drei Mal um, wobei jedes Mal ein neuer Riegel einzuschnappen schien, und ging schnell zur Seite, als er sich umdrehte und ein riesiges Metallschild herumwuchtete und in dafür vorgesehene Haken vor der Tür befestigte. Ein eiserner Schutzschild gegen ungebetene Eindringlinge.

Draußen hörte man den Lärm der eindringenden Polizisten.

»Lass sie nur kommen«, brummte Rinke.

»Aber …«, sagte Klara. »Die kriegen uns doch allemal.«

»Wo sollen sie denn reinkommen? Siehst du hier Fenster?«

»Dann verhungern wir.«

»Ich hab noch eine Stulle übrig. Die kannst du futtern. Und dann gehen wir.«

»Wir gehen?«

»Ja, vielleicht nehmen wir den Whisky mit. Der Cognac ist ja für dein Bein draufgegangen.«

Klara starrte ihn fassungslos an. Dann begriff sie. Es war keine Gaukelei ihres fiebrigen Bewusstseins gewesen. Die Möbel im Zimmer waren tatsächlich verrückt. Rinke hatte einiges zur Seite geschoben, um den Bücherschrank von seinem Platz rücken zu können. Darunter tat sich ein Loch auf.

»Wir gehen einfach«, murmelte Klara und war kurz davor, hysterisch loszulachen.

»Na ja«, sagte Rinke. »Kriechen ist wohl der passendere Ausdruck.«

Er packte seinen Rucksack mit allem, was sie gebrauchen konnten. Von draußen hörten sie das Klopfen der Belagerer, das bald in ein Krachen überging, das von Äxten kam, mit denen die Tür bearbeitet wurde. Holz splitterte und zerbarst, offenbar war es den Polizisten gelungen, die äußere Tür aufzustemmen. Aber nun standen sie vor einer eisernen Sperre. Die Schläge der Äxte und Vorschlaghämmer blieben wirkungslos.

»Zieh dir das hier über«, sagte Rinke und warf Klara einen Arbeitsanzug hin, den er aus einer Kiste gezogen hatte. »Und das …« Eine Stoffmütze. »Damit du nicht zu dreckig wirst.« Er hob eine Stablampe. »Wir haben nur eine davon. Die nehme ich. Ich gehe voran. Du bleibst dicht hinter mir, dann siehst du genug. Wenn wir unten sind, wird nicht mehr gesprochen. Es dauert eine Weile. Und macht keinen Spaß. Es ist eng. Aber du schleppst ja nicht so viel Fleisch mit dir herum wie ich. Also los.«

Er ließ sich in das Loch hinabgleiten, Klara folgte mit schmerzverzerrtem Gesicht. Die Wunde an ihrer Wade pochte heftig. Sie krochen durch einen niedrigen Tunnel, der in die Erde gebuddelt worden war.

Es dauerte lange. Als Klara glaubte, die Enge nicht mehr ertragen zu können und laut keuchte, weil sie ständig Hustenanfälle bekam, erreichten sie eine hölzerne Sperre. Rinke quälte sich mit seinen dicken Fingern damit ab, eine komplizierte Sperrvorrichtung zu lösen. Er stellte sich so ungeschickt an, dass Klara stöhnend fragte: »Soll ich das machen?«

»Halt den Mund!«

Endlich schob er die Klappe beiseite, glitt mit dem Kopf voran aus dem Loch und landete in einem Haufen Kohlen. Klara folgte ihm.

Rinke packte sie unter der Achsel und hob sie mit einer Hand auf die Beine. Den Finger der anderen Hand legte er an die Lippen. Dann ließ er den Lichtkegel der Stablampe umherkreisen. Offensichtlich waren sie im Keller eines Mietshauses angelangt.

»Los, komm!«

Klara folgte Rinke durch verwinkelte Kellergänge. Sie durchquerten einige Höfe und Keller. Klara war erschöpft, als sie vor einem Verschlag ankamen. Rinke zog einen Schlüssel aus der Hosentasche und öffnete das Vorhängeschloss. Er wandte sich Klara zu und deutete auf eine Tür mit zwei quadratischen Milchglasfenstern, durch die das Tageslicht hereindrang: »Da gehen wir später durch, wenn es dunkel ist. Und jetzt rein da.«

Im Verschlag lag eine alte Matratze auf dem Boden. Rinke nahm seinen Rucksack ab, und sie setzten sich.

»Was macht deine Wunde?«

»Tut entsetzlich weh.«

Rinke kramte in seinem Rucksack und hielt ihr das Fläschchen mit dem Heroin hin. »Hier, nimm das und schlaf noch ein bisschen.«

»Nein danke, davon träume ich schlecht.«
Rinke starrte sie kurz an, verzog das Gesicht und krümmte sich, als hätte er heftige Schmerzen. Es dauerte eine Weile, bis Klara begriff, dass er einen Lachanfall unterdrückte.

(Herr Markmann, mobiler Speiseeishändler)
Ich bin mit meinem Eiskarren unterwegs gewesen wie immer. Aber das Sonntagsgeschäft wurde mir gründlich verhagelt. Das bisschen Regen war nicht schlimm, und ich hatte mir ausgerechnet, dass die Marschierer und die Zuschauer bestimmt Eis haben wollen. Aber als dann das Durcheinander losging, war nichts mehr zu machen. Geschossen wurde in alle Richtungen oder aus allen Richtungen. Ich bin froh, dass mein Eiswagen nicht getroffen wurde. Einmal wurde ich fast von einem wild gewordenen Pferd über den Haufen gerannt. Ich stand eine Stunde lang in einer Toreinfahrt in der Großen Bergstraße und traute mich nicht raus.
Ich kam dann auf die dumme Idee, zum Rathausmarkt runterzugehen, auch weil da die Polizeiwache ist, in ruhigere Gefilde, dachte ich. Dort standen allerdings die Panzerwagen, und die Polizeibeamten liefen umher mit gezogenen Pistolen und Karabinern im Anschlag und Tränengasgranaten am Gürtel. Das war also die falsche Richtung. Kaum war ich da, wurde vereinzelt geschossen, und nun wusste ich nicht mehr weiter. Ich habe unter der Markise der Schneiderei Schutz gesucht. In die Läden konnte man nicht, die waren sonntags zu.
Ich stand da und wartete, und nach einer Weile ging das Schießen erst richtig los. Da nahmen die Polizisten die Häuser gegenüber am Grund unter Feuer, weil da Leute auf den Dächern waren. Ich dachte noch, warum das denn, das sind doch nur Schaulustige wie damals bei Graf Zeppelin, ich meine, als das Luftschiff kam und alle es sehen wollten. Später hieß es Dachschützen. Aber Ein-

schüsse hatten nur die Häuser, auf die die Polizei gezielt hatte. Ich meine, es müssten doch gegenüber auch Löcher sein, wenn von da oben jemand geschossen hätte, oder?
Ich kam erst weg, als es schon dunkel wurde. Mein Eis war geschmolzen. Wenigstens war der Wagen heile geblieben. Und ich.

Banduras nackter Oberkörper glänzte vor Schweiß. Seit Stunden betätigte er die Handpresse und produzierte einen Druckbogen nach dem anderen. Klara lag in einer Ecke des Schuppens auf einem aus Strohballen eingerichteten Lager, schaute ihm zu oder döste vor sich hin.

Die Holzhütte, zu der Rinke sie im Schutz der Dunkelheit geführt hatte, befand sich in einem versteckten Winkel des Hafens hinter Lagerhäusern, vor denen Kräne unentwegt damit beschäftigt waren, Kisten und Säcke auf Frachtschiffe zu verladen.

Die Bude war Banduras publizistisches Hauptquartier. Hier saß er an einem verschrammten Schreibtisch im Schein einer Glühlampe mit verbeultem Schirm und kritzelte Pamphlete, Aufrufe und Analysen aufs Papier. Er korrigierte, verbesserte, formulierte neu, strich und verwarf in Windeseile Texte, die an die revolutionär gestimmten Seeleute und Hafenarbeiter in Europa und Übersee gerichtet waren. An jene, die sich weder von den hinterhältigen Versprechungen der Kapitalisten noch von den scheinheiligen Freiheitsparolen der Stalinisten hinters Licht führen ließen.

Abenteuerlich gekleidete Figuren, die direkt von allen sieben Meeren hierher gespült wurden, gingen im Schuppen ein und aus. Klara staunte über den lockeren Zusammenhalt dieser Männer, die keine Kommandos von übergeordneter Stelle brauchten, um sich für die Sache einzusetzen, aber dennoch als kleine Teile eines den gesamten Erdball umfassenden revolutionären Kommunikationsnetzes zu funktionieren schienen. Der stämmige Ukrainer war eine herausragende Figur der freiheitlichen syndikalistischen Bewegung, die offenbar in Windeseile Streiks und andere Kampfmaßnahmen in Häfen auf der ganzen Welt in die Wege leiten konnte.

Die Kommunisten hatten Bandura umworben, wollten seine Organisation übernehmen und der Internationale der Seeleute und Hafenarbeiter eingliedern, aber er hatte abgelehnt. Seither versuchten sie immer wieder, seine Arbeit zu sabotieren und Gerüchte über ihn zu streuen, er sei ein Klassenverräter. Bandura revanchierte sich, indem er Flugblätter auf sowjetische Frachter schmuggeln ließ, in denen die russischen Arbeiter aufgerufen wurden, ihr Schicksal ohne die Partei selbst in die Hand zu nehmen.

Das alles erzählte er ihr, während er seine Mitkämpfer empfing und die nächste Ausgabe seiner international vertriebenen Zeitschrift *Our Rudder* fertigstellte.

»Aber warum stellt ihr euch gegen die Sowjetunion?«, fragte Klara.

»Ich hab es dir doch schon erklärt. Weil es dort keine Freiheit, sondern die Diktatur einer Partei gibt.«

»Aber es ist die Partei der Arbeiter und die Diktatur des Proletariats!«

»Das, was die Sozialdemokraten hier in Deutschland gemacht haben, haben die Bolschewisten in Russland und in der Ukraine getan: Die revolutionären Massen zusammengeschossen, um die Staatsmaschine zu retten. Eine echte proletarische Räteregierung braucht keine Partei und keinen obersten Gefängnisaufseher namens Stalin und seine Speichellecker aus der Komintern!«

»Aber so kann man doch keine Revolution machen!«

»Doch, genau so und nur so: Uns aus dem Elend zu erretten, das können wir nur selber tun!«

Klara sank erschöpft auf ihr Lager zurück. »Das sind doch alles hohle Phrasen.«

»Wenn du dich hinter Stacheldraht wohler fühlst, bist du nur zu bemitleiden, Genossin.«

Klara dämmerte im Halbschlaf vor sich hin. Sie hatte noch immer leichtes Fieber und fröstelte unter ihrer Decke. Als sie wieder aufwachte, war Rinke zurück von seinem »nächtlichen Kundschaftergang«, wie er es genannt hatte, und machte sich an der Druckmaschine zu schaffen. Bandura wieselte zwischen Presse, Papierstapel und Schreibtisch hin und her. Vielleicht hätte ich hier meine Zeugenaussagen drucken und selbst verbreiten sollen, dachte Klara. Aber nun war es zu spät. Sie konnte nicht mehr nach Hause zurück. Ihr Magnetofon war zerstört, und wem ihre gesammelten Zeugenaussagen in die Hände gefallen waren, darüber wollte sie lieber nicht nachdenken. Vielleicht hatte Weber sie sich unter den Nagel gerissen, aber der gehörte ja auch nur zu jener Staatsmaschine, die Stapo und Sipo auf Kommunisten und Arbeiter hetzte.

Als die Männer eine Pause einlegten, wandte sie sich an Rinke: »Hast du etwas erfahren?«

»In eurem Blatt steht nichts, aber die anderen haben Meldungen gebracht. Hier!« Er warf ihr ein *Hamburger Echo* und ein *Hamburger Tageblatt* hin. In beiden Zeitungen stand eine Notiz, bei den Sozialdemokraten auf Seite zwei, bei den Nazis auf Seite eins:

»KOMMUNISTISCHER TERROR GEGEN ORDNUNGSPOLIZEI« lautete die Überschrift im *Echo*, »FEIGER MORDANSCHLAG AUF VERDIENTEN BEAMTEN« die Schlagzeile im *Tageblatt*.

»Ein Leutnant der Hamburger Ordnungspolizei wurde gestern am frühen Abend von einer Frau mit einer Schusswaffe angegriffen«, schrieb das SPD-Blatt und fuhr höhnisch fort: »Es soll sich um eine KPD-Angehörige handeln, die, offenbar angestachelt durch die blinden aktionistischen Parolen ihrer Parteiführung, glaubte, ein Attentat zum Wohle der

Weltrevolution durchführen zu müssen. Dass bei dem dilettantischen Anschlag nur Mobiliar zu Bruch ging, zeigt einmal mehr die Lächerlichkeit solcher Versuche. Dennoch muss die Tat aufs Schärfste verurteilt werden, würde doch eine Billigung solcher aberwitzigen Wildwest-Methoden sinnlosem Mord und Totschlag Tür und Tor öffnen.«

Die Nazi-Zeitung blies ins gleiche staatstreue Horn: »Am gestrigen Abend wurde ein verdienter Beamter der Ordnungspolizei nach Dienstschluss von einer bewaffneten Frau angegriffen. Oberleutnant Franz Kosa, der nach Schichtende noch ein geselliges Bier im Stammlokal der Eimsbütteler Orpo-Angehörigen trank, stand plötzlich einer Frau gegenüber, die ›Rotfront‹ schrie und mit einer Pistole das Feuer auf ihn eröffnete. Ein Beamter seiner Truppe, PUW Behn, erkannte die Frau als Kommunistin, sprang dazwischen und verhinderte Schlimmeres. Er wurde leicht verletzt. Die Frau konnte auf dem Fahrrad flüchten. Zweifellos handelt es sich um einen Racheakt der Kommunisten, die nun offenbar nackten Terror gegen jene tapferen Polizisten ausüben, die im Juli dem blutrünstigen Aufstand der Kommune in Altona Einhalt geboten hatten.«

»Dreckige Lügner«, murmelte Klara. Es war alles hoffnungslos und sinnlos. »Ich hab das Schwein nicht mal verletzt …«

»Bei denen stehst du jetzt auf der Liste, die suchen dich«, stellte Rinke fest.

»Und wenn schon.«

»Was willst du denn jetzt machen? Die Sipo ist hinter dir her, die Stapo auch, außerdem die Kripo wegen Mordversuchs und damit jeder Polizist in der Stadt …«

»Vergiss die Nazi-Bande nicht.«

»Die auch noch. Also?«

»Ich versuch's einfach noch mal. Und danach kommt dieser Kraus dran und dann geht's weiter. Es gibt genug Nazis, die man ausschalten müsste, ich arbeite mich nach oben, immer weiter ... ich brauche nur genügend Waffen. He, Bandura, kannst du mir noch ein paar Revolver besorgen?«

Der Anarchist sah sie verständnislos an.

»Du bist verletzt. Du kommst keine drei Straßenecken weit, da haben sie dich abgeknallt«, sagte Rinke.

»Das hätte ich dann immerhin mit Kurt gemeinsam ... Und wo wir schon im Leben nicht richtig zusammenkommen konnten, vielleicht klappt's im Tod ja besser.«

»Selbstmord ist eine billige Methode, sich davonzustehlen.«

»Wer Geldschränke knackt, nimmt auch nur das Geld, das dem Volk zusteht!«

Klara und Rinke starrten sich feindselig an.

»Das Volk ist mir egal!«

»Aber mir nicht!«

»He!«, rief Bandura, »ihr könntet mir mal helfen, diese Bögen hier zusammenzufalten.«

Rinke drehte sich abrupt um. Klara rutschte von ihrem Lager. Bandura kommandierte, und nachdem sie mehrere Böcke aufgestellt und Bretter und eine alte Tür daraufgelegt hatten, wurden die gedruckten Bögen sortiert und anschließend zu Prospekten gefaltet.

»If you run out of the rudder...«, sagte Bandura zufrieden, als er die ersten Exemplare seiner Zeitschrift fertig hatte, »... take this.«

Er hielt sie Klara und Rinke hin.

Später aßen sie von einem Eintopf, den ein Schiffskoch aus seiner Kombüse abgezwigt und vorbeigebracht hatte, und tranken Bordeauxwein dazu, der aus verschwundenen Beständen eines hanseatischen Weinhauses stammte.

Rinke lobte den Wein, Bandura trank ihn wie Wasser, Klara war schon nach wenigen Schlucken betrunken.

»Werden deine Genossen dir weiterhelfen?«, fragte Bandura.

»Ich glaube kaum, dass sie Verständnis für meine Tat aufbringen.«

»Was wirst du also tun?«

»Ich sagte doch, ich brauche neue Waffen und dann ... du musst sie mir besorgen.« Klara trank ihr Glas in einem Zug aus und schenkte sich neu ein.
Bandura schüttelte den Kopf. »Niemals. Ich verstehe dich, aber ich kann es nicht zulassen. Das wäre so, als würde ich dich eigenhändig umbringen.«
»Unsinn.«
»Etwas Besseres als den Tod können wir allemal finden«, murmelte Rinke zufrieden und begutachtete die Farbe des Bordeaux im Wasserglas, das er ins Licht der Glühbirne hielt. »Aber ich fürchte, weder in Bremen noch anderswo wird man mich in Ruhe lassen, nach dem Tohuwabohu der letzten Tage.«
»Ihr könntet mir bei meiner Arbeit helfen«, sagte Bandura.
»Was denn? Säcke und Kisten schleppen?«
»Nein. Revolution.«
Klara schaute ihn mit fiebrigen Augen an.
»Und was hab ich davon?«, fragte Rinke mürrisch.
»Freiheit«, sagte Bandura.

(Frau Friedrich, Zigarrenhandel, Lange Straße)
Ich bin immer im Laden, egal welcher Tag. Und wenn sonntags jemand klopft, mach ich auf. Wenn's schön ist, nehme ich mir einen Stuhl mit raus. An dem Nachmittag hat's aber geregnet, und dann ging dieser Irrsinn los. Ich hab oben vom Erkerfenster aus geguckt. Die Polizei ging in Deckung, aber wer da drüben geschossen haben soll, weiß ich nicht. Später schrieben die Zeitungsleute, im Polizeibericht stünde, vom Haus Nummer 9 sei auf die Sipo geschossen worden. Aber es gibt überhaupt keine Nummer 9 am Grund! Trotzdem kam der Panzerwagen und hat die

ganze Reihe mit dem Maschinengewehr unter Feuer genommen. Dann sind sie rein in die Häuser, haben aber niemanden gefunden, der eine Waffe trug. Sollen alle über die Dächer geflüchtet sein. Das müssen aber Artisten gewesen sein, bei den spitzen Giebeln. Und wie sind die auf der anderen Seite runtergekommen? War da keine Polizei?
Hier, Fräulein, Sie rauchen doch. Nehmen Sie mal eine lange Dünne aus Brasilien, die steht Ihnen gut ... na, nun husten Sie mal nicht gleich ...

Die Riemen tauchten lautlos in das schwarze, ölig wirkende Wasser. Der Westwind trieb eine schwere Wolkendecke über den Himmel, die gelegentlich aufriss und das fahle Mondlicht hindurchsickern ließ. Weiter draußen floss die Elbe kabbelig dahin, die Flut drängte herein. Hin und wieder sprühte etwas Gischt in das kleine Boot.
Sie hatten einen längeren, für Klara recht schmerzhaften Marsch hinter sich. Von Banduras Bude aus hatten sie das Hafengebiet durchquert und waren zu einem abgelegenen Becken hinter hohen Kohlehalden gelangt. Hier verluden kleinere Kräne Sand und Kies auf Flussschiffe. Am Ende des Kais winkte ein Mann ihnen zu. Sie kletterten über eine Leiter in ein Boot. Der Matrose übernahm das Steuer, Rinke musste rudern.
Bandura hob die Faust zum Abschied und verschwand.
Rinke und Klara hatten für sich nichts weiter dabei als die Sachen, die sie am Leib trugen. Grobe Baumwollhosen, Hemden und Wollpullover, die ihr anarchistischer Freund ihnen besorgt hatte.
Zwei große Pappkoffer, die Bandura mitgeschleppt hatte, waren gefüllt mit druckfrischen Exemplaren der Zeitschrift *Our*

Rudder. Sie sollten in England und Nordamerika an Matrosen und Hafenarbeiter verteilt werden.

»Die Mannschaft besteht zum größten Teil aus Mitgliedern der IWW, ein kleinerer Teil sympathisiert mit den Kommunisten, darunter sind auch einige Offiziere«, sagte der Matrose. »Im Allgemeinen arbeiten wir gut zusammen. Ihr müsst euch also keine Sorgen machen. Diejenigen, die es was angeht, sind unterrichtet. Es ist nicht das erste Mal, dass wir Gäste haben.«

Nach einer halben Stunde angestrengten Ruderns und einem Zwischenstopp hinter einem Frachtkahn, als eine Barkasse der Hafenpolizei in Sicht kam, gelangten sie in ein breites Hafenbecken.

Die »Empress of Canada« war ein mächtiger Passagierdampfer, der gerade Kohle geladen hatte und am nächsten Tag an der Überseebrücke Reisende für England, Kanada und die USA aufnehmen sollte.

Auf der dem Kai abgewandten Seite hing eine Strickleiter herunter. Klara und Rinke stiegen hoch, während der Matrose die Koffer an einem herabgeworfenen Seil festmachte, mit dem sie nach oben gezogen wurden.

Der Seemann, der sie in Empfang nahm, führte sie über viele Treppen auf das oberste Deck und dort zu einer Leiter.

»Wir sollen in den Schornstein klettern?«, wunderte sich Klara.

»Das ist besser, als in ein Rettungsboot unter die Plane zu kriechen.«

»Wir werden ersticken«, stellte Rinke fest.

»Nein, das ist ein kalter Schornstein, eine Attrappe. Nur die ersten beiden rauchen.« Der Seemann deutete die Eisenstiege hinauf, die auf einer Plattform endete und stellte die Koffer ab. »Die kriegt ihr wieder, wenn wir in Southampton sind.«

Sie kletterten in den Schornstein.

»Luxuriös«, stellte Rinke fest, obwohl sie in der Dunkelheit so gut wie nichts erkennen konnten.
»Wir haben ab morgen fast tausend Passagiere an Bord«, hatte der Seemann erklärt. »Ihr könnt euch, wenn wir auf See sind, unter die Leute der dritten Klasse mischen und im Speisesaal verpflegen lassen. Die Stewards wissen Bescheid. Aber passt auf, einige von den Offizieren werden Alarm schlagen, wenn sie euch entdecken.«
»Wenn's hier drin doch raucht, mach ich euch die Hölle heiß«, brummte Rinke.
»Zigarette?«, fragte Klara.
»Still jetzt!«

(Kommunistische Arbeiter in der Hatje-Diele, Schauenburgerstraße 12)
– Bester Beweis für die Komplizenschaft der Sipo mit den Nazis ist doch, dass wir hier in unserem Blut lagen, während die Nazis fröhlich weitermarschiert sind!
– Der Zug wurde nicht aufgelöst, nur geteilt, und ich würde mal sagen, das Teilen haben wir besorgt.
– Eben, die Polizei hat den hinteren Teil brav zum Bahnhof gebracht.
– Die anderen sind grölend weiter.
– Bewacht von den Schupos.
– Erst mal waren sie still, sie hatten ja ganz schön was auf die Fresse gekriegt.
– In der Roosenstraße haben die Nazis auf Fensterscheiben geworfen.
– Geschossen haben sie! Ich stand am Fenster, als sie vorbei sind. Da holt einer einen Revolver aus der Tasche und schießt. Die Kugel ging knapp an mir vorbei. Und die Polizeibeamten, die neben

ihm gingen, taten so, als hätten sie nichts bemerkt. Der steckte seelenruhig den Revolver weg und marschierte weiter.

– In der Steinstraße sind sie auf junge Arbeiter los mit Messern, und die Sipos gleich mit. Drei Genossen wurden dort durch Karabinerschüsse verletzt.

– »SA marschiert, die Straße frei«, hieß es immer noch. Leckt mich am Arsch, wir hätten das verhindern müssen!

– Wir haben sie doch abgewehrt!

– Sechzehn Tote. Das nennst du abgewehrt?

– Die gehen doch alle aufs Konto der Polizei.

– Eben. Wir haben auf die Nazis geglotzt und hintenrum kommt die Sipo und haut rein.

– An allem sind nur die Sozialfaschisten schuld.

– Die haben auch ihr Fett weg. In der Conradstraße, bei Gimpel, haben die Nazis mit Revolvern draufgehalten. Stammlokal vom Reichsbanner. Da mussten sie raus und reinen Tisch machen. Das können die auch, wenn man sie lässt.

– Die sollten doch ins Grüne fahren.

– Die haben den Nazis die Hucke vollgehauen, das muss man ja auch mal zugeben.

– Gebracht hat's nichts. Die Braunen haben trotzdem ihre Abschlusskundgebung gemacht, drüben in Ottensen, und sind dann brav mit der Bahn heim in die Provinz.

– Und hier wurde es ein bisschen ruhiger die folgenden Tage. Viele von unseren Leuten waren in Haft, und die Scheißkerle von der SA haben sich nicht in ihre Wohnungen getraut.

– Jetzt sind sie wieder da.

– Wir treiben sie bald raus, damit endlich Schluss ist! Das würden wir auch schaffen, wenn die Einheitsfront funktionieren würde.

– Dein Wort in Teddis Ohr, Genosse!

– Lass Thälmann aus dem Spiel, der weiß schon, was er tut.

– He, Wirtschaft, gib der Genossin mal was zu saufen, die sitzt auf dem Trocknen! Trinkst doch einen mit? Oder soll ich Genosse sagen?

– Halt den Rand, Kalle, bei dir zu Hause hat doch auch die Frau die Hosen an.
– Aber keine Krawatte…

Gegen Morgen erwachte Klara, als ein Zittern durch den stählernen Schiffsleib lief. Sie rappelte sich auf und schaute nach oben. Der Himmel über dem Schornsteinrand war grau. Jetzt habe auch ich meine Sache auf nichts gestellt. Sie fröstelte.
Die »Empress« setzte sich in Bewegung.

EPILOG

Die blutigen Ereignisse des Jahres 1932 waren nur ein Vorspiel zu dem, was folgte, als die Nationalsozialisten ein Jahr später den Staatsapparat übernahmen. Sozialdemokraten, die sich nicht auf ihre Seite schlugen, und Kommunisten wurden gnadenlos verfolgt.
Oberleutnant Kosa übernahm die Führung des Kommandos zur besonderen Verwendung (»KzbV«), dessen Erkennungszeichen ein Totenkopf auf dem Achselstück war. Unter der Leitung von Inspektor Peter Kraus führte diese Truppe einen Vernichtungsfeldzug gegen die Hamburger Kommunisten. Zahllose Antifaschisten wurden im Stadthaus gefoltert und umgebracht.
1933 wurde Franz Kosa vom Reichsstatthalter Karl Kaufmann für seine Tätigkeit im KzbV schriftlich belobigt und zum Hauptmann befördert, dann jedoch überraschend von der Leitung der Terrorabteilung entbunden. Daraufhin verließ er die NSDAP und den Polizeidienst. Als Major der Wehrmacht war er während des Krieges in verschiedenen Nachrichtenabteilungen im Osten tätig und wurde 1942 zum Oberst befördert. Nach Entlassung aus der Kriegsgefangenschaft wurde er in der DDR verhaftet und wegen seiner Tätigkeit für das KzbV zu 25 Jahren Zuchthaus verurteilt, kam aber dennoch 1956 aus »östlicher Kriegsgefangenschaft« in die BRD zurück. Ermittlungen der Oberstaatsanwaltschaft Lübeck gegen ihn verliefen im Sande. 1959 starb er im Alter von 61 Jahren in Wiesbaden.
Nach Auflösung des KzbV am 4.1.1934 ging die Staatspolizei als Abteilung der Gestapo unter der Leitung von Peter Kraus

weiter ihrer Arbeit nach: »Vor mir stand Inspektor Kraus; er hatte eine Hundepeitsche in der Hand. Die Peitsche war in Wasser getaucht worden. Das nasse Leder schneidet tiefer ein. Ein Wassertropfen glitzerte am Peitschenende. Ich sah ihn auf den Boden fallen. Die Peitsche sauste mir über das Gesicht wie die Schneide eines rot glühenden Messers.« (Jan Valtin, *Tagebuch der Hölle*). Kraus wurde zum Kriminalrat befördert, wer seine Verhöre überlebte, landete im Konzentrationslager Fuhlsbüttel. Er war sehr geschickt im Umgang mit Spitzeln und heiratete die ehemalige Kommunistin Hertha Jens, die über 200 ihrer Genossen an ihn verriet. Ab 1938 war er im Auftrag der Gestapo im Ausland eingesetzt, gegen Ende des Krieges bekämpfte er Partisanen an der Ostfront. Er wurde verhaftet und kam ins sowjetische Straflager 61, eine Zementfabrik in Workuta. 1954 starb er mit 57 Jahren im Lager Perwo Uralsk.

Die 1932 von der republikanischen Justiz wegen angeblicher Gewalttaten am Altonaer Blutsonntag verhafteten Kommunisten August Lütgens, Karl Wolff, Walter Möller und Bruno Tesch wurden ohne Beweise zum Tode verurteilt und 1934 hingerichtet. Es dauerte 60 Jahre, bis die Justiz des demokratischen Hamburg nach massivem Druck der Öffentlichkeit endlich bereit war, die Unrechtsurteile aufzuheben.

Der Tod der 16 Unschuldigen, die am 17. Juli 1932 von Angehörigen der Hamburger und Altonaer Polizei ermordet wurden, blieb ungesühnt. Bis heute haben weder der Hamburger Senat noch die Bürgerschaft noch die Polizeibehörde es für nötig gehalten, sich zu diesen Bluttaten zu bekennen.

NACHBEMERKUNG

Die in diesem Roman geschilderten historischen Ereignisse orientieren sich an den dokumentierten Tatsachen. Die wichtigsten Quellen waren die beiden Bücher *Altonaer Blutsonntag 17. Juli 1932* und *Justizmanipulationen* des französischen Historikers Léon Schirmann, der nach akribischem Quellenstudium die Lügen um den Blutsonntag entlarven konnte und die Wahrheit ans Tageslicht brachte.
Zahlreiche Details stammen aus zeitgenössischen Zeitungsartikeln, Broschüren, Polizeiberichten, Spitzelprotokollen, verstreut dokumentierten Zeugenaussagen von Beteiligten und Zuschauern auf in Archiv-Ordnern gefundenen Papieren und in wissenschaftlichen Arbeiten zur Geschichte der Hamburger Polizei und der Arbeiterbewegung. Umfangreiche Dokumente zum Thema befinden sich im Stadtteilarchiv Ottensen und im Landesarchiv Schleswig, einiges auch in der Forschungsstelle für Zeitgeschichte in Hamburg.
Für Klara Schindlers Tonbandprotokolle wurden zu einem großen Teil authentische Zeugenaussagen im Originalton oder (aus stilistischen Gründen) leicht verändert verwendet.

GLOSSAR

AIZ – *Arbeiter Illustrierte Zeitung* (Beilage der *HVZ*)

AKN – Altona-Kaltenkirchen-Neumünster Eisenbahn AG

Antifaschistische Aktion – von der KPD initiierte Einheitsfront aller sozialistischen und fortschrittlich-demokratischen Kräfte gegen den Faschismus

Arbeitersamariter – freiwillige Sanitäter bei politischen Auseinandersetzungen

BPRS – Bund Proletarisch-Revolutionärer Schriftsteller (KPD)

Eiserne Front – Zusammenschluss von der SPD nahestehenden Organisationen zum Kampf gegen den Faschismus

F-Gruppen – mit Schusswaffen ausgestattete Kampfgruppen des RFB

FAD – Freiwilliger Arbeitsdienst, den Arbeitslose leisten mussten

FRBD – Freier Radiobund Deutschlands (KPD), Radiobastler und Funkamateure

GPU – Sowjetische Geheimpolizei

Hamburger Echo – sozialdemokratische Tageszeitung

Hamburger Tageblatt – nationalsozialistische Tageszeitung

Hamburger Volkszeitung (*HVZ*) – kommunistische Tageszeitung

Häuserschutzstaffeln – nachbarlicher Zusammenschluss der Arbeiter zur Selbstverteidigung

IWW – Industrial Workers of the World, internationale anarchosyndikalistische Gewerkschaft

KJ / KJV / KJVD – Kommunistischer Jugendverband Deutschlands

KPD – Kommunistische Partei Deutschlands

NORAG – Nordische Rundfunk AG, bis 1934 privat, aber unter Kontrolle eines staatlichen »Überwachungsausschusses«

NSDAP – Nationalsozialistische Deutsche Arbeiterpartei

Orpo – Ordnungspolizei

Reichsbanner – sozialdemokratischer Kampfbund

RFB – Roter Frontkämpferbund (KPD)

Rote Fahne – kommunistische Tageszeitung

Rote Hilfe – Hilfsorganisation der KPD, »proletarisches Rotes Kreuz«

Rotsport – kommunistischer Sportverband

SA – Sturmabteilung, eine paramilitärische Organisation der NSDAP

SAJ – Sozialistische Arbeiter-Jugend

SJV – Sozialistischer Jugendverband der Sozialistischen Arbeiter Partei Deutschlands (SAPD)

Sipo – kasernierte Sicherheitspolizei, ab 1920 offiziell Ordnungspolizei genannt, im Volksmund weiterhin Sipo

SPD – Sozialdemokratische Partei Deutschlands

SS – Schutzstaffel, paramilitärische Elite-Organisation der NSDAP

Stapo – Staatspolizei

Volksstimme – sozialdemokratische Tageszeitung

WKP – Weibliche Kriminalpolizei

Aus unserem Verlagsprogramm

Robert Brack
UND DAS MEER GAB SEINE TOTEN WIEDER
Broschiert / 224 Seiten / ISBN 978-3-89401-574-9
In der aufgeladenen politischen Situation Anfang der 1930er Jahre
will Jennifer Stevenson die Hintergründe eines Skandals aufklären.
Zwei Polizistinnen sind angeblich freiwillig in den Tod gegangen. Hielten
sie die Machtkämpfe innerhalb der Weiblichen Kriminalpolizei
nicht aus oder wurden sie ermordet?
»Seine faktenstarke Fiktion erhellt ein Stück Polizei- und Frauen-
geschichte, das so noch niemand sah.« *Tobias Gohlis, Die Zeit*

Robert Brack
SCHNEEWITTCHENS SARG
Ein Fall für Lenina Rabe
Broschiert / 192 Seiten / ISBN 978-3-89401-540-4
Die junge Detektivin und Aikido-Meisterin Lenina Rabe soll nicht
nur den Tod einer vor zwanzig Jahren ermordeten jungen Frau aufklären,
sondern auch eine politische Affäre, die nicht allein den Hamburger
Senat beunruhigt. Die ehemaligen Mitglieder eines Sozialvereins
schätzen ihre Nachforschungen gar nicht ...

Robert Brack
HAIE ZU FISCHSTÄBCHEN
Ein Fall für Lenina Rabe
Broschiert / 192 Seiten / ISBN 978-3-89401-466-7
Ihr gelegentlicher Mitarbeiter Tom soll die schöne »Obdachlose«
Mary vergewaltigt und ermordet haben. Lenina Rabe ermittelt auf eigene
Faust und stellt fest, dass sich noch andere nachts auf dem Gelände der
alten Seifenfabrik herumgetrieben haben. Ein Tatort mitten im Interesse
von Baulöwen, Spekulanten und Investoren.

Robert Brack
LENINA KÄMPFT
Broschiert / 192 Seiten / ISBN 978-3-89401-408-7
»Brack erzählt die klassische Westernstory – Sohn rächt Vaters Ehre – un-
klassisch-amüsant. Selten haben die Guten so heiter gewonnen.« *Die Zeit*
»Mit gekonnter Leichtigkeit und ironischer Distanz führt Brack
die Seinen zum Sieg.« *die tageszeitung*

www.edition-nautilus.de

Aus unserem Verlagsprogramm

Pino Cacucci
BESSER AUF DAS HERZ ZIELEN
Gebunden / 352 Seiten / ISBN 978-3-89401-722-4
Pino Cacucci erzählt das Leben des berüchtigten Jules Bonnot,
Automechaniker, Gewerkschafter, Chauffeur des Krimiautors Arthur
Conan Doyle, Anarchist und Bankräuber. Ein historischer Roman
über einen Outcast der guten Gesellschaft.

Patrick Pécherot
NEBEL AM MONTMARTRE
Broschiert / 192 Seiten / ISBN 978-3-89401-720-0
Paris 1926. Der junge »Pipette«, Möchtegern-Poet aus der
südfranzösischen Provinz, schlägt sich mit kleinen Jobs durch.
Als er gemeinsam mit einem Trupp von Gelegenheitsgaunern einen
geheimnisvollen Toten entdeckt, beginnt er zu recherchieren und kommt
einem Wirtschafts- und Erpressungsskandal auf die Spur.
Pécherot schreibt mit Humor und Ironie über
die »Goldenen Zwanziger«.

Andrea Maria Schenkel
TANNÖD
Geschenkausgabe in Halbleinen. Titelbildmotiv: Tomi Ungerer
128 Seiten / ISBN 978-3-89401-608-1
Die Bewohner eines einsamen Einödhofes werden
erschlagen aufgefunden. Der Leser begleitet jeden Schritt des
Mörders, ohne dessen Identität zu kennen.
»… ein spannendes, düsteres, unheimliches Buch:
ein Meisterwerk, ein Geniestück.« *Deutschlandfunk*
»Fabelhaft! Ein unglaubliches Buch!« Elke Heidenreich in *Lesen!*

Andrea Maria Schenkel
BUNKER
Broschiert / 128 Seiten / ISBN 978-3-89401-586-2
Eine junge Frau wird auf ihrer Arbeitsstelle brutal überfallen
und anschließend in einen Bunker verschleppt, wo sie tagelang
gefangen gehalten wird. Was will der Entführer von ihr?
»Grausames Kammerspiel mit Kidnapper und Geisel…«
Der Spiegel

www.edition-nautilus.de